PETITES IGNORANCES

DE

LA CONVERSATION

PARIS. — IMPRIMERIE DE J. CLAYE

RUE SAINT-BENOIT, 7.

PETITES IGNORANCES

DE

LA CONVERSATION

PAR

CHARLES ROZAN

TROISIÈME ÉDITION

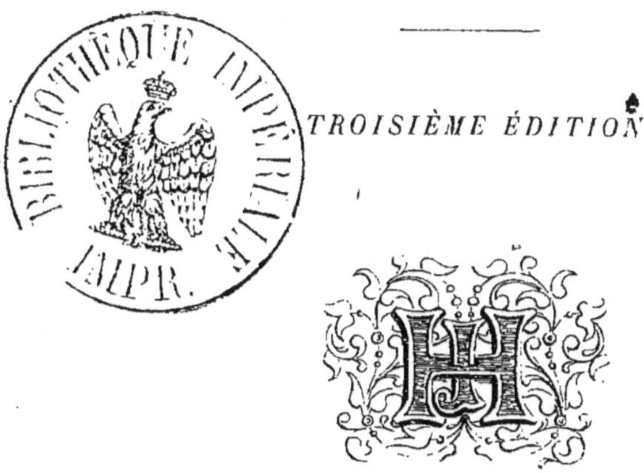

PARIS

COLLECTION HETZEL

L. HACHETTE ET Cie, LIBRAIRES

RUE PIERRE-SARRAZIN, 14

1860

Un grand nombre de locutions proverbiales, de dictons populaires et de phrases
toutes faites ont pris place dans notre langue, surtout dans la langue de la conversation, et, en général, on serait fort en
peine d'expliquer le véritable sens des
unes ou l'origine des autres. On n'ignore
pas que ces expressions sont empruntées,
soit à certains usages, soit à l'histoire, soit
à nos chefs-d'œuvre littéraires ; mais, le
plus souvent, la trace est perdue, les souvenirs sont effacés et les livres ne sont pas

sous la main. — Ce sont ces locutions diverses que nous nous sommes proposé de réunir en recherchant, autant que possible, la source de chacune.

Nous n'avons fait ni science ni littérature, nous nous sommes simplement mêlé à la conversation de tous; et, relevant les mots qui tombaient sans être ni démasqués ni reconnus, nous leur avons demandé leur acte de naissance. Lorsqu'ils se sont refusés à le produire, ce qui est arrivé quelquefois, nous avons essayé, un peu témérairement peut-être, de leur en donner un. Quelquefois aussi nous avons discuté leurs titres avec les idées des autres, laissant au lecteur le soin d'apprécier où pouvaient être la vraisemblance et le bien trouvé.

Ce travail, commencé dans deux éditions successives, nous le complétons aujourd'hui en ajoutant à notre première série un certain nombre de locutions usuelles ou singulières. Nous y avons même glissé quelques expressions qualifiées vulgaires qui nous ont paru devoir être d'autant plus expliquées qu'elles sont bannies des dictionnaires officiels : c'est surtout aux intrus qu'on aime à demander ce qu'ils ont fait et d'où ils sont venus.

INDEX [1]

1. Voir à la fin du volume la table alphabétique.

PETITES IGNORANCES

DE

LA CONVERSATION

BONJOUR, PHILIPPINE !

On est au dessert, on vient de faire passer les mendiants. Vous cassez une amande et vous trouvez qu'elle est double. Vous gardez pour vous l'une des parties de cette amande que la nature a ainsi divisée, et vous offrez l'autre à votre voisine ; car votre bonne étoile, qui ne fait rien à demi, vous a placé à côté d'une aimable personne. Le lendemain ou le surlendemain, le premier jour enfin que vous rencontrez cette dame, elle ne manque pas de vous dire avant toutes choses : *Bonjour, Philippine ! —* Vous êtes pris ; c'est vous qui avez perdu, c'est vous qui devez un gage. Vous vous empressez donc de payer votre dette en offrant, non plus une amande, mais un souvenir qui est peut-être pour vous le commencement d'une espérance.

Ce jeu n'est pas inconnu en France, mais il se pratique surtout en Allemagne. Aussi est-ce à l'Allemagne qu'il faut demander compte de sa signification. — Il y a en allemand un mot qui se prononce presque absolument de la même manière que notre *Philippine,* c'est *Vielliebchen,* qui veut dire beaucoup aimé, et qui fait allusion à

1

l'union des amandes dans la même coquille, à ces deux parties d'un même tout qui avaient toujours vécu dans une union si parfaite qu'elles doivent se conserver dans l'éloignement un tendre souvenir. Ainsi, quand un Allemand dit à un autre : *Guten Morgen, Vielliebchen,* bonjour, bien-aimé, il est le premier à lui rappeler leur étroite affection, et si ce bonjour est dit sur le ton du reproche, il signifie : vous êtes un ingrat, qui ne pensez déjà plus à moi et que je surprends en flagrant délit d'indifférence ou d'oubli. Nous l'avons dit, le mot *Vielliebchen* est devenu *Philippchen* à cause de la prononciation. La méprise a commencé en Allemagne même où l'on dit le plus souvent : *Guten Morgen, Philippchen, — bonjour, petit Philippe;* nous avons suivi cet exemple, sans autrement nous préoccuper du sens, et nous avons dit : *Bonjour, Philippine!* qui rime exactement avec l'expression des Allemands.

LA QUEUE DU CHIEN D'ALCIBIADE.

Avoir un si beau chien et lui couper la queue! Tel fut le cri général des Athéniens quand Alcibiade s'avisa de dépouiller de sa plus belle parure un animal qui lui avait coûté soixante-dix mines (environ six mille trois cents livres). Des amis représentèrent à Alcibiade lui-même que cette action était blâmée par tous et faisait mal parler de lui. — Voilà précisément ce que je demandais, leur dit-il en riant : tant que les Athéniens s'entretiendront de cela, ils ne diront rien de pis sur mon compte.

Les conspirateurs, les diplomates, les guerriers, tous ceux que leur rôle oblige à la lutte, sourde ou manifeste, ont employé avec plus ou moins de succès le moyen d'Alcibiade, et l'ingénieux Athénien n'en est pas l'inventeur.

Avant lui, Zopyre s'était coupé le nez et les oreilles pour détourner les soupçons des Babyloniens en excitant leur pitié : le malheureux mutilé travaillait en secret à la perte de Babylone, et bientôt il ouvrit les portes de la ville à Darius, son maître. Pour délivrer son pays, Fiesque a fait l'amoureux, Brutus a fait l'idiot. Pour asservir Rome, César s'était fait longtemps le champion de la liberté. — Richelieu, Cromwell, Robespierre, Mazarin, Louis XI, Rodolphe de Habsbourg, grands monarques sur le trône, utopistes sanguinaires, ambitieux ardents, ministres fidèles, combien de fois dans le cours de votre vie politique n'avez-vous pas coupé la queue de votre chien !

Lorsque Bonaparte prépara sa campagne de Marengo, il eut recours, lui aussi, au stratagème d'Alcibiade. Bien que l'armée se fût rassemblée par petites troupes et sans qu'on eût l'air d'y prendre garde, elle n'en était pas moins au pied des Alpes, et les Autrichiens commençaient à s'inquiéter. Rien n'annonçait que cette armée dût traverser les monts ; mais on avait appris à connaître les ruses du premier consul, et de nombreux espions, entretenus à Genève, devaient épier ses mouvements, découvrir ses intentions. — Que fait Bonaparte pour dissiper leurs soupçons ?— Il écrit à une Génevoise, vieille connaissance à lui, une lettre tout amicale dans laquelle il lui mande qu'il est malade, que sa poitrine est délabrée, qu'on lui ordonne le lait d'ânesse et qu'il se propose de venir se reposer aux environs de Genève. Il la prie donc de s'enquérir pour lui d'une ânesse bonne laitière, et lui baise cordialement les mains. — La nouvelle, comme on peut croire, fait son chemin : « Le premier consul vient ici prendre le lait d'ânesse ! Et les Autrichiens qui redoutaient une invasion ! » — Les agents de l'ennemi n'entendent plus parler d'autre chose que de lait d'ânesse, ils en

parlent à leur tour à Mélas, et le général autrichien se rassure comme tout le monde.—Quelques jours après, le malade avait traversé le Saint-Bernard, battu les Autrichiens
à Marengo, et rendu l'Italie au pouvoir de nos armes.

DIEU VOUS BÉNISSE!

Chez les anciens, l'éternument était un augure. On
l'interprétait de diverses façons : favorable de midi à minuit, et défavorable, au contraire, de minuit à midi, il
était un signe de bonheur ou de malheur pour les autres,
suivant qu'on éternuait à leur droite ou à leur gauche ;
mais quel qu'il fût, on le considérait toujours comme un
signe sacré, et l'on saluait ceux qui éternuaient en disant :
Que Jupiter te conserve ou t'assiste ! C'est de là vraisemblablement que l'usage s'est introduit chez les chrétiens
de dire à ceux qui éternuent : *Que Dieu vous bénisse !*

Quant à la raison pour laquelle l'éternument était un
augure, on ne paraît pas l'avoir encore trouvée. Elle
remonte sans doute bien haut dans l'histoire et se rattache à des idées universelles, car l'éternument a été partout l'objet d'une certaine attention. L'usage de faire des
souhaits existe dans des pays qui ne l'ont pas à coup sûr
reçu des Grecs et des Romains. S'il fallait en croire les
Juifs, l'origine de ces souhaits remonterait à la création du
monde : lorsque Adam fut chassé du Paradis, Dieu, à ce
qu'ils prétendent, ordonna que l'homme n'éternuerait qu'à
l'instant de sa mort, et les rois de la terre voulurent
qu'on fît des vœux en faveur de ceux qui éternueraient [1].

Les Siamois expliquent la chose autrement. Il y a en

---

1. Les idées ont bien changé depuis : l'éternument aujourd'hui est
considéré comme un signe de retour à la vie ; le vulgaire prétend qu'on
met à la porte de l'hôpital celui qui a éternué trois fois.

enfer, disent-ils, des juges qui écrivent sur un grand livre tous les péchés des hommes. Leur chef est continuellement occupé à parcourir ce recueil, et les malheureux mortels dont il lit l'article ne manquent jamais d'éternuer au même instant. On comprend combien il est utile alors de souhaiter l'assistance divine à ceux qui éternuent.

Depuis que l'expression : *Dieu vous bénisse!* n'a plus de raison d'être un souhait, elle est devenue parmi nous une formule de politesse. Par une de ces bizarreries que rien n'explique, nous avons continué de faire des souhaits sur tous les tons et sous toutes les formes, comme si nous étions encore au bon temps où Pénélope fit éclater sa joie en entendant éternuer Télémaque. Des siècles se sont écoulés, les rhumes de cerveau se sont multipliés à l'infini, et cet usage a subsisté. Soyez bon ou méchant, honnête ou fripon, peu importe : si vous éternuez, *que Dieu vous bénisse!*

Cependant, il faut le dire, *Dieu vous bénisse!* et ses équivalents : *A vos souhaits ; — Tout ce que votre cœur désire,* n'ont plus cours aujourd'hui dans les salons à la mode, et si l'on conseille à une jeune fille de prendre un mari, on ne lui dit plus, comme la suivante de Célie :

> Ne fût-ce que pour l'heur d'avoir qui vous salue
> D'un : Dieu vous soit en aide! alors qu'on éternue.

Ceux qui donnent le ton au milieu de notre société élégante paraissent avoir résolu de proscrire ces expressions devenues vulgaires; mais pour ne pas jeter la perturbation dans les idées en supprimant trop brusquement une vieille coutume, ils ont décidé que, pour ménager la transition, on reviendrait au salut des anciens. Ce n'est donc plus un témoignage d'intérêt qu'on exige de nous, c'est une marque de respect. Nous n'ôtons pas notre chapeau, comme les soldats de Cyrus, mais nous nous inclinons avec déférence comme l'empereur Tibère.

On dit que le salut lui-même tend à disparaître, et que bientôt, dans tous les pays et dans toutes les classes, l'éternument passera inaperçu. Nous le regretterions vivement pour les pays où cet éternument est en honneur à la cour; pour le royaume de Sennaar, par exemple, où l'on a la charmante habitude, lorsque le roi éternue, de lui tourner le dos en se donnant une claque sur la cuisse droite; ou bien pour le Monomotapa où, d'après ce qu'on rapporte, l'éternument du roi est toujours suivi d'un vacarme épouvantable. Quand Sa Majesté a éternué, on ne lui dit pas : *Dieu vous bénisse !* mais tous les courtisans, par politesse, font un bruit à peu près pareil à l'explosion du nez royal; ce bruit, que sont tenus de répéter ceux qui se trouvent dans les pièces voisines, se communique en un instant aux maisons environnantes et bientôt ainsi, de proche en proche, dans toute la ville.

CANCAN.

L'Académie, qui écrit aussi *quanquan*, croit que ce mot a été appliqué aux discussions orageuses sur des choses futiles, et, plus tard, aux bavardages de la médisance, par allusion aux horribles disputes que causa, au xvie siècle, la prononciation du latin *quamquam*, et qui coûtèrent peut-être la vie à Ramus. Voici de quelle façon s'expliquent à ce sujet ceux qui pensent comme la docte compagnie : « Du temps de Ramus, et par conséquent sous le règne de Charles IX, il y eut à l'Université de Paris de violents démêlés pour savoir si l'on n'adopterait pas une prononciation unique de ces trois mots latins : *quamquam, quisquis* et *quodquod.* Certains docteurs voulaient qu'on prononçât *kamkam, kiskis, kodkod;* d'autres savants préféraient *kuamkuam, kuiskuis, kuodkuod;* d'autres enfin opinaient pour *kouàmkouàm, kouiskouis, kouodkouod.* Après de longs et sérieux débats, tant en paroles qu'en écrits, on ne décida rien, et l'usage a prévalu, du moins en France, de prononcer chacun de ces trois mots d'une manière différente : *kouàmkouàm, kuiskuis* et *kodkod.* Cette dispute fut une fameuse billevesée, qui serait aujourd'hui totalement oubliée, si elle n'eût donné naissance au mot populaire *cancan,* qui ne se doute guère de son origine pédantesque[1]. »

Franchement, notre *cancan* n'est pas tout à fait déraisonnable, s'il s'étonne de cette singulière origine. Pour nous qui avons vu dans la basse-cour les canards et les oies se rallier et se grouper en faisant entendre à grand bruit leur *can, can, can,* si souvent répété, nous avons été frappé de la ressemblance de ces groupes avec ceux des commères qui s'attroupent pour deviser sur les torts du prochain et les nouvelles du quartier, et il ne nous en a pas fallu davantage pour comprendre le mot *cancan* dans le sens où on l'applique aujourd'hui.

Il y a aussi une danse populaire qui s'appelle *cancan,* et c'est encore le canard avec sa démarche dandinante, cadencée comme son cri, qui nous a expliqué cette dénomination.

IL EST DU BOIS DONT ON FAIT LES FLUTES.

C'est un homme sans caractère, qui se range aisément à l'opinion des autres et dont on fait ce que l'on veut. On sait que la flûte n'était d'abord qu'un simple roseau grossièrement façonné en instrument; on sait aussi que le roseau

---

1. *Dictionnaire de la Conversation.* — V. le mot BILLEVESÉE.

est souple et facile à manier. *Il est du bois dont on fait les flûtes* signifie donc figurément : c'est un roseau qui plie à tous les vents.

Il y avait autrefois à la chambre plusieurs députés du nom de Dubois. L'un d'eux appartenait au parti conservateur, et, dévoué à la chose publique de ce temps-là, son vote était toujours au service et aux ordres du ministère. Un journal de l'opposition, qui prenait quelquefois à partie ce député obéissant, ne manquait jamais de l'appeler *M. Dubois... dont on fait les flûtes.* Mais M. Dubois, n'étant pas encore assez de ce bois-là pour supporter sans colère cette queue ironique ajoutée à son nom, demanda justice aux tribunaux. On reconnut sans peine qu'il y avait outrage et calomnie, et le journal fut condamné. A partir de ce moment, ce même journal ne parla pas moins de M. Dubois; seulement, pour rendre hommage à la chose jugée, il s'empressa de modifier sa première assertion, et il écrivit : *M. Dubois... dont on ne fait pas les flûtes.* Un renvoi indiquait au lecteur la date du jugement qui en avait ainsi décidé.

HOTEL DES HARICOTS.

Sur l'emplacement où s'élève aujourd'hui la bibliothèque Sainte-Geneviève, on voyait autrefois un collége qui avait reçu le nom de Pierre Montaigu, évêque de Laon. Fondé en 1314 par Gilles Aiscelin, archevêque de Rouen, ce collége est resté célèbre par la rigueur de sa discipline et l'austérité de son régime. On y faisait de fortes études et de maigres repas : c'était, dit M. Michelet, « la plus pauvre et la plus démocratique des maisons universitaires, où l'esprit et les dents étaient également aigus. » Ce collége Montaigu, que Rabelais appelait *Collége de la pouillerie* à cause de sa malpropreté, les écoliers l'avaient surnommé *Collége des haricots* à cause de sa chétive nourriture [1].

Supprimé par la révolution, le *Collége des haricots* devint, en 1792, une prison militaire qui prit alors le nom de *prison des haricots*. La maison pouvait d'autant plus

1. Le collége de Montaigu nous rappelle un charmant passage du discours prononcé, en 1854, par le regrettable Rigault à la distribution des prix du Lycée Louis-le-Grand. « Vous vous plaignez souvent de votre condition, jeunes élèves, et, à vous entendre, vous menez une rude vie ! Vous vous croyez de petits bénédictins quand vous avez passé dix mois par an dans un séjour agréable, où les plaisirs sont sagement ménagés, où les livres courent au-devant de vous pour vous offrir la science, où l'autorité est paternelle, où le travail est facile et le sommeil assuré, où la table même est exquise, enfin dans une véritable Sybaris. Vous ne connaissez pas la vie de l'écolier d'autrefois. Vous ne l'avez pas vu, avec son pourpoint de gros drap et son petit capuchon, gravir avant le jour jusqu'au collége de Montaigu, où tout était aigu, selon le proverbe d'alors :

Mons acutus, ingenium acutum, dentes acuti.

« Vous n'avez pas connu *Pierre Tempête, le grand fouetteur de Montaigu*, comme l'appelle Rabelais, qui aurait voulu le brûler à petit feu, lui et tous ses anciens professeurs.

« Vous n'avez pas entendu Erasme, dans son piquant dialogue de la *chair et du poisson*, se plaindre du mauvais gîte, de la mauvaise nourriture, ni substantielle, ni abondante, des mauvaises nuits sur la paille et des coups de fouet qu'il fallait endurer des années entières pour être un bon écolier. Et cependant, dans ces séjours terribles, on voyait accourir en foule une jeunesse prête à tout souffrir, la faim, le froid et les coups, pour avoir le droit d'étudier. Un pauvre enfant, qui devait un jour devenir principal de Montargis, Jean Stoudouck, venait à pied de Malines à Paris pour être admis à cette sévère école, travaillait le jour sans relâche, et la nuit montait dans un clocher pour y travailler encore aux rayons gratuits de la lune. C'était le temps héroïque des études classiques, Messieurs, le temps où Ronsard et son ami Baïf, couchant dans la même chambre, se levaient l'un après l'autre, minuit déjà sonné, et, comme le dit un vieux biographe, Jean Dorat, se passaient la chandelle pour étudier le grec sans laisser refroidir la place. C'est le temps où Agrippa d'Aubigné savait quatre langues et traduisait le *Criton* de Platon « avant d'avoir vu tomber ses dents de lait ». Aujourd'hui, les mœurs scolaires sont plus douces, et nos maîtres s'en applaudissent les premiers; la place du grand fouetteur Tempête est supprimée dans l'Université, et le délicat Erasme vanterait les bons lits et la bonne chère de la jeunesse moderne. »

1.

facilement conserver son nom qu'un tel changement de destination n'était pas de nature à amener un changement de régime. On renfermait surtout dans cette prison des conscrits réfractaires, « et de plus, dit M. Édouard Fournier [1], comme les bâtiments étaient immenses, ce qui avait permis d'adjoindre déjà à la prison un hôpital militaire, on y enfermait aussi les gardes nationaux condamnés par le conseil de discipline. Quand on eut fait une maison de détention à part pour ces indociles de la garde citoyenne, pour ces soldats-écoliers rebelles au sergent-major, cette seconde prison garda le nom de *haricots* qu'avait porté la première. Seulement, ce nom s'ennoblit un peu par respect pour l'hôtel Bazancourt, dans lequel on installait cette prison. On dit dès lors *hôtel des haricots,* locution qui se répète partout sans qu'on sache d'où elle vient, et qui survivra longtemps au pauvre et terrible collége. »

L'*hôtel des haricots* a été expliqué tout différemment par M. de Chevallet, dans son intéressant ouvrage sur la formation de la langue française ; nous consignerons, sans l'adopter, la version anecdotique donnée par ce philologue : En 1815, le général baron Darricau fut nommé commandant des fédérés de Paris, et il prit des mesures énergiques pour organiser cette milice indisciplinée. D'après ses ordres, quiconque manquait à son service allait expier son insubordination dans une vieille masure convertie en maison d'arrêt. Les coupables se moquèrent du général et de sa prison, qu'ils appelèrent l'*hôtel Darricau ;* puis, quelques plaisants, jouant sur les mots et faisant allusion à la maigre chère que l'on faisait à l'*hôtel,* le nommèrent l'*hôtel des haricots.* Sous la Restauration, cette prison fut

---

1. *Paris démoli,* 2ᵉ édition, p. 71. Voir cet ouvrage pour l'historique du collége Montaigu.

destinée à recevoir les gardes nationaux récalcitrants, et c'est sous ce nom que la maison d'arrêt de la garde nationale est encore aujourd'hui vulgairement désignée.

DOCTRINAIRES.

Ce nom, qui, déjà aujourd'hui, n'appartient plus qu'à l'histoire, a servi à désigner, avant et pendant le gouvernement de juillet, un parti politique qui comptait parmi ses membres MM. Royer-Collard, de Broglie, Ch. de Rémusat, Guizot, Jaubert, Duvergier de Hauranne et Cousin. Le parti doctrinaire qu'on n'a jamais défini, mais dont on a pu pendant longtemps constater l'influence, avait pour chef M. Royer-Collard. C'est à lui que se rattache la fameuse dénomination. — Après avoir passé les premières années de sa jeunesse dans un collége des Pères de la doctrine chrétienne, dont un de ses oncles était supérieur, il alla terminer ses études à Saint-Omer, dans un autre collége de doctrinaires où il enseigna pendant quelque temps les mathématiques. — En 1816, M. Royer-Collard prononçait à la chambre un solennel discours, où il insistait, dans cette forme dogmatique qui caractérisait sa manière, sur les *véritables doctrines*. Un député de la majorité royaliste, faisant allusion aux écoles où M. Royer-Collard avait été élevé, s'écria : *Voilà bien les doctrinaires !* « Le mot fut jugé neuf, dit M. de Loménie, et il resta comme définition, sinon claire, du moins absolue, de la fraction politique dirigée par M. Royer-Collard.

« Expliquerons-nous maintenant l'origine de ce fameux *canapé de la doctrine,* qui éveille dans l'esprit des idées aussi vagues que *le divan de la Sublime Porte ?* Qu'est-ce donc que le canapé? Voici l'histoire du canapé :

« On demandait un jour à M. le comte Beugnot, affilié

aux doctrinaires, d'énumérer les forces de son parti. « Notre parti, répondit-il, tiendrait tout entier sur ce *canapé*. » Cet autre mot fit aussi fortune, et on le pressura si bien que le vulgaire en vint à se représenter le parti doctrinaire comme une agrégation de personnages semi-jésuites, semi-épicuriens, assis à la turque sur de moelleux coussins et devisant pédantesquement de la chose publique.

« Quant au sens politique du mot doctrinaire, nous déclarons en toute humilité ne le pas savoir. Il est de ceux que chacun traduit à sa guise. Aux yeux des uns, il signifie vertu et sagesse; aux yeux des autres, corruption et folie : à nos yeux, il ne signifie rien du tout. »

N'est-ce pas M. Dupin qui a dit : « Les doctrinaires ne pratiquent pas leurs maximes, ils maximent leurs pratiques. »

FAIRE UN TROU A LA LUNE.

On a dit d'abord *faire un pertuis*[1] *en l'air* : « *Le Maltois de l'autre costé, faisant un pertuis en l'air, se rend invisible.* » — Plus tard, cette expression est devenue : *Faire un trou à la nuit* : « *Quelquefois il disait : depuis que mon père a fait un trou à la nuit, je me trouve plus à repos que jamais.* » (Tallemant des Réaux). — Ou encore : *Faire un trou dans la nuit;* on en trouve un exemple dans le même auteur : « *Pour Crullembourg, au bout de trois mois, il fit un trou dans la nuit.* »

Se rendre invisible, disparaître en faisant furtivement un trou pour se sauver à la faveur de la nuit, voilà vraisemblablement ce que ces expressions voulaient dire.

---

1. Ce mot, dont la signification est très-restreinte aujourd'hui, se trouve très-fréquemment employé par les anciens auteurs dans le sens de trou quelconque.

C'est ainsi qu'elles ont signifié prendre la fuite, s'évader, et qu'elles ont été remplacées ensuite par l'expression *faire un trou à la lune,* qui s'est appliquée plus particulièrement à l'idée de partir en secret pour se dérober aux recherches, de manquer à ses engagements, de faire banqueroute. Le mot *lune* s'est substitué à *nuit* dans la dernière forme qu'a prise la locution ; mais l'idée n'a pas dû changer pour cela, puisque la lune, par périphrase, se prend pour la nuit dont elle est, dans le langage des poëtes, la reine, l'astre, le flambeau ou l'inégale courrière.

On s'est demandé s'il ne fallait pas voir dans l'expression *faire un trou à la lune* une allusion à un éclair qui paraît et surtout disparaît rapidement, comme le flambeau d'un banqueroutier déménageant furtivement ; — ou bien si l'on ne devait pas supposer que ceux qui s'évadent sont obligés de faire un trou à la lune, lorsqu'elle n'éclaire point, pour la forcer à les favoriser dans leur fugue.

Mais si, comme nous le pensons, *faire un trou à la lune* n'est qu'une transformation de l'expression plus ancienne *faire un trou à la nuit,* on s'expose à s'égarer en s'attachant à rendre compte du mot *lune* même. C'est pourquoi nous sommes peu disposé à accepter les interprétations figurées qu'a proposées M. Quitard : « Je crois qu'elle (la lune) ne désigne pas le satellite de la terre, mais certain corps opaque qu'on appelle *la lune de Landerneau,* et qu'elle est tout simplement une variante comique de cette autre expression, *facere bombum (faire un pet),* employée pour dire : faire banqueroute. Si une telle explication, que je regarde comme la plus probable, n'était pas admise, je proposerais la suivante : autrefois le terme des contrats et des paiements était ordinairement fixé à la lune qui précède et détermine la fête de Pâques, avec laquelle commençait l'année, sous la troisième race de nos rois, jusqu'au règne de Charles IX. C'est pourquoi les débiteurs qui ne payaient pas plus à l'échéance de la pleine lune que s'il n'eût pas été pleine lune, ou qui déclinaient cette échéance par une banqueroute, furent supposés *faire une brèche* ou *un trou à la lune* ; et cette locution figurée fut bientôt dans toutes les bouches, parce qu'elle joignait à la singularité le mérite de rappeler un proverbe des anciens, qui disaient d'un homme ingénieux à chercher des expédients délatoires, lorsqu'il devait accomplir ses promesses ou acquitter ses dettes : *Laconicas lunas causatur. Il allègue les lunes lacédémoniennes.* — Ce proverbe des *lunes lacédémoniennes* était venu de ce que la mauvaise foi des Lacédémoniens envers les autres peuples prenait souvent pour prétexte un conseil donné par Lycurgue, de n'entreprendre aucune expédition militaire ni aucune affaire importante, tant que la lune n'était pas dans son plein. »

LANTERNE DE DÉMOSTHÈNES.

D'après le dictionnaire de M. Bescherelle, c'est un abus de dire : *Lanterne de Démosthènes,* et un abus plus grand encore de dire : *Lanterne de Diogène.* — Comment faire et à quoi s'arrêter ? car M. Bescherelle ne donne pas les raisons de ce double abus, et cependant il faut un nom au petit édifice qui domine les hauteurs du délicieux parc de Saint-Cloud.

La première dénomination est, croyons-nous, beaucoup moins abusive qu'on ne le prétend ; elle nous paraît même toute naturelle, et nous conseillons à nos lecteurs de l'adopter sans remords.

On voit à Athènes un petit monument en marbre que Lysicrate fit élever à ses frais pour placer au sommet le trépied de bronze que la tribu Acamantide venait de remporter pour prix du chant dans les fêtes de Bacchus, célébrées l'an 335 avant l'ère vulgaire. — « Enfin, dit Chateaubriand dans son *Itinéraire de Paris à Jérusalem,* nous allâmes au couvent français rendre à l'unique religieux qui l'occupe la visite qu'il m'avait faite. J'ai déjà dit que le couvent de nos missionnaires comprend, dans ses dépendances, le monument choragique de Lysicrate. Ce fut à ce dernier monument que j'achevai de payer mon tribut d'admiration aux ruines d'Athènes.

« Cette élégante production du génie des Grecs fut connue des premiers voyageurs sous le nom de *Fanari tou Demosthenis.* « Dans la maison qu'ont achetée depuis « peu le PP. capucins, dit le jésuite Babin, en 1672, il y « a une antiquité bien remarquable, et qui, depuis le « temps de Démosthènes, est demeurée en son entier : on « l'appelle ordinairement *la Lanterne de Démosthènes.* »

M. Fauvel, membre correspondant de l'Institut, a fidèlement moulé en plâtre ce monument, qui fut reproduit en terre cuite, avec beaucoup de bonheur, par les frères Trabuchi. — C'est cette copie qui se trouve sur l'obélisque du plateau de Saint-Cloud et qui fut placée là par l'ordre de Napoléon. — Le monument d'Athènes avait été surnommé par les antiquaires *Lanterne de Démosthènes;* la copie devait tout naturellement recevoir le même nom.

Quant à la dénomination *Lanterne de Diogène* appliquée par Dulaure et beaucoup d'autres au monument de Saint-Cloud, elle a été sans doute, de la part de ceux qui avaient conservé des souvenirs d'Athènes, le résultat d'une confusion ; car il paraît qu'il a existé aussi à Athènes, jusqu'en 1669, un monument appelé *Lanterne de Diogène.* « Résumons maintenant en peu de mots l'histoire des monuments d'Athènes : le Parthénon, le temple de la Victoire, une grande partie du temple de Jupiter Olympien, un autre monument appelé par Guillet la *Lanterne de Diogène*, furent vus dans toute leur beauté par Zigomalas, Cabasilas et Deshayes.

« De Monceaux, le marquis de Nointel, Galland, le P. Babin, Spon et Wheler admirèrent encore le Parthénon dans son entier; mais la lanterne de Diogène avait disparu, et le temple de la Victoire avait sauté en l'air par l'explosion d'un magasin de poudre; il n'en restait plus que le fronton. » (Chateaubriand. Introduction de l'*Itinéraire de Paris à Jérusalem.*)

Il est bien probable aussi qu'on aura dit plus volontiers, dans le peuple, *Lanterne de Diogène,* parce que la lanterne du cynique n'est pas moins populaire que son tonneau. Il s'agissait de lanterne, d'Athènes, d'un homme célèbre dans l'antiquité, cet homme ne pouvait être que le disciple d'Antisthènes. Tout le monde ne sait pas que *lanterne* est un terme d'architecture, et qu'il a pu être employé sans métaphore pour désigner un monument.

POT-POURRI.

Le pot au feu du XIXᵉ siècle est un diminutif du *pot-pourri* de nos pères. Ils ne se contentaient pas, comme nous le faisons, de faire bouillir de compagnie du bœuf et des légumes : ils y ajoutaient d'autres viandes telles que veau, lard et mouton, des herbes de toutes sortes, et lorsque ce mélange avait bouilli à satiété, c'est-à-dire lorsqu'on l'avait fait *pourrir* à force de cuire, on le servait dans le pot même où il avait bouilli sous le nom très-appétissant alors de *pot-pourri.* Aujourd'hui que l'art culinaire raffine aussi bien que les autres, on fait encore des mélanges de viandes, mais c'est pour aboutir à la délicate galantine. Quant au mélange des légumes, il a pour conséquence un autre mets recherché dans lequel excellait Béchamel et qu'on intitule macédoine. — Le peuple seul mange encore un salmigondis de viandes et de légumes qui témoigne d'un reste de fidélité à l'antique *pot-pourri :* il l'a pittoresquement décoré du nom d'*arlequin.*

Mais ce qui reste à tous et ce qui n'a pas vieilli, ce sont les comparaisons auxquelles le *pot-pourri* a donné lieu. — Les morceaux de musique composés de différents airs connus, les mélanges d'herbes et de fleurs odoriférantes, les livres composés de productions quelconques rassemblées sans ordre et sans liaison, les discours confus et les mélanges insolites, — autant de *pots-pourris.*

> Et comme un pot pourry des frères mandians,
> Elle forme son goust de cent ingrédians.
>
> (RÉGNIER.)

MOUTONS DE PANURGE.

On appelle ainsi les gens qui font ce qu'ils voient faire, qui agissent sans motifs et uniquement par esprit d'imitation.

> C'est un bétail servile et sot, à mon avis,
> Que ces imitateurs; on diroit des brebis
> Qui n'osent avancer qu'en suivant la première,
> Et s'iroient, sur ses pas, jeter dans la rivière.
>
> (LA FONTAINE. — *Climène.*)

Cette locution devenue proverbiale est une allusion au tour que Panurge joue à Dindenault dans le fameux roman de Rabelais. Pantagruel, Panurge et Épistemon viennent de rencontrer un bateau marchand. Pendant qu'on échange des nouvelles, Panurge se prend de querelle avec un marchand de moutons nommé Dindenault qui lui trouve une face de « coquu. » Panurge risposte à cette injure, le marchand veut dégaîner, mais l'humidité a rouillé son épée, il ne peut la tirer du fourreau. Panurge appelle Pantagruel à son secours. Celui-ci « mist la main à son bragmard fraischement esmoulu, et eust félonnement occis le marchant, » si les passagers ne fussent intervenus. — Le débat s'apaise, on boit en signe de réconciliation. — Cependant, Panurge médite une vengeance. Il dit à ses amis de se tenir à l'écart et de le regarder faire; puis, s'adressant au marchand, il le prie de lui vendre un de ses moutons. Dindenault se moque de lui, et l'accable de quolibets et d'injures. Panurge prend patience, ce qu'il veut, c'est acheter un mouton; il le payera aussi cher qu'il faudra. Enfin le marché se conclut : Panurge paye, choisit le plus beau mouton, et l'emporte criant et bêlant, pendant que tous les autres, bêlant aussi, regardent de quel côté on emmène leur compagnon. « Soubdain, je ne sçay comment, le cas feut subit, je n'eus loisir le considérer, Panurge, sans aultre chose dire, jecte en pleine mer son mouton criant et bellant. Tous les aultres moutons, crians et bellans en pareille intonation, commencearent soy jecter et saulter en mer après à la file. La foulle estoyt à qui premier y saulteroyt après leur compaignon. Possible n'estoit les en guarder. Comme vous savez estre du mouton le naturel, toujours suyvre le premier, quelque part qu'il aille. Aussi le dicte Aristoteles, *lib. 9 de Histor. anim.,* estre le plus sot et inepte animal du monde. Le marchant, tout effrayé de ce que devant ses yeulz périr voyoit et noyer ses moutons, s'efforceoit les empescher et retenir de tout son povoir, mais c'estoit en vain. Touts à la file saultoient dedans la mer et périssoient. » (Rabelais. — *Pantagruel,* liv. IV, chapitre VIII.)

PÉKIN.

Pour remonter à l'origine de cette expression, il faut se demander si, avant d'appartenir au vocabulaire spécial des troupiers, elle n'a pas été employée généralement comme terme injurieux signifiant, ainsi qu'on le voit dans le *Dictionnaire du bas langage,* ignorant, sot, imbécile, et aussi intéressé, avare. Dans le cas où il en serait ainsi, le mot *péquin* pourrait venir des expressions injurieuses *piquechien* et *pissechien* dont il serait une altération, à moins cependant qu'il ne soit tout simplement une façon de dire *chinois,* qui se prend vulgairement dans un sens dédaigneux et burlesque.

Mais nous inclinons à penser que ce mot, usité surtout dans l'armée, a pris naissance au milieu des soldats, et c'est pourquoi nous adoptons plus volontiers l'explication du colonel Ambert : « Le P. Daniel, dans son *Histoire de la milice française,* parle des *piquenaires,* sorte de soldats à pied, qu'il ne faut pas confondre, dit-il, avec les *piquichinis,* mauvais soldats, sorte de valets d'armée, fort nombreux dans les armées de Charles VI. Les *piqui-chinis,* d'origine italienne, étaient presque tous étrangers. Méprisés des véritables soldats, les *piquichinis* ou *piqui-nis* firent tant par la maraude, que leur nom devint un terme de mépris dans les armées. De vieux dialogues militaires des règnes de Henri III et Henri IV emploient souvent le mot *piquini* ou *péquin* pour désigner les adversaires en religion. Ainsi, dans un de ces dialogues, nous voyons un papiste traiter Coligny de *pékin;* un autre est intitulé *les pékins de Montauban.* »

RACINE PASSERA COMME LE CAFÉ.

On lit dans le *Cours de littérature* de La Harpe : « Les gens de lettres sont sujets à mal juger, par un intérêt qui va jusqu'à la passion : les gens du monde, d'abord, par une indifférence qui leur fait adopter légèrement l'avis qu'on leur donne, ensuite par un entêtement qui leur fait soutenir le parti qu'ils ont embrassé. Voilà ce qui fait durer plus ou moins les préventions de société, sources de tant d'injustices. De là celles de madame de Sévigné envers Racine, dont elle a dit qu'*il passera comme le café.* » — Madame de Sévigné a-t-elle réellement fait cette comparaison ? Il est permis d'en douter. La phrase que semble citer La Harpe n'est point dans les *Lettres,* et si elle a été dite dans la conversation, nous aurions besoin de savoir au moins par qui elle a été entendue. Aucun de ses contemporains n'a parlé de cette opinion si singulièrement exprimée. C'est en plein xviiie siècle seulement qu'elle s'est accréditée, c'est de nos jours surtout qu'elle s'est répandue. La vérité est que madame de Sévigné, qui tenait à ses *vieilles admirations* pour le père du théâtre, ne croyait pas beaucoup à l'avenir de Racine ; elle ne croyait pas non plus à la durée de cette vogue qu'avait eue le café à son apparition en France. Elle avait écrit à sa fille : « Racine fait des comédies pour la Champmêlé : ce n'est pas pour les siècles à venir ; » et quatre ans plus tard : « Vous voilà donc bien revenue du café ; mademoiselle de Méré l'a aussi chassé ; après de telles disgrâces peut-on compter sur la fortune ? » — Il est donc incontestable que madame de Sévigné a exprimé sur Racine et sur le café des opinions auxquelles les siècles futurs devaient donner un démenti. Mais ce qui est beaucoup moins certain et ce

qu'on est en droit de contester, c'est qu'elle ait jamais
rapproché ces deux opinions. On peut, quand on a l'esprit et la délicatesse de madame de Sévigné, porter sur
Racine un jugement erroné ou se méprendre sur l'avenir
d'une liqueur dont le succès semble trop subit pour devoir être durable, mais on ne peut pas mettre en parallèle Racine et le café. — Non, le rapprochement appartient
à Voltaire; c'est lui qui, le premier, a mis les deux idées
en présence, et c'est depuis lui qu'on s'est habitué à ne
plus les séparer. « Madame de Sévigné, la première personne de son siècle pour le style épistolaire, et surtout
pour conter des bagatelles avec grâce, croit toujours que
Racine n'*ira pas loin*. Elle en jugeait comme du café
dont elle dit qu'*on se désabusera bientôt*. Il faut du
temps pour que les réputations mûrissent. » (*Siècle de
Lous XIV. — Des Beaux-Arts.*) — Voltaire se trouvait
atteint dans deux de ses affections les plus chères : il admirait Racine, il adorait le café. On comprend qu'il ait
été choqué de ces idées si fort en opposition avec ses
goûts, et l'on s'explique que, peut-être sans malice, il ait
réuni dans une même phrase tous ses griefs contre une
personne à laquelle il rendait, d'ailleurs, pleine justice.
Quant à la phrase même : *Racine passera comme le café,*
ou *on se dégoûtera de Racine comme du café,* elle a
dû être faite par ceux qui, les premiers, ont voulu résu-
mer en peu de mots la pensée de Voltaire. Le XVIIIe siècle
nous l'a transmise ainsi formulée, et nous l'avons répétée
sans trop savoir d'où elle venait.

NE M'EST-IL PAS ÉCHAPPÉ QUELQUE SOTTISE ?

Alarcon, auteur espagnol du *Menteur,* dit à la tête d'une
de ses comédies, en guise de préface : « Canaille ! si tu

applaudis à mes pièces, tant pis! alors elles sont détestables. » — Bah! dira-t-on, dépit d'auteur sifflé. Je ne dis
pas non. Il est possible cependant qu'il y ait là aussi un
grain de cette conviction qui faisait écrire à d'Alembert
un siècle plus tard : « Le public est un animal à longues
oreilles, qui se rassasie de chardons, qui s'en dégoûte peu
à peu, mais qui brait quand on veut les lui ôter de force;
ses opinions moutonnières et le respect qu'il veut qu'on
leur porte me paraissent dire aux auteurs : Il se peut que je
ne sois qu'un sot, mais je ne veux pas qu'on me le dise.»
— Quoi qu'il en soit de cette opinion, que partageait si
franchement Rivarol, il est bien certain qu'il est toujours
sage, quand on s'adresse à la foule, de se tenir en garde
contre les applaudissements des sots. — Phocion, qui
avait été toujours seul de son avis, prouva qu'il était pénétré de cette vérité lorsque le jour où l'une de ses harangues au peuple fut applaudie et adoptée par tous, il se
tourna vers ses amis et leur dit : « *Ne m'est-il pas échappé,
par mégarde, quelque sottise ?* »

BEAUTÉ DU DIABLE.

Est-elle jolie? — Oh! vous savez, elle a la beauté du
diable. — En prenant cette réponse à la lettre, on pourrait se faire une singulière idée de cette jeune fille qui
aurait, pour toute beauté, sa ressemblance avec le diable.
Il n'en est pas tout à fait ainsi : avoir la beauté du
diable, c'est être jeune, c'est être à ce moment de la vie
où les figures les plus irrégulières, les physionomies les
plus insignifiantes ne sont pas absolument laides, parce
qu'elles sont jeunes. A elle seule, la jeunesse est une
beauté; c'est la fraîcheur, la vie rayonnante, c'est souvent aussi l'innocence, et quand un visage respire tous

ces charmes de la nature et de l'âme, il ne peut pas être laid. Le diable, ce monstre que l'imagination nous représente sous un aspect si horrible, le diable lui-même n'était pas laid quand il était jeune[1]. Ainsi, *beauté du diable* ne signifie pas laideur, mais jeunesse. « Une loi mystérieuse de la nature veut que la femme, même la moins belle, à un jour, à une heure de la jeunesse, illumine tout à coup son visage d'un charme qui la fait aimer : cette transfiguration fugitive, cette beauté d'un moment s'appelle la beauté du diable. » (Nestor Roqueplan.)

LA SAINTE AMPOULE.

L'ampoule, ampulla, qui signifiait un vase de verre à grosse panse, servait à désigner particulièrement, chez les anciens, la fiole qui renfermait l'huile de senteur dont on s'oignait après le bain. Ce mot s'est dit aussi parmi nous d'une petite bouteille, mais il n'est plus d'usage en ce sens que dans l'expression la *sainte ampoule* [2]. On appelle ainsi la fiole où l'on conservait dévotement, à Reims, l'huile qui servait à sacrer les rois de France. La *sainte ampoule* date du baptême de Clovis. Elle doit sa célébrité à un miracle. Hincmar, archevêque de Reims, sous Charles le Chauve, le raconte ainsi : « Le clerc qui portait le saint chrême n'ayant pu approcher à cause de

---

1. M. Quitard explique autrement cette expression qu'il rattache au vieux proverbe *le diable était beau quand il était jeune,* en le traduisant ainsi : Le temps de la jeunesse du diable est celui où il figurait au rang des anges du ciel, d'où il fut banni et précipité dans l'enfer à cause de sa rébellion.

2. « Petite fiole de verre antique et blanchâtre, haute de 41 millimètres ; son col avait 16 millimètres de circonférence, la base en avait 29. Le baume qu'elle renfermait avait l'apparence d'un liqueur tirant sur le roux ; il était peu liquide et n'avait pas de transparence. » (*Mag. pitt.*)

la foule, le saint évêque Remi leva les yeux au ciel et implora la miséricorde divine : aussitôt parut une colombe plus blanche que la neige, portant à son bec la sainte ampoule, pleine d'une huile sainte, d'une odeur si exquise et si suave que toute l'assemblée en fut embaumée. » Les écrivains qui ont parlé, depuis, de la *sainte ampoule,* n'ont pas tous raconté ce prodige de la même manière : les uns ont dit que l'huile sainte manquait ou qu'elle n'avait pas été retrouvée à sa place ; un autre, que ce fut le diable qui cassa la bouteille afin de retarder le baptême et d'impatienter le roi ; un troisième, que la fiole avait été apportée par un ange et non par une colombe ; un quatrième, enfin, a voulu que la colombe ait apporté deux bouteilles, l'une pour Clovis et l'autre pour Clotilde. — L'huile de cette bouteille sacrée était intarissable, et le peuple croyait qu'elle montait ou descendait suivant que nos rois étaient en bonne ou en mauvaise santé. — La *sainte ampoule* tenait à la fois et depuis des siècles à l'Église et au trône ; c'était plus qu'il n'en fallait pour exciter l'indignation des révolutionnaires de 1793 : le représentant du peuple Ruhl la brisa sur le piédestal de la statue de Louis XV, à la place royale de Reims.

ŒUFS DE PAQUES.

Un usage qui a survécu à beaucoup d'autres, bien qu'il n'ait peut-être jamais été complétement général dans tous les pays de l'Europe, c'est celui d'échanger, à l'époque de Pâques, des œufs de toutes couleurs et de toutes dimensions. La signification de ces cadeaux étant à peu près oubliée, la coutume pourrait disparaître sans qu'il en résultât, dans nos mœurs, aucun trouble sensible ; mais l'industrie est là pour ne pas la laisser tomber, et, s'il en était besoin, pour la faire revivre. Chaque année, au mois de mars ou d'avril, l'imagination des confiseurs se met en frais pour raviver, par l'attrait du luxe et de la nouveauté, le goût des œufs de Pâques. Ces myriades d'œufs qui surgissent tout à coup dans nos élégants magasins de bonbonneries ne peuvent manquer d'éveiller notre attention, et de faire à notre devoir et à nos bourses un appel presque toujours entendu. Il y en a de tous prix ainsi que de toutes couleurs, et pour tous ceux qui ont le bonheur de connaître des enfants ou des dames, c'est encore une obligation aujourd'hui de payer un tribut à la vieille coutume. — Avec le progrès, les œufs sont devenus des boîtes; ils s'ouvrent, ils peuvent contenir, à volonté, une poupée ou un cachemire, et si les complications du jour de l'an vous ont fait faire quelque maladresse, si, pendant les trois mois qui se sont écoulés depuis le bienheureux jour de la Circoncision, vous êtes tombé en disgrâce auprès d'un enfant ou de sa mère, vous pouvez, un œuf aidant, réparer votre tort ou votre oubli, et effacer le souvenir de vos fautes passées. — Chez les pauvres, on se donne de petits œufs en sucre, ou même, si les moyens ne permettent pas de sacrifier à l'agréable, on s'offre des œufs rouges et l'on en fait une salade.

Ces cadeaux du printemps répondent à une idée qui nous vient des Orientaux. Chez eux, l'œuf est le symbole de l'état primitif du monde, de la création qui a développé le germe de toutes choses. Au nouvel an, qui s'ouvre encore en Orient à l'équinoxe du printemps, on célèbre une fête analogue à celle de notre jour de l'an. A cette époque du renouvellement de la nature et de l'année, on échange des présents et l'on s'envoie de toutes parts des œufs peints et dorés, destinés à rappeler le commencement des choses. La même idée devait présider à ces sortes de cadeaux dans le temps où l'année commençait en France le jour de Pâques. Charles IX, en fixant le commencement de l'année au 1ᵉʳ janvier, a fait perdre aux œufs une partie de leur importance; mais ils sont restés cependant pour célébrer, à défaut de l'année, le renouvellement de la nature. Autrefois, en France, comme encore aujourd'hui en Russie, les œufs de Pâques avaient un caractère religieux; on ne les distribuait qu'après les avoir fait bénir solennellement le samedi saint : cette tradition est entièrement perdue parmi nous.

PONT AUX ANES.

Une chose facile à faire, qu'il n'est pas permis d'ignorer ou dans laquelle tout le monde peut réussir, c'est le *pont aux ânes*. L'origine de cette locution se trouve dans une farce du xvᵉ siècle. Un homme dont la compagne est indocile au joug va consulter un grave docteur sur les moyens à employer pour soumettre la rebelle. A toutes ces questions, Saint-Jourd'hui (c'est le nom du docteur) répond par ce vers :

> *Vade*, tenez le pont aux asnes.

Le mari ne s'explique pas d'abord le sens de ces paroles; mais à la fin, voyant qu'il n'obtient point d'autre réponse, il va, suivant le conseil qu'il a reçu, se poster sur le pont où passent d'ordinaire les ânes du village. Là, il voit un bûcheron qui frappe à tour de bras sur son âne pour le faire avancer. La lumière se fait aussitôt dans son esprit, il comprend la parabole du docteur et rentre chez lui pour la mettre à profit. Il demande à souper, on raisonne; il saisit un gourdin, et sans rien vouloir entendre, il parle haut le langage du bûcheron. La femme crie, le mari frappe, et bientôt on lui promet de se soumettre à toutes ses volontés. Le moyen était bon, rien n'était plus simple que de le trouver : c'était le *pont aux ânes*.

MONT-DE-PIÉTÉ.

Voilà un mot qui a dû étonner bien des gens. Ceux qui ont été rue des Blancs-Manteaux, rue Bonaparte ou chez es commissionnaires, n'ont pas eu le plus petit *mont* à gravir, et quand on leur a prêté de l'argent à 9 et à 12 pour cent en leur demandant, comme garantie, leur montre ou leur paletot, ils ont sans doute cherché vainement où pouvait être l'œuvre de *piété*.

Le *mont-de-piété* est originaire d'Italie. Il fut créé sous le nom *monte di pietà* par un frère mineur de Padoue qui voulut, en fondant une association charitable, arracher des mains des usuriers et des prêteurs sur gage les malheureux qui étaient forcés de recourir à l'emprunt. Bernardino de Feltri, — c'est le nom du bon frère, — provoqua, par ses prédications, des aumônes et des souscriptions volontaires, et forma ainsi un fonds sur lequel on prêtait aux nécessiteux, en ne leur demandant qu'un très-faible intérêt pour couvrir les frais. Encore cet intérêt n'existait-il pas quand la somme prêtée était peu importante. — Assurément, c'était bien là une œuvre de piété, et les bonnes intentions du religieux fondateur expliquent surabondamment les mots *di pietà*. — Quant à *monte*, il se dit en italien pour amas, accumulation, masse, aussi bien que pour montagne, et par conséquent il répond ici à l'idée de collecte, de cotisation[1]. — *Monte*

---

1. On a voulu aussi prendre l'expression *monte* dans le sens propre en disant qu'elle venait sans doute de ce que les dons et aumônes offerts par les fidèles étaient déposés dans les églises, lesquelles étaient bâties, pour la plupart, sur des lieux élevés. Nous ne pensons pas que la vérité soit là.

di pietà signifiait donc, très-justement alors, cotisation pour une œuvre de piété.

Tous les établissements qui se sont formés dans la suite à l'imitation du mont-de-piété fondé par le charitable frère n'ont peut-être pas été assez exclusivement inspirés par un sentiment de protection et d'humanité ; c'est ce qui a fait perdre la trace de leur nom. On a voulu venir au secours des pauvres sans rien compromettre, et si le bon Bernardino revenait en ce monde, pour aller voir chez nos commissionnaires les progrès qu'a faits son œuvre, nous croyons qu'il en sortirait le cœur navré.

Les monts-de-piété ont été établis à Paris, sous le règne de Louis XVI, par lettres-patentes du 9 décembre 1777.

TOUT EST PERDU, FORS L'HONNEUR.

Cette parole célèbre est du nombre de celles que les historiens ont arrangées pour produire plus d'effet et donner du relief aux citations. Lorsque les circonstances exigent ces accommodements, comme pour le mot énergique de Cambronne, auquel on a substitué une période académique, nous admettons qu'on transige avec la vérité ; mais quand on peut, sans danger d'aucun genre, citer les mots tels qu'ils ont été dits, on ferait bien de les conserver intacts. La lettre que François Ier écrivit à sa mère après la défaite de Pavie ne commence pas, comme on l'a prétendu, par les mots : *Tout est perdu, fors l'honneur,* mais on y trouve une phrase moins concise qui, quoi qu'en aient dit des historiens trop sévères, répond après tout à la même idée : « *Pour vous avertir comment se porte le ressort de mon infortune, de toutes choses ne m'est demouré que l'honneur et la vie qui est sauve.* »

Nous ne savons pas bien ce qu'a voulu dire M. Aimé

Champollion-Figeac lorsque, en citant ce vers de François Ier :

Le corps vaincu, le cueur reste vaincueur,

il a fait la remarque suivante : « On pourrait peut-être
reconnaître dans ce vers l'origine du mot de François Ier
après la bataille de Pavie : « Tout est perdu, fors l'hon-
« neur, » et qui depuis lui a été fort contesté.

CALEMBOURG.

Que n'a-t-on pas dit contre ce pauvre calembourg? —
C'est l'enfant gâté de l'oisiveté et du mauvais goût, c'est
l'esprit de ceux qui n'en ont pas, c'est l'apanage des sots,
c'est un piége tendu à notre intelligence, c'est enfin tout
ce qui n'est ni de la finesse, ni de la grâce, ni du bon
sens : on ferait un volume des cris d'indignation dont il
a été l'objet.

Sifflons le calembourg, Janus froid et stupide.
(CHAUSSARD.)

Est-on un sot parce qu'on fait des calembourgs?— Fait-
on nécessairement des calembourgs lorsqu'on est un sot?
—A ces deux questions, les adversaires les plus acharnés
du quolibet ne répondent pas nettement. Sans vouloir
nous faire le champion du calembourg, nous demande-
rons s'ils sont bien sincères, tous ceux qui se répandent
en invectives contre lui. On ne sait pas assez combien il
y a de gens qui ne méprisent les calembourgs que parce
qu'ils ne sont jamais parvenus à en faire convenablement
un mauvais. Ils crèvent de dépit lorsqu'ils entendent ces
grosses bêtises, qui n'ont pas tous les torts, puisqu'elles
amusent, et ils se vengent en s'écriant avec un hausse-

ment d'épaules et un dédaigneux sourire : un calembourg! — Mon Dieu! oui, monsieur, un calembourg! Je l'ai dit parce qu'il m'est venu, parce qu'il est drôle, et vous ne l'avez pas dit, vous, parce qu'il ne vous vient rien, pas même un calembourg.—'Si vous avez quelque chose de spirituel à nous raconter, à vous la parole; prenez-la, gardez-la aussi longtemps que vous serez intéressant ou amusant; mais si vous n'avez à nous parler que de vos affaires, de votre personne et de mille autres lieux communs, laissez place à mon calembourg; il vaut bien, tout bête qu'il est, le moins ennuyeux de vos discours.

Nous avons connu, nous connaissons encore des hommes très-spirituels qui ont la faiblesse du calembourg. S'ils ont le tort d'en abuser quelquefois, ils en usent d'ordinaire d'une façon si vive et si joyeuse, qu'il faut être un bien grave personnage pour ne pas rire de bon cœur en les entendant. Il y a des sots qui disent des calembourgs, c'est bien vrai; seulement, ils les cherchent, ils les préparent, ils les placent, ils les répètent, ils les racontent même, et il n'en faut pas tant pour les rendre insipides. Et puis, les sots n'ont jamais su faire ce que nous appelons le *calembourg bête* : or, c'est celui-là que nous voulons réhabiliter au nom des gens d'esprit.

Sans doute, M. de Voltaire, il ne faut pas qu'un tyran si bête usurpe l'empire du monde; mais que voulez-vous? Nous n'avons pas tous votre esprit et votre savoir, nous ne sommes nullement certains d'être toujours en fonds; nous sommes dans la foule, nous autres, et quand nous avons laissé nos soucis à la porte d'un ami pour venir nous distraire sans prétention et sans gêne, souffrez que nous disions quelqu'une de ces bêtises qui, à défaut d'autre mérite, ont au moins pour excuse la gaîté et l'à-propos.

Depuis tantôt un siècle, le calembourg est la victime

d'une foule d'importants qui n'ont d'autres ressources,
pour faire croire à leur esprit et à leur bon goût, que de
calomnier le calembourg; ils ne peuvent pas sur ce point
capital penser autrement que Voltaire, Delille et tant
d'autres bons esprits. Sérieux donc comme des ânes qu'on
étrille, ils lancent gravement leur anathème, et se croi-
raient déshonorés si un calembourg les faisait rire. Ce
sont ces mêmes personnages qui, pour frapper plus fort
et s'indigner plus à l'aise, ont surfait le calembourg. Soit
sottise, soit mauvaise foi, ils s'obstinent à ne le prendre
ni comme il est, ni pour ce qu'il vaut : le calembourg est
un jeu, une plaisanterie et pas autre chose; bien que nous
ne soyons plus au temps où l'on définissait l'esprit : la
raison assaisonnée, il n'est jamais venu à l'idée d'un
homme sensé de vouloir faire preuve d'esprit en disant
un calembourg. Faire des calembourgs, c'est jouer avec
les mots comme d'autres, qui font des tours d'adresse,
jouent avec des cartes ou des gobelets. Nous comprenons
que ce jeu ne plaise pas à tout le monde, mais nous n'admettons pas qu'on soit un imbécile parce qu'on s'abandonne parfois, dans les heures d'insouciance et de franche
gaîté, au plaisir de faire ainsi miroiter les mots ou s'en-
trechoquer les idées.

Le dictionnaire de M. Bescherelle cherche chicane à
l'Académie, parce qu'elle écrit calembourg avec un g :
« Rien n'annonce dans ce mot, dit-il, le rappel à la pensée d'un *bourg* ou d'un village. » C'est là une pauvre raison; en matière d'étymologies, les apparences trompent.
D'ailleurs, le reproche ne tombe pas juste : le *calembour*
de l'Académie n'a pas plus de g que celui de M. Bescherelle. — La question d'orthographe, pour peu qu'on la
discute, doit être subordonnée à la question d'origine.
D'où vient donc le mot *calembourg?*

Au xviiᵉ siècle, les jeux de mots n'avaient pas de nom particulier. Ménage dit qu'on les appelait *montmaurismes,* du nom de l'illustre parasite, mais l'usage n'a pas consacré cette appellation. — Plus tard, on vit à Versailles un certain comte de Kahlembourg, ambassadeur de l'empire d'Allemagne, qui dut à la façon pittoresque dont il parlait notre langue de faire sensation parmi les beaux-esprits de la cour. Peu familiarisé avec les nuances de cette langue si fertile en équivoques, le comte tomba souvent dans les piéges qui lui étaient malicieusement tendus ; séduit lui-même par des analogies, ou trompé par des consonnances pareilles, il fit plus d'une fois des liaisons, des rencontres, des chocs de mots qui eurent un grand succès. Bientôt on ne put entendre une plaisanterie de ce genre, une bizarrerie quelconque de langage, sans songer au comte de Kahlembourg, et son nom, à force d'être répété à ce même propos, devint synonyme de coq-à-l'âne, de jeux de mots. C'est ainsi que ce nom allemand s'est établi chez nous en prenant une forme française, et c'est pourquoi l'Académie aurait été bien avisée peut-être de mériter le reproche qu'un voisin a cru devoir lui adresser.

PRENDRE SANS VERT.

Cette expression que nous avons conservée pour signifier : prendre au dépourvu, est depuis longtemps dans notre langue, témoin cette phrase de Panurge : « *Le diable me prendroit sans verd s'il me rençontroit sans dez.* » Elle nous a été transmise par un jeu de société très-ancien qui consistait à porter toujours sur soi, au commencement de la belle saison, quelque feuille verte. *Je vous prends sans vert,* disait-on en abordant une personne au moment où elle ne s'y attendait pas, et si elle ne pouvait répliquer en montrant quelques feuilles de vert cueillies le jour même, elle payait une amende ou subissait une punition.

Ce jeu, qui était fort en usage du temps de La Fontaine, lui a donné l'idée d'une comédie assez médiocre intitulée : *Je vous prends sans vert.*

BOIRE A TIRE LA RIGAULT.

Ceux qui écrivent cette expression comme l'Académie : *boire à tire-larigot,* pensent qu'elle a pour origine le *larigot,* espèce de flûte ou de petit flageolet qui n'est plus en usage, mais qui a donné son nom à un jeu d'orgue composé d'un grand nombre de petits tuyaux qui rendent un son très-aigre. Ils supposent que pour jouer du larigot, il fallait souffler très-fort et par conséquent boire beaucoup. Bien que cette hypothèse ait le mérite de nous rapprocher d'une comparaison consacrée aujourd'hui : *boire comme un musicien,* elle ne nous paraît guère admissible. — Nous serions plus volontiers disposé à croire avec Ménage que *larigot,* dans cette phrase, est une allusion aux longs verres en forme de flûtes dans lesquels on buvait autrefois, et qu'on a dit *boire à tire-larigot* comme on a dit depuis, *boire à tire-flûte* et comme on dit encore vulgairement *flûter.* — Cette explication vaudrait mieux à coup sûr que celle qui donne pour origine à *larigot* le mot larynx, et qui dit : boire à tire-larigot, c'est boire à tire-gosier.

L'orthographe que nous avons admise repose sur une histoire qui rappelle une comparaison non moins bien fondée que la première : *boire comme un sonneur.* — On raconte, et c'est d'un historien qu'on le tient, que, au XIIIe siècle, un archevêque de Rouen nommé Odon Rigault

donna à cette ville une cloche d'une grosseur prodigieuse.
Cette cloche, appelée la cloche Rigault et par abréviation
la Rigault, ne pouvait être mise en mouvement sans de
grands efforts. Les sonneurs qui la tiraient étaient naturellement d'autant plus altérés qu'ils avaient plus de
peine, et l'on a été ainsi amené à regarder ceux qui buvaient beaucoup comme des gens qui auraient *tiré la Rigault* [1].

Aux personnes qui désireraient remonter beaucoup plus
haut dans l'histoire, nous donnerons cette dernière version : Alaric, roi des Goths, fut défait en bataille rangée,
auprès de Poitiers, par le roi Clovis. Les soldats, joyeux
lorsqu'ils buvaient, se disaient les uns aux autres : *Je bè à
ti, rei Alaric Goth.*

FAIRE LA PLUIE ET LE BEAU TEMPS.

La foi aveugle qu'on avait au moyen âge dans les pré-
dictions des astrologues a fait naître cette expression. Ils
disaient d'avance quel temps il ferait, quels bonheurs s'annonçaient, quels fléaux menaçaient de fondre sur la terre.
Cet art mystérieux de lire dans l'avenir les avait rendus
très-puissants : on les consultait comme autrefois les au-
gures, et c'est sur leur avis que tout se décidait. On sait
quelle influence Côme Ruggieri exerça sur Catherine de
Médicis, et l'on peut raviver le souvenir de ce « grand
maître de l'avenir » en lisant le chapitre que M. Édouard
Fournier a consacré à la colonne de la Halle aux blés, dans
son intéressant ouvrage des *Énigmes des rues de Paris.*
— De cette influence des astrologues est venue l'habitude
de dire : *il fait la pluie et le beau temps,* en parlant

---

1. M. Génin a prouvé par des exemples qu'on disait autrefois : *Boire
en tire la Rigault,* expression qui, en effet, semble plus exacte : boire
en homme qui tire la Rigault, en vrai tire la Rigault.

d'un homme qui a quelque part une grande autorité, qui règle tout par son crédit, souvent même par son caprice.

« Le mot *magie* est venu des mages de Chaldée ; ils en savaient plus que les autres, ils recherchaient les causes de *la pluie et du beau temps,* et bientôt ils passèrent pour faire *le beau temps et la pluie.* Ils étaient astronomes ; les plus ignorants et les plus hardis furent astrologues. » (Voltaire.)

ANNEAU DE POLYCRATE.

L'anneau de Polycrate est le symbole d'un bonheur qui fait peur. La félicité parfaite n'est pas de ce monde ; on le savait autrefois, on le sait mieux encore de nos jours, — et lorsqu'on rappelle à quelqu'un qui se réjouit de son sort l'histoire de l'anneau de Polycrate, c'est pour lui dire : Prenez garde ! le destin s'irrite d'un bonheur trop constant ; ces succès non interrompus, cette joie sans mélange, ce ciel sans nuage sera troublé brusquement par quelque coup de foudre ; vous êtes trop heureux pour n'être pas menacé.

On sait d'où vient cette allusion. L'île de Samos, qui fut jadis la plus puissante des îles Ioniennes et qui vit naître Pythagore, fut gouvernée cinq siècles et demi avant J.-C. par un roi absolu qui s'était emparé du pouvoir après avoir fait mourir ses deux frères Pantagnote et Sylosonte, et qui a pris place dans l'histoire sous le nom du tyran Polycrate. Tout ce qu'il avait tenté pour soumettre et avilir son peuple lui avait réussi. Non moins heureux dans ses conquêtes, il s'était rendu maître de plusieurs îles de la mer Égée et même des villes de la côte d'Asie. Enfin, il était parvenu à faire fleurir le commerce, les arts et les sciences, et jamais prospérité ne fut plus grande que celle des onze années de sa domination. Le roi d'Égypte Omasys, son ami et son allié, effrayé d'un pareil bonheur, lui écrivit ces lignes : « Vos prospérités m'épouvantent ; je souhaite à ceux que j'aime un mélange de biens et de maux, car une divinité jalouse ne souffre pas qu'un mortel, quel qu'il soit, jouisse d'une félicité inaltérable. Ménagez-vous donc des peines et des revers pour les opposer aux faveurs constantes de la fortune. » — L'avis parut bon à Polycrate, et pour aller au-devant de la fortune adverse, il jeta dans la mer un anneau d'un très-grand prix. Mais le destin n'accepta pas ce sacrifice ; il lui renvoya son anneau dans le ventre d'un poisson qu'on lui servit quelques jours après. — Au lieu de conclure de cet événement que des épreuves plus cruelles lui étaient réservées, Polycrate pensa sans doute que le malheur ne voulait pas de lui, car il ne conçut aucune défiance, lorsque Oraete, le gouverneur de Sardes, l'attira chez lui. Il s'était laissé séduire par la promesse que lui avait faite Oraete de lui donner une partie de ses trésors pour qu'il le soutînt dans une révolte contre le roi de Perse. — Lorsque Polycrate fut arrivé, on le fit mettre en croix.

Cet anneau de Polycrate vient, dit-on, d'être retrouvé par un vigneron d'Albano dans une plantation de vignes. Cette découverte a permis de donner sur l'anneau et sur son cachet des détails que les traditions historiques ne nous avaient pas transmis. C'est un anneau en or massif, qui enchâsse une émeraude, la pierre la plus rare et la plus estimée à une époque où le diamant n'était pas encore connu. Le cachet, gravé par Théodore de Samos, fils de Taliklès, statuaire célèbre de ce temps-là (le même qui avait, dit-on, gravé le vase de Crésus), est un travail d'une finesse et d'une beauté remarquables. Il est grand comme une pièce de cinq francs et d'une forme un peu oblongue. Il représente une lyre autour de laquelle bourdonnent trois abeilles. Au bas, à droite, est un dauphin, et à gauche une tête de bœuf. Au-dessous se trouve une inscription grecque qui indique le nom de l'artiste. La surface de la pierre est légèrement concave, un peu dépolie, et les arêtes de la ciselure sont écornées.

VOILÀ JUSTEMENT CE QUI FAIT QUE VOTRE FILLE

EST MUETTE,

— dit Sganarelle à Géronte, en terminant cette longue dissertation dans laquelle il lui explique savamment les raisons péremptoires du mutisme de sa fille. Cette tirade est un curieux entassement de mots empruntés à la médecine, à la langue latine, ou forgés comme au hasard ; elle n'a pas plus de sens que Sganarelle n'a de savoir, et, par conséquent, elle n'explique et ne prouve rien. — Nous avons conservé cette conclusion de Sganarelle pour caractériser plaisamment les raisonnements qui déraisonnent, les discours alambiqués et savants en apparence qui n'aboutissent pas. Grâce à Molière, on dispose ainsi d'un moyen honnête de faire entendre à certains raisonneurs qu'ils ne savent où ils vont. Au lieu de leur dire : Vous raisonnez faux, mal, vous êtes illogiques, inconséquents, ce que vous avancez ne prouve rien ou n'a pas trait à la question, — observations qui toutes sont un peu brutales, quelquefois dangereuses, on se contente d'ajouter à leur discours, comme une conséquence naturelle de ce qu'ils ont dit : *Voilà justement ce qui fait que votre fille est muette.* C'est beaucoup plus poli, plus gai surtout, puisque cela rappelle la charmante bouffonnerie du *Médecin malgré lui*, et à tous ces titres cela vaut infiniment mieux.

3

COLIN-MAILLARD.

Les grammairiens ne veulent pas qu'on donne la marque du pluriel au mot *Colin-Maillard;* suivant eux, le sens s'y oppose : « C'est un jeu où *Colin* cherche, poursuit *Maillard*[1]. » Cette signification ne s'accorde pas avec l'origine que l'on attribue d'ordinaire à ce jeu. Jean-Colin Maillard est un guerrier du pays de Liége qui fut fait chevalier par le roi Robert, en 999. Il doit son nom de *Maillard* à l'habitude qu'il avait de s'armer toujours d'un maillet pour le combat. Le maillet dont s'armèrent plus tard les séditieux qui sont restés dans notre histoire sous le nom de *Maillotins* était destiné à désigner tous ceux qui en feraient usage. Dans la dernière bataille qu'il livra au comte de Louvain, Jean-Colin eut les yeux crevés, et il continua de combattre guidé par ses écuyers. Si c'est à ce souvenir historique qu'il faut rapporter l'invention et la dénomination de ce jeu, le *Colin-Maillard,* c'est l'enfant qui, les yeux bandés, cherche à saisir l'un des autres enfants qui fuient à son approche. — Cette origine ne laisserait pas subsister grand'chose de l'explication qui admet qu'un individu nommé *Colin* court après un autre nommé *Maillard*. Si, en effet, *Colin-Maillard* doit être considéré comme un mot invariable, la raison qu'on en a donnée n'est pas la bonne.

---

1. Si nous voulions discuter cette règle et sa raison, nous pourrions dire que s'il n'y a qu'un *Colin,* ce qui exclut toute idée de pluralité, il y a toujours plusieurs *Maillards :* or, *Maillard* n'étant pas le nom propre des enfants que l'on cherche, rien ne semblerait s'opposer, dans l'hypothèse des grammairiens, à ce que ce mot prît la marque du pluriel. Mais nous n'avons pas qualité pour soulever cette grave question, et nous la laissons aux Vaugelas futurs.

TUER LE VER.

Si vous avez parcouru la grande ville à la première heure, quand la population des ouvriers succède dans les rues, sur les boulevards et sur les quais, à celle des balayeurs et des dévoués de la nuit, vous aurez rencontré, sans nul doute, sur les points les plus fréquentés, des marchandes en plein vent, munies de bouteilles et de petits pains, qui attendent la pratique du matin, et la provoquent quelquefois en répétant sur le même ton :

> Buvez la goutte,
> Cassez la croûte.

Cette invitation répond à un besoin presque général. La plupart des ouvriers, avant de se mettre au travail, boivent un *canon*[1] ou un petit verre en cassant une croûte. Souvent même ils boivent sans rien casser du tout. — Boire sans soif est une faculté dont les hommes du peuple ont fait une habitude et un de leurs plus grands plaisirs. Mais ils n'avouent pas toujours franchement cette passion, et ils ont adopté certaines formules pour donner une sorte d'explication à cette manière de commencer la journée. Les uns disent : ça réchauffe ! les autres : ça ré-

---

1. Notons à ce propos l'étymologie du mot *canon*, pris dans ce sens : « De même que le *pochon* est le diminutif de la poche, le *cannon* est le diminutif de la *canne*, et cette *canne*, mesure pour les liquides, est un mot saxon conservé dans l'anglais et dans l'allemand. Il était d'usage dans le nord de la France :

> Tant va la *canne* à l'iau qu'il li convient briser.
> Tant va la *canne* à l'iauve qu'on le fin est brisians.

« C'est le proverbe favori de l'auteur du *Baudoin de Sebourg*. Nous disons : *Tant va la cruche à l'eau.* — *Cannon*, dans cet emploi, doit s'écrire par deux *nn*, comme *cannelle*; et le premier n'a pas plus de rapport avec les *canons* d'artillerie que le second avec les petites femelles des canards. » (Génin.)

veille ! ou : ça ravigotte ! Plusieurs enfin font entendre que la goutte matinale est une mesure d'hygiène, et ils caracté- risent cette sage précaution en disant : ça *tue le ver*.

Quel est donc ce ver qu'il s'agit de mettre ainsi à mort quotidiennement ? — Le ver ici veut-il dire, d'une ma- nière générale, les vers ; ou bien représente-t-il le para- site que les savants appellent tenia et que nous traitons familièrement de ver solitaire ; ou bien encore fait-il allu- sion à ce ver rongeur qui, au figuré, signifie peine de l'âme, — auquel cas *tuer le ver* serait synonyme de *noyer son chagrin ?* — Certes, il est permis d'hésiter entre ces diverses hypothèses, et si j'incline plus volon- tiers pour la première, j'avoue que je ne parierais pour aucune. L'usage de *tuer le ver* a, d'ailleurs, son explica- tion historique, et je ne vois pas pourquoi l'on ne remon- trait pas à l'époque de François Ier pour accepter les conclusions d'un bourgeois de Paris de ce temps-là : « Au dict an 1519, en juillet, mourut subitement Mademoi- selle, femme de Monsieur la Vernade, l'un des maistres des requestes du Roy, et fille de feu général Briconnet[1] d'Orléans ; dont elle fut overte, et lui fut trouvé un ver en vie sur le cœur, qui lui avait percé le cœur ; et lors fut mis sur le cœur du metridal[2] pour le faire mourir, mays il n'en mourut point. Puys y fut mis du pain trempé en vin, dont incontinent le dict ver mourut. Parquoi il ensuyt qu'il est expédient de prandre du pain et du vin au matin, au moings en temps dangereux, de peur de prandre de ver[3]. »

1. Guillaume Briconnet, surintendant des finances, évêque puis car- dinal de Saint-Malo, né en 1445, mort en 1514. Il avait été marié. Son fils, mort en 1584, fut évêque de Meaux.

2. *Mithridatia*, espèce d'antidote, suivant le glossaire de Roquefort.

3. *Journal d'un Bourgeois de Paris*, sous le règne de François Ier, page 81. — Publié par la Société de l'*Histoire de France*. Paris, 1854.

LES BERGERS DU LIGNON.

On sait quel fut le succès du roman où d'Urfé raconte,
sous le voile d'une fiction pastorale, ses aventures amoureuses avec Diane de Châteaumorand. Ce roman chaste et
passionné tout ensemble était un long plaidoyer en faveur
de la délicatesse, contre le libertinage dans les relations
des deux moitiés de la société ; il remettait en vigueur les
théories de l'amour chevaleresque, ce code d'honneur,
d'élévation et de désintéressement tout à fait dénaturé
dans les *Amadis :* il était, par conséquent, une vive at-
taque contre les mœurs de l'époque, et par là autant que
par ce ton maniéré et cette métaphysique sentimentale que
l'hôtel Rambouillet devait mettre à la mode, il était destiné à un immense succès. L'apparition de chaque volume
de l'*Astrée*, car ils furent publiés successivement, était
un événement à la cour et à la ville, et dans toutes les so-
ciétés on dissertait à perte de vue sur les aventures et les
idées du livre nouveau. L'avocat Patru, l'un des plus ardents admirateurs de l'*Astrée*, fit tout exprès le voyage de
Turin pour aller apprendre de l'auteur lui-même la clef de
son roman. — L'enthousiasme était tel qu'on savait par
cœur les plus beaux endroits de ce roman et qu'on y faisait de continuelles allusions dans la conversation[1]. Il s'é-
tait établi ainsi une sorte de vocabulaire allégorique dont
il nous est resté *Céladon* et *les bergers du Lignon.* —

1. « Dans la société de la famille du cardinal de Retz (madame Gue-
ménée en était) on se divertissait entre autres choses à s'écrire des
questions sur l'*Astrée*, et qui ne répondait pas bien payait pour chaque
faute une paire de gants de frangipane. On envoyait sur un papier
deux ou trois questions à une personne, comme, par exemple : à quelle
main était Bonlieu, au sortir du pont de Bouteresse, et autres choses
semblables, soit pour l'histoire, soit pour la géographie ; c'était le

Astrée est la plus belle, la plus aimable; la plus vertueuse, la plus spirituelle des bergères, et *Céladon*, son amant, est le plus beau, le plus brillant, le plus vertueux, le plus spirituel des bergers. C'est pourquoi nous disons encore d'un amoureux délicat, tendre et fidèle, *c'est un Céladon*. Tallemant des Réaux raconte que Racan allait faire sa cour à mademoiselle de Gournay en habit vert céladon, c'est-à-dire vert tendre.—C'est dans les bois et les agrestes prairies du Forez où serpentent *les eaux du Lignon* que les héros et les héroïnes de l'Astrée passent leur temps en honnêtes galanteries. Ces héroïnes sont des bergères, mais point « de ces bergères nécessiteuses qui, pour gagner leur vie, conduisent leurs troupeaux au pâturage. » Elles et leurs galants compagnons n'ont pris « cette condition que pour vivre plus doucement et sans contrainte. » Les personnages de cette troupe bucolique ont donc à la main une houlette peinte et dorée; leurs jupes sont de taffetas, leur pannetière est bien tournée, et parfois même elle est faite de toile d'or et d'argent. En se rappelant toutes les rencontres compliquées qui ont eu lieu sur les deux bords du Lignon, il est facile de s'expliquer comment on a été amené à caractériser les bergers élégants, musqués et beaux esprits par les mots : *bergers du Lignon*.

VAISSELLE PLATE

S'est dit d'abord de la vaisselle sans soudure, dont chaque pièce forme en quelque sorte un lingot, un massif

moyen de savoir bien son Astrée. Il y eut tant de paires de gants de perdues de part et d'autre, que quand on vint à compter, car on marquait soigneusement, il se trouva qu'on ne se devait quasi rien. D'Ecquevilly prit un autre parti : il alla lire l'Astrée chez M. d'Urfé même, et à mesure qu'il avait lu, il se faisait mener dans les lieux où chaque aventure était arrivée. » (Tallemant des Réaux.)

d'argent. On appelle encore *vaisselle montée* celle qui est composée de plusieurs parties assemblées. On désigne plus particulièrement aujourd'hui sous le nom de *vaisselle plate* toute la partie d'un service de table qui est en argent, par opposition à la vaisselle de faïence ou de porcelaine. Tout cela vient du vieux mot français *plate,* dérivé de *plata,* qui signifie *argent, lingot.*

Platine est un diminutif de *Plata.* Quand les Espagnols découvrirent le platine en Amérique, ils lui donnèrent ce nom à cause de sa ressemblance avec l'argent. Ils ne prévoyaient pas, en traitant ainsi le *platine* de *petit argent,* que ce métal serait appelé un jour dans le commerce *or blanc,* et qu'il aurait quatre fois plus de valeur que l'argent même.

Lorsque le navigateur Cabot remonta, en 1526, l'un des grands cours d'eau qui arrosent le territoire de Buenos-Ayres, son équipage fit, sur les Indiens qu'il massacra, un butin considérable en or et en argent. C'est ce souvenir que consacre le nom de *Rio de la Plata* (rivière d'argent). Le Buenos-Ayres, qui, en 1815, prit le titre de *Provinces-Unies du Rio de la Plata,* a été appelé ensuite *République Argentine.*

BATTRE LA BRELOQUE.

Selon nous, on n'a rien dit encore de concluant sur cette locution employée au figuré, c'est-à-dire pour signifier déraisonner, dire des choses incohérentes ou dépourvues de sens. — Voici l'explication de M. Bescherelle : « *Battre la breloque,* battre la caisse d'une manière rompue. Le décousu de cette batterie impropre à la marche a donné lieu au dicton populaire *battre la breloque,* pour déraisonner. » — M. Génin conclut aussi par le tambour, mais pas de la même manière. Recherchant d'abord l'origine du mot *breloque* pour rendre compte de la locution dans le sens propre, le savant philologue pense que ce mot, qui sert de comparaison pour des objets d'une valeur minime, vient du latin *belluga,* petit fruit dont une groseille noire peut donner une idée et qu'il appelle *brimbelle.* — M. Génin a entendu un soldat dire à son camarade : *Ah! voilà qu'on bat la breloque!* Il a été voir; c'était une distribution de pain et de viande. Une autre fois il avait entendu dire : *battre la fricassée.* Rapprochant ces expressions de *battre la diane, battre le rappel, battre la chamade,* etc., il a compris que « la breloque était ironiquement la portion donnée à chaque homme, comme des enfants de bon appétit diraient : Nous allons recevoir la brimbelle ou la becquée. »

Le sens propre ainsi éclairci, restait le sens figuré; voici de quelle façon M. Génin y arrive : « Il n'est pas malaisé de concevoir comment cette expression a été transportée à ceux qui déraisonnent dans le délire de la fièvre ou autrement; leurs paroles, bien qu'articulées, ne portent pas plus de son que le bruit d'un tambour. »

L'Académie n'a pas voulu *battre la breloque.* Elle a gardé sur cette expression un silence prudent. Pourquoi? Nous n'en savons rien. Ce n'est pas qu'elle lui ait paru trop familière, car l'Académie se fait généralement un cas de conscience d'enregistrer toutes les locutions proverbiales, quelles qu'elles soient. Et puis, l'Académie n'a pas reculé devant *s'en battre l'œil,* expression plus que risquée dans la bonne compagnie : quand on *s'en bat l'œil,* on peut hardiment *battre la breloque.*

CHACUN A SA MAROTTE.

C'est-à-dire son idée fixe, favorite, sa folie si l'on veut.
— La marotte est l'attribut des fous : un bâton au bout
duquel est une petite figure ridicule, bizarrement coiffée
et ornée de grelots. — Nous sommes tous fous par quelque
côté, et si nous n'avons pas une marotte à la main, nous
l'avons tous un peu plus ou un peu moins dans la tête ;
c'est l'objet de notre affection ou de nos rêves, c'est l'idée
toujours présente et sur laquelle nous revenons sans cesse.
A sa marotte, on reconnaît un fou ; à cette fantaisie per-
sistante et si souvent déraisonnable, on reconnaît notre
grain de folie.

On a fait venir ce nom de *marotte* donné au sceptre
des fous, de la tête de marionnette, c'est-à-dire de petite
fille, qu'on mettait au bout. Ménage remarque qu'on dit
à Paris *marotte* pour *Marion*, petite Marie, et qu'en
Languedoc on appelle *marioles* les *marionnettes*. Il y a
entre les *marottes* et les *marionnettes* un point de ressemblance qui n'exclut pas toute idée de parenté ; mais
on appelait aussi *mérotte* (petite mère) une petite poupée,
et il est plus simple peut-être de ne voir dans *marotte*
qu'une tranformation de ce mot.

L'idée à laquelle on revient sans cesse, le projet qu'on
caresse, qu'on *enfourche* à tout propos et toujours avec
la même complaisance, s'appelle aussi un *dada* (onomatopée du cheval dans le langage des enfants). — « Don
Quichotte avait son dada, qui n'était pas Rossinante,
quand, raisonnant au mieux sur tout autre sujet, il se
mettait à divaguer et s'enflammait dès qu'il s'agissait de
la chevalerie errante. » (Ourry.) Qui ne se souvient

3.

aussi, à propos de dada, de l'oncle Tobie dans le *Tristam Shandy* de Sterne?

SYBARITE.

Sybaris était une des plus grandes villes de l'Italie méridionale. Fondée sur le golfe de Tarente, par des peuples de la Locride, et agrandie par une colonie d'Achéens, elle était devenue si puissante qu'elle avait soumis vingt-cinq villes voisines et qu'elle pouvait mettre sur pied 300,000 soldats. Mais toutes les gloires, toutes les antiques splendeurs de l'Italie ne sont plus aujourd'hui que des monceaux de cendres, et la ville de Sybaris serait tombée dans l'oubli comme tant d'autres, si elle ne s'était rendue célèbre par sa mollesse et sa corruption. Il n'est rien resté de cette grandeur passée que le souvenir de sa décadence. Les *Sybarites* étaient parvenus, il est vrai, à des raffinements peu ordinaires. On avait banni de la ville tous les métiers qui, par leur bruit, pouvaient troubler le repos des habitants. Le coq lui-même avait été chassé; ces voluptueux de la nuit ne voulaient plus entendre la voix vigilante qui, dans les jours de labeur et de gloire, leur avait dit : Il fait jour! — Brillat-Savarin, Grimod, Berchoux, et vous tous, classiques de la table, que pensez-vous des *Sybarites* qui, dit-on, faisaient leurs invitations à dîner un an d'avance pour avoir tout le loisir nécessaire de préparer un repas délicat? — « Je suis né à Sybaris où mon père Antilope était prêtre de Vénus. On ne met point dans cette ville de différence entre les voluptés et les besoins;... on donne des prix aux dépens du public à ceux qui peuvent découvrir des voluptés nouvelles; les citoyens ne se souviennent que des bouffons qui les ont divertis, et ont perdu la mémoire des magistrats qui les ont gouvernés... Les hommes sont si efféminés, leur parure est si semblable à celle des femmes, ils composent si bien leur teint, il se frisent avec tant d'art, ils emploient tant de temps à se corriger à leur miroir, qu'il semble qu'il n'y ait qu'un sexe dans toute la ville... Bien loin que la multiplicité des plaisirs donne aux Sybarites plus de délicatesse, ils ne peuvent plus distinguer un sentiment d'avec un sentiment. — Ils passent leur vie dans une joie purement extérieure; ils quittent un plaisir qui leur déplaît pour un plaisir qui leur déplaira encore; tout ce qu'ils imaginent est un nouveau sujet de dégoût. Leur âme, incapable de sentir les plaisirs, semble n'avoir de délicatesse que pour les peines : un citoyen fut fatigué toute une nuit d'une rose qui s'était repliée dans son lit. — La mollesse a tellement affaibli leurs corps qu'ils ne sauraient remuer les moindres fardeaux; ils peuvent à peine se soutenir sur leurs pieds; les voitures les plus douces les font évanouir; lorsqu'ils sont dans les festins l'estomac leur manque à tous les instants; ils passent leur vie sur des siéges renversés, sur lesquels ils sont obligés de se reposer tout le jour sans être fatigués; ils sont brisés quand ils vont languir ailleurs. » (Montesquieu. — *Le Temple de Gnide.*)

Les hommes efféminés ou corrompus, que nous appelons, par comparaison, des *sybarites,* sont loin encore de leurs célèbres devanciers, et ils pourraient à la rigueur se tenir pour offensés.

Sybaris fut détruite par les Crotoniates dans le VIe siècle avant Jésus-Christ. Reconstruite par les Athéniens, un siècle plus tard, sous le nom de *Thurium,* elle tomba enfin au pouvoir des Romains qui la nommèrent *Copia.* C'est aujourd'hui une petite bourgade appelée *Torre Brodognelo.*

PIPES D'ÉCUME DE MER.

Selon l'Académie, on appelle abusivement *écume de mer* une espèce de terre très-blanche, fine et onctueuse, dont les Orientaux font des pipes à fumer. Puisque l'Académie, si sobre, si réservée d'ordinaire, enregistre cet abus, c'est que l'abus est consacré. On peut donc très-bien dire, sans être un scélérat, *une pipe d'écume de mer*. Mais comme il est bien évident que ce n'est pas avec la mousse de la mer agitée qu'on fabrique des pipes, il reste à savoir comment s'est formée cette locution singulière. L'argile[1] en question est d'une grande blancheur, elle a aussi une sorte de moelleux qui contribue à lui donner une véritable ressemblance avec l'écume de la mer, et il ne serait pas impossible qu'on eût voulu, en adoptant l'expression *écume de mer,* faire une simple comparaison. — Ce n'est pas là, nous nous empressons de le dire, l'explication accréditée. On prétend que les pipes ont été appelées ainsi par corruption du nom de *Kummer,* leur inventeur. On ne connaissait, dit-on, ni la personne ni le nom de *Kummer ;* partant, on ne se rendait pas compte de l'expression : *pipes de Kummer,* et pour lui

1. La magnésite, *écume de mer, magnésie hydro - silicatée,* est une substance blanche plus ou moins terreuse, assez tendre, dure au toucher, donnant de l'eau par la calcination, attaquable par les acides, difficilement fusible au chalumeau en un émail blanc composé de silice, de magnésie, d'eau, etc. On la trouve en rognons ou en masses informes, compactes, mêlées avec des portions de silex, des argiles verdâtres, etc., dans le Piémont, l'île de Négrepont, aux environs de Madrid, de Montpellier, de Saint-Ouen, de Montmartre, de Crécy, etc.

Avec les variétés de magnésie homogènes, blanches ou jaunâtres, qui nous viennent de l'Asie Mineure, on fabrique des pipes dites d'écume de mer, qui sont très-recherchées par les amateurs. (François Foy. — *Dict. d'hist. nat.)*

donner un sens, on aura dit, en ne consultant que l'oreille, *pipes d'écume de mer*.

Nous avons bien de la peine à croire que ce M. Kummer n'ait pas été inventé. Ceux qui constatent son existence le font Allemand, pour justifier son nom ; et c'est précisément dans la langue allemande que la confusion serait impossible : *Meer-schaum* ne rime pas du tout avec *Kummer*.

BOIRE COMME UN TEMPLIER.

On a beaucoup défendu les Templiers [1], et nous pensons qu'on a bien fait. On pourrait dire que les accusations portées contre eux étaient injustes, uniquement parce qu'elles étaient absurdes. Des religieux qui font vœu de chasteté et d'obéissance, et qui consacrent leur vie à la défense des pèlerins de la Terre-Sainte, ne renient pas Jésus-Christ, la Vierge et les saints, le jour de leur réception, ils ne crachent pas sur la croix, ils ne la livrent pas, le vendredi-saint, à de honteuses souillures, et n'adorent ni un chat, ni des idoles à plusieurs têtes. Mais dans un temps d'ignorance et de fanatisme, il fallait inventer des crimes qui fussent propres à exciter l'indignation. Du jour où Philippe le Bel résolut de détruire un ordre dont l'existence pouvait compromettre son pouvoir, il ne recula devant aucun moyen. On a fait grand bruit des aveux de quelques Templiers et particulièrement de ceux du grand maître Jacques de Molay ; mais qu'est-ce que des aveux arrachés par la torture ? — Le crime des Tem-

---

1. Les templiers furent institués en 1118. Cet ordre militaire, fondé par neuf seigneurs chrétiens, avait pour but de défendre les pèlerins contre la cruauté des infidèles, et de maintenir la sûreté des routes. Baudoin, roi de Jérusalem, leur donna une maison près du temple de Salomon, et c'est de là qu'ils prirent le nom de *Templiers*.

pliers était d'être très-riches et très-puissants. Philippe,
qui redoutait leur force et convoitait leurs richesses,
saisit un prétexte quelconque pour les perdre; il fit débi-
ter contre eux les plus grossiers mensonges; une accu-
sation fut formulée, et l'instruction criminelle eut les ré-
sultats qu'elle ne pouvait manquer d'avoir avec un pape
qui s'était montré disposé à les condamner par voie d'expédient et pour plaire à son cher fils le roi de France.
C'est au sujet de la mort de Jacques de Molay et de Guy,
frère du dauphin d'Auvergne, brûlés le 11 mars 1314 sur
la place Dauphine, que Bossuet a dit : « On ne sait s'il n'y
eut pas plus d'avarice et de vengeance dans cette exécution que de justice. »

De tout cela cependant, il ne résulte pas, comme on l'a
prétendu, que les Templiers n'aient pas été l'objet de
notre proverbe. On a dit récemment, dans une Revue qui
surfait quelquefois l'histoire, que les Templiers « se livrèrent à toute l'insolence et à tous les vices qu'engen-
drent l'orgueil et les richesses. » C'est presque toujours
ainsi qu'on a parlé des Templiers : pour les uns, ils eurent toutes les vertus; pour les autres, tous les vices. Il y
a exagération des deux côtés. Si les chevaliers du Temple
n'eurent pas toujours « les meilleurs vins, les mets les
plus exquis, les plus belles femmes, les vêtements les
plus riches, » — ils furent opulents, ils vécurent dans une
grande aisance, et c'est ce que voulait exprimer, avant la
suppression de l'ordre, le proverbe *boire comme un templier*. Plus tard, quand on les accusa de tous les excès,
ce proverbe devint populaire, et on le retrouve souvent
dans les auteurs du xvie siècle : « Je ne boy en plus
qu'une esponge, je boy comme un Templier. » (Rabelais.)

On peut justifier les Templiers des énormités dont ils
furent accusés, tout en laissant croire qu'ils ont bien

vécu. Au xiie et au xiiie siècle, bien vivre n'était pas un cas pendable. — Cependant, quelques auteurs, poussés par un scrupule exagéré ou par le besoin d'éviter une origine trop simple, ont affirmé que les Templiers n'avaient rien de commun avec notre proverbe. Charles Nodier, par exemple, a invoqué le grec *tendenô*, je mange, et *tenthés*, un glouton, un templier. « Les gens qui s'occupent d'étymologie, dit-il, savent très-bien que le *p* est étymologique entre le *nu* et la plupart des consonnes, et c'est cette rencontre qui a fourni matière à une mauvaise équivoque. » — Un autre, un savant aussi, a dit qu'au lieu de *templier* il fallait entendre *temprier,* ancien nom des ouvriers employés à la fabrication du verre.

En vérité, voilà bien de la science perdue. Pourquoi ne pas laisser remonter tout bonnement aux Templiers un proverbe qui, en admettant que les chevaliers eussent été sobres, pouvait si facilement prendre naissance à l'époque où l'on assemblait le peuple pour lui lire des libelles diffamatoires? Et puis, nous l'avons dit, s'ils ont bu, le mal alors n'était pas grand, et, sur ce point, nous n'avons jamais été en peine de comparaison. Sans compter *boire comme un sonneur* et *comme un musicien,* dont nous avons parlé déjà, ne disons-nous pas tous les jours *boire comme un Suisse, comme un Polonais, boire comme un fiancé* (expression fondée sur l'ancien usage de *boire le vin des fiançailles*), et avec les Italiens *boire comme un moissonneur?* La pratique, de son côté, nous a fourni les images *boire comme un trou, comme une éponge, comme un tonneau,* etc. Enfin, nous buvons comme tout et comme tous, et nous n'avons pas fait grand tort aux moines guerriers en disant que nous buvions comme eux. Quant aux Latins qui ont été jusqu'à *boire comme un pape* (bibere papaliter), nous leur lais-

sons la responsabilité de cette irrévérencieuse comparaison.

UN OLIBRIUS.

Parmi les noms qui sont passés de l'histoire dans notre
langue, il faut distinguer, entre les plus obscurs, celui
d'*Olibrius*. C'est le nom qu'on donne, dans la conversation familière, à l'homme étourdi et sans valeur qui veut
faire l'important. Quand on a dit : c'est un *olibrius*, on
a résumé en un mot toute une série d'injures. Anicius
Olibrius était un sénateur romain qui fut proclamé empereur par surprise, en 462, et que son incapacité fit descendre du trône après un règne de trois mois. — Mais il
est un autre Olibrius qui a bien mérité aussi qu'on prît
son nom en mauvaise part; c'est celui que rappellent les
commentateurs de Molière à propos du vers :

Faisons l'Olibrius, l'occiseur d'innocents.

« Suivant une vieille légende, dit M. Aimé Martin, Olibrius, gouverneur des Gaules, ne pouvant toucher le
cœur de sainte Reine, la fit mourir. Le martyre de cette
sainte fut plus tard le sujet d'un grand nombre de *Mystères* qui plaisaient beaucoup au peuple. Olibrius y était
représenté comme un fanfaron, un glorieux, *un occiseur
d'innocents; de là l'expression proverbiale : *faire l'Olibrius, pour *faire le faux brave, persécuter ceux qui
sont sans défense,* etc. »

Cet Olibrius féroce et fanfaron doit être l'Olibrius qui
nous est resté, car, comme l'a fort bien remarqué M. Ed.
Thierry, « quand un nom se répand parmi les bonnes
gens, ce n'est pas de l'histoire qu'il vient, c'est du
théâtre. »

ÉCHEC ET MAT.

Cette expression est une mauvaise habitude : *échec* signifie *roi, mat* signifie *mort* : il faudrait donc dire, pour
parler exactement ou pour que la phrase eût un sens,
échec est mat, ou simplement *échec mat.* Voici ce qu'on
lit à ce sujet dans l'*Histoire de la formation de la langue
française* de M. Ampère : « Le mot *échec* a été l'occasion
des suppositions étymologiques les moins fondées ; on peut
les voir dans Ménage. On aurait échappé au ridicule de la
plupart de ces hypothèses, si l'on avait réfléchi, avant de
s'y livrer, que les échecs nous venaient de l'Orient ; car
on aurait été conduit naturellement à chercher l'étymologie de leur nom dans une langue orientale.

« Cette étymologie conduit à *schah rendj,* en persan,
la détresse du roi (Wilkins, *Dict. anglais-persan*).
Schah est devenu *échec ;* ancien français, *eschec,* italien,
scacco, espagnol, *xaque.* Ce qui le prouve, c'est l'expression *scacco matto, xaque mate,* le roi est mort (de
mata, arabe, *tuer*), que nous disons vicieusement, échec
et mat. La conjonction est de trop : nous l'employons
faute de connaître le sens et l'étymologie du mot *échec.*

« Ce jeu est originaire de l'Inde, mais il est venu aux
Européens par les Arabes, et à ceux-ci par les Persans.
Il a suivi le même chemin qu'un grand nombre de contes
reproduits dans les fabliaux du moyen âge, et, comme la
plupart de ces contes, il porte l'empreinte du milieu persan et arabe par lequel il a passé. »

L'invention du jeu d'échecs est attribuée à un brahmane
nommé Sissa qui voulait ramener à la raison un prince
trop épris de lui-même et resté sourd jusque-là aux conseil des prêtres. Montrer à ce prince qu'il n'avait réelle-

ment de puissance que par son peuple et ses soldats, tel était le but que s'était proposé le philosophe indien en imaginant ce jeu où le roi est sans force pour attaquer aussi bien que pour se défendre s'il n'a pas autour de lui ses fidèles sujets. Le prince apprit le jeu, comprit la leçon et changea de conduite. Interrogé sur la récompense qu'il désirait, le brahmane demanda un grain de blé pour la première case de l'échiquier, deux grains pour la deuxième, quatre pour la troisième, huit pour la quatrième, seize pour la cinquième et ainsi de suite en doublant toujours jusqu'à la soixante-quatrième et dernière case. Cette demande parut modeste et elle fut accordée. Le calcul fait, on reconnut que tous les trésors du monde seraient insuffisants pour satisfaire le brahmane, lequel n'avait voulu, en élevant ainsi ses prétentions, que faire sentir au prince, par une dernière leçon, que, s'il ne devait pas trop compter sur lui-même, il devait aussi prendre garde aux avis de ceux qui l'entouraient. Le nombre des grains demandés était de 18,446,744,073,709,551,615 : or, comme on a trouvé qu'il faudrait environ 261,000 grains de blé pour former le poids d'un myriagr. (environ 20 livres), l'illustre inventeur des échecs aurait eu 70,677,180,359,040 myriagrammes, c'est-à-dire 141,354,360,718,080 francs, en évaluant le myriagramme à 2 francs.

Pour nous sauver de ces chiffres fabuleux, et ne pas rester sous le poids de la 64e puissance de 2, peut-être ferons-nous bien de citer ici les jolis vers que Méry a consacrés, dans sa *Soirée d'ermite,* à la marche des pièces du jeu d'échecs :

> Le champ-clos a croisé soixante-quatre cases.
> Aux deux extrémités les tours prennent leurs bases;
> Ces formidables tours qu'un doigt ferme et savant,
> Comme aux siéges romains, fait marcher en avant.

Sur des chevaux sans mors, des cavaliers fidèles,
Lestes et menaçants, se placent auprès d'elles;
A franchir deux carrés ils bornent leurs élans,
Et tombent de côté sur les noirs ou les blancs.
Ces pièces vont ainsi : l'amitié les a jointes
Aux fous, sages guerriers qui partout font des pointes.
Puis la dame se place et garde sa couleur;
Nul combattant du jeu ne l'égale en valeur :
Elle vole d'un bond de l'une à l'autre zone;
C'est Camille au pied leste; invincible amazone,
Elle veille et défend les pièces d'alentour
Par la force du fou réunie à la tour.
Près d'elle le roi siége; hélas! il garde un trône
Que mine le complot, que l'astuce environne!
Ce monarque, toujours menacé du trépas,
Pour tromper l'ennemi ne peut faire qu'un pas.
Toutefois, quand sa force est enfin abattue,
Par respect pour son nom, personne ne le tue :
Il est échec et mat; son dernier jour a lui,
Et tous ses serviteurs sont morts auprès de lui.
Huit modestes pions, soldats de même taille,
Gardent l'état-major sur un front de bataille;
Un pas leur est permis, un ou deux, jamais trois;
Troupe vile immolée aux caprices des rois!
Ils ne prennent qu'en pointe; et pourtant il arrive
Qu'un d'eux, soldat heureux, aborde l'autre rive;
Alors il se grandit : ce soldat parvenu
Des dépouilles d'un chef habille son corps nu;
Il se métamorphose en tour, il devient reine;
Il choisit dans les morts étendus sur l'arène
Un chef de sa couleur, par sa force cité :
L'heureux pion le touche, il l'a ressuscité!

Dans cette grande bataille qui s'engage sur l'échiquier,
le pion et le cavalier représentent l'infanterie et la ca-
valerie : reste donc à savoir ce que sont ou plutôt ce
qu'étaient, dans la pensée de l'inventeur, les trois pièces
que nous appelons la dame, le fou et la tour. La puissance qu'on a donnée à ces deux dernières pièces ne

permet guère d'admettre que les noms qui les désignent aujourd'hui soient la traduction littérale de ceux qu'ils avaient chez les Indiens : il y a des dames et quelquefois des fous auprès des rois, mais ce n'est pas par la force ou la valeur qu'ils se distinguent, et rarement on les a vus jouer un rôle sur les champs de bataille. La pièce que nous appelons dame ou reine porte en Orient le nom de *ferz* (vizir); dans le *Roman de la Rose*, cette pièce est appelée *fierge*, et l'on a conjecturé que de là était venu *vierge* et enfin dame ou reine. Quant à notre fou, il est représenté dans l'Inde par un éléphant, *fil*, sur lequel combattent des hommes armés de javelines ou d'arbalètes; si, comme on l'a supposé, nous avons écrit *fol* au lieu de *fil*, notre *fou* est tout trouvé. La tour, enfin, est figurée, en Orient, par un chameau (*rokh*) que monte un homme armé d'un arc; c'est du mot *rokh* que l'on a fait le verbe *roquer* qui exprime un mouvement particulier à cette pièce. Le jeu des échecs des Indiens est donc bien réellement une bataille rangée, et c'est abusivement que nous avons substitué des fous et des dames aux éléphants et aux vizirs.

Pasquier, dans ses *Recherches de la France*, n'admet pas que les choses aient jamais été autrement qu'il les a trouvées : il prend au mot la dame et les fous, tout aussi bien que les autres pièces, et voici comment alors il explique la pensée de l'inventeur : « Et certes, quiconque fut inventeur de ce jeu, je vous le pleuvirai pour très-grand philosophe, je veux dire pour un personnage lequel, sous cet ébat d'esprit, a représenté la vraie image et pourtraiture de la conduite des rois. Il y a un roi et une dame, assistés de deux fous, qui font leur route de travers, et après eux deux chevaliers; et au bout de leur rang, deux rocs, que l'on appelle autrement tours : car

aussi entre tour, roque et roquette, il n'y a pas grande
différence. Devant eux il y a huit pions, qui sont pour
aplanir la voie, comme enfants perdus. Que voulut nous
représenter ce philosophe? Premièrement, quant aux fous,
que ceux qui approchent le plus près des rois ne sont pas
ordinairement les plus sages, ains ceux qui savent mieux
plaisanter. Et néanmoins, combien que les chevaliers ne
soient pas quelquefois les plus proches des rois, si est-ce
que, tout ainsi que les chevaliers, au jeu des échecs,
donnant par leur saut échec au roi, il est contraint de
changer de place (ce dont il se peut exempter en tous les
autres échecs, en se couvrant de quelques pièces); aussi
n'y a-t-il rien qu'un roi doive tant craindre, en son État,
que la révolte de sa noblesse; d'autant que celle du menu
peuple se peut aisément étouffer; mais en l'autre il y va
ordinairement du changement de l'État. Quant aux tours,
ce sont les villes fortes qui servent, à un besoin, de dernière
retraite pour la conservation du royaume. Il vous représente un roi qui ne se démarche que d'un pas, pendant
que toutes les autres pièces se mettent tant sur l'offen-
sive que défensive pour lui, afin de nous enseigner que
ce n'est point à un roi, de la vie duquel dépend le repos
de tous ses sujets, de s'exposer à toutes heures aux ha-
sards des coups, comme un capitaine ou simple soldat,
voire que sa conservation lui permet de faire un saut extraordinaire de sa cellule en celle de la tour, comme en
une place forte et tenable contre les assauts de son ennemi. Mais surtout faut ici peser le privilége qu'il donna
à la dame de pouvoir prendre tantôt la voie des fous,
tantôt celle des tours : car, pour bien dire, il n'y a rien
qui ait tant d'autorité sur les rois que les dames, dont ils
ne sont honteux de se publier serviteurs (je n'entends pas
de celles qui leurs sont conjointes par mariage, mais des

autres dont ils s'enamourent). Et pour cette cause, je
suis d'avis que celui qui appelle cette pièce dame, et non
reine, dit le mieux. Finalement, tout ce jeu se termine
au mat du roi. »

Parmi les hommes célèbres qui ont aimé, cultivé les
échecs, il faut citer Charlemagne, Louis le Gros, Tamer-
lan, François Ier, Rabelais[1], Charles XII[2], Voltaire, Rousseau. le musicien Philidor, le comte de La Bourdonnais,
et notre regretté poëte Alfred de Musset.

Rousseau, tout amateur qu'il était, pensait que, pour
bien jouer, il ne fallait pas avoir trop d'esprit; et Montaigne ne comprenait pas qu'on dépensât tant de peine et
d'attention sous prétexte de s'amuser : « Pourquoi, dit-il,
ne jugeray-je d'Alexandre à table, devisant et beuvant
d'autant, ou s'il manioit des eschecs? Quelle chorde de
son esprit ne touche et n'employe ce niais et puérile jeu!
Je le hais et fuys de ce qu'il n'est pas assez jeu, et qu'il
nous esbat trop sérieusement, ayant honte d'y fournir
l'attention qui suffiroit à quelque bonne chose. » Le côté
stratégique du jeu échappait à notre philosophe; il en est
ainsi au reste pour bien d'autres profanes : Sabadius dit
que le diable était un grand sot d'employer tant de moyens
pour faire perdre patience à Job, il n'avait qu'à l'engager
à une partie d'échecs; — et ce que madame de Sévigné
voyait peut-être de plus charmant dans ce jeu, c'est de
dire à Corbinelli, son maître, ces deux vers de Corneille :

1. Voir aux chapitres XXIV et XXV (Livre V) de *Pantagruel* une description figurée du jeu des échecs.

2. Ce jeu était la seule distraction que Charles XII eût à Bender après
sa défaite de Pultawa. « Si les petites choses, dit un historien, peignent
les hommes, il est permis de remarquer qu'il faisait toujours marcher
le roi : il s'en servait plus que des autres pièces : aussi perdait-il toutes
les parties. »

> Seigneur, tant de prudence entraîne trop de soin ;
> Je ne saurais prévoir un échec de si loin.

Non-seulement ce jeu savant a permis de plaisanter, mais il a fourni matière quelquefois à la galanterie. N'est-ce pas Junot qui adressa ce quatrain à la reine Hortense, alors mademoiselle de Beauharnais :

> Dans ce beau jeu je vois l'emblème
> De tout ce que vous inspirez ;
> Fou celui qui vous dira : J'aime !
> Roi celui que vous aimerez ?

Au nombre de ceux qui n'ont pas compris le jeu d'échecs, il faut compter sans doute notre saint roi Louis IX : il témoigna de son mépris pour les savantes combinaisons de l'échiquier lorsque, voulant proscrire tous les jeux de hasard, il condamna aussi à payer l'amende les gens qui joueraient aux échecs.

Peut-être serait-ce ici le lieu de dire d'où viennent les noms de Chambre et de Cour de *l'échiquier* dont il est question tous les jours à propos des jugements prononcés en Angleterre. Mais il est assez délicat de faire un choix entre les divers moyens qu'on a crus bons pour justifier le terme *échiquier* appliqué à une juridiction. Qu'on lise les opinions émises à ce sujet par Nicot, Ménage, Pithou, Ducange, etc., et qu'on juge de notre embarras : — Le mot *échiquier* vient de ce que les cours de justice étaient composées de gens de différentes qualités, comme les pièces du jeu des échecs ; — ou bien du verbe allemand *suchen,* qui signifie *envoyer,* parce que cette assemblée succéda aux commissaires appelés dans les anciens titres *missi dominici ;* — ou bien encore de ce que la chambre où les assemblées se tenaient était parée en forme d'échiquier ; — ou enfin d'un tapis en forme de damier

qui recouvrait une table placée dans le lieu où l'on se
réunissait. — Tout cela est dit au passé, parce qu'il faut
nécessairement remonter, pour expliquer la dénomination, à l'origine de l'institution, et que l'*échiquier* date
du xe siècle. Il est l'œuvre de ce duc Raoul ou Rollon
qui, comme saint Louis, fut un prince justicier. L'échiquier vint remplacer à cette époque les comtes ou commissaires que les rois envoyaient dans les provinces avec
une pleine autorité ; il fut rendu perpétuel, à la requête
des États, par le roi Louis XII, en l'année 1499,.et c'est
François Ier qui substitua le nom de *parlement* à celui
d'*échiquier*.

Cette justice souveraine, organisée par les ducs normands et transportée par eux en Angleterre avec ses
formes et son nom, subsiste encore chez nos voisins : elle
a subi naturellement d'importantes modifications, puisqu'il
y a aujourd'hui une *Chambre de l'échiquier* qui juge en
appel les décisions émanées de la *Cour de l'échiquier ;*
mais il est à noter qu'avant que la *Cour de l'échiquier*
eût fait ses empiétements successifs sur la cour des *plaids
communs,* sa juridiction ne s'étendait que sur les débiteurs du roi et sur les recouvrements à faire au profit de
'la couronne. De ce que l'échiquier représentait autrefois
l'autorité royale, et de ce que ses attributions en Angleterre étaient dans le principe de veiller spécialement aux
intérêts du roi, ne serait-il pas possible de conclure que
le mot *échiquier* qui est formé de *échec,* roi, a été destiné à signifier *la Cour du roi?*

JE M'EN LAVE LES MAINS.

Pour exprimer sans doute par une image visible qu'on
ne voulait pas prêter les mains à une mauvaise action, ou

qu'on ne les avait point trempées dans le sang, — il était d'usage, chez les anciens, de se laver les mains en présence du peuple : on entendait montrer ainsi qu'elles étaient pures et qu'on était innocent.

« Pilate leur dit : Que ferai-je de Jésus qui est appelé Christ?

« Ils répondirent tous : Qu'il soit crucifié! Le gouverneur leur dit : Mais quel mal a-t-il fait? Et ils se mirent à crier encore plus fort en disant : Qu'il soit crucifié!

« Pilate, voyant qu'il ne gagnait rien, mais que le tumulte s'excitait toujours de plus en plus, se fit apporter de l'eau, et, se lavant les mains devant le peuple, il leur dit : Je suis innocent du sang de ce juste; c'est à vous d'en répondre. » (Évangile selon saint Matthieu, ch. 27.)

C'est de cette ancienne coutume qu'est venue l'expression *je m'en lave les mains,* usitée dans le sens de : je n'y suis pour rien, je ne veux point m'en mêler, cela ne me regarde pas.

> Femmes, si cette historiette
> Irrite vos cœurs inhumains,
> C'est un Espagnol qui l'a faite,
> Pour moi, je m'en lave les mains.
>
> (Sénecé.)

ADAM. ÈVE.

Un hébraïsant de nos amis nous a expliqué la signification de quelques noms bibliques : ainsi, *Abraham* veut dire père ou force des nations; — *Sara,* princesse, maîtresse; — *Noé,* repos, loisir; — *Isaac,* le rire, ou l'enfant des ris; — *Benjamin,* fils de ma droite; — *Rebecca,* patiente, complaisante; — *Rachel,* brebis; — *Debora,* abeille; — *Jonas,* la colombe; — *Zacharie,* mémoire de Dieu; —

Malachie, ange du Seigneur ; — *Isaïe*, salut de Dieu ; — *Jérémie*, élevé et glorifié par Dieu ; — *Ézéchiel*, force de Dieu ; — *Daniel*, jugement de Dieu ; — *Séraphins*, consumés par le feu ; — *Michel*, qui est semblable à Dieu ; — *Uriel*, Dieu est ma lumière ; — *Éliézer*, Dieu est mon appui ; — *Salomon*, pacifique ; — *Melchisédech*, roi juste ; — *Agar*, étrangère ; — *Lia*, laborieuse ; — *Thamar*, palme ; — *Ruth*, empressée ; — *Noémi*, ma belle ; — *Michée*, quel est celui-ci ? etc. Sans savoir un mot d'hébreu nous connaissions déjà quelques-unes de ces significations ; nous savions surtout avec le commun des mortels que *Adam* veut dire tiré de la terre, et *Ève*, la vie, ou la source de la vie ; mais nous ne connaissions pas l'étymologie de ces deux noms d'après Le Brigant, et nous nous faisons un plaisir de la rapporter telle qu'elle a été citée dans le *Magasin pittoresque* : Le Brigant, l'un des celtomanes qui prétendent que le bas breton était la langue primitive, la langue d'Adam, dit sérieusement que le premier homme, ayant failli s'étrangler avec le fruit défendu, s'était écrié ; *A tam !* (mot bas breton signifiant quel morceau !) et que la première femme lui avait dit : *Ev !* (bois !). Le Brigant affirme que telle est l'origine de leurs noms.

Y.

Ceux qui ont remarqué les énormes Y qui ont longtemps décoré les carreaux de la plupart des boutiques de mercerie n'ont pas été sans se demander ce que ce caractère de l'alphabet pouvait avoir de plus particulièrement commun avec les rubans, le fil et les aiguilles. — Cette enseigne remonte au xviie siècle, et elle doit son origine aux grègues, sortes de haut-de-chausses, de culottes à la grecque que l'on portait à cette époque.

Les grègues s'attachaient avec un nœud de ruban, nommé un *lie-grègues ;* ce nœud a longtemps servi d'enseigne aux marchands qui le vendaient, c'est-à-dire aux merciers qui ont eu l'ingénieuse idée d'y joindre cette inscription-calembourg : *à l'Y.*

Ce calembourg par à peu près nous rappelle le rébus d'un aubergiste allemand du quartier latin qui, voulant prendre l'enseigne : *A l'élève en droit,* avait fait peindre au-dessus de sa porte un *A,* un *l'* et un éléphant qui se tenait debout sur ses pieds de derrière. Pour ce brave Teuton, cela voulait dire : *A l'éléphant droit* (à l'élèfe 'en droit). — Nous pardonnerions aux merciers français, s'ils avaient eu, comme notre Allemand, l'excuse de la prononciation.

L'*Y* est si familièrement établi depuis des siècles dans le monde de la mercerie qu'il est devenu un terme technique : il sert à désigner particulièrement les aiguilles courtes. Parlez d'aiguilles Y à une dame

> Qui ne soit pas déshonorée
> De se voir une aiguille entre les doigts fourrée,

et vous pouvez être sûr d'être parfaitement entendu.

FORGERON DE GRETNA-GREEN.

Pour se marier civilement en Écosse, il n'est besoin d'aucune des formalités et cérémonies requises par la loi anglaise : on déclare devant témoins qu'on entend se prendre pour mari et femme, et le mariage est consommé. Cette façon un peu leste de contracter l'acte le plus solennel de la vie était bien faite pour favoriser les mariages clandestins. Tous ceux qui, en Angleterre, voulaient s'unir secrètement ou se passer du consentement de leur famille, franchissaient la frontière et se faisaient marier, moyennant salaire, au premier village qu'ils rencontraient. Or, le premier village qu'on rencontre en venant d'Angleterre, c'est Gretna, ou, si l'on veut, Gretna-Green, nom d'une ferme (Meggshill) située entre Gretna et Sprinfield.

L'Écossais qui le premier a eu l'idée de se poster sur la frontière, pour attendre les voyageurs pressés de se marier, a créé un nouveau genre d'industrie qui n'exigeait ni talent, ni capital, et qui devait cependant devenir une excellente spéculation. Il y a eu sans doute bon nombre de gens qui se sont succédé dans ce commerce facile autant que lucratif; mais nous ne citerons, comme exemple, parmi ceux dont les noms sont venus jusqu'à nous, que Joseph Paisley, qui mourut en 1814, à l'âge de 80 ans. Il s'était établi d'abord à Meggshill; mais en 1794 il vint à Sprinfield qu'il jugea plus favorable à la prospérité de ses petites affaires. Il n'avait compté faire qu'un accessoire de son métier de marieur, mais les couples qui se présentèrent devinrent bientôt si nombreux et leurs générosités si grandes, qu'il renonça tout à fait à son état pour se livrer complétement à son entreprise matrimoniale. On ne vit pas la fortune de Paisley sans songer à marcher sur ses traces et l'on ne tarda pas à élever autel contre autel. Afin de conserver le monopole des mariages clandestins, il proposa une association à ses rivaux qu'il prit avec lui pour servir de témoins ; il leur promit sa succession et leur abandonna comme profits immédiats l'argent que donnaient les couples venus à pied. Il se réservait ainsi les sommes considérables qu'il obtenait des nobles lords, et plus d'une fois il reçut jusqu'à cent guinées pour prix de ses légers services. Quand Paisley ne fut plus de ce monde, ses héritiers se séparèrent, le nombre des forgerons se multiplia, et le public profita des avantages de la concurrence.

La cérémonie des mariages contractés à Sprinfield était très-simple : on disait une prière, on lisait quelques phrases sur le mariage, les parties se donnaient la main, déclaraient se prendre pour époux, et signaient le contrat. Parfois aussi on leur délivrait un acte conçu à peu près en ces termes : Nous certifions à tous ceux à qui il appartiendra que tel et telle se sont présentés devant nous, ont déclaré n'être pas encore engagés dans les liens du mariage, et se sont mariés légalement suivant les lois de l'Église d'Écosse. Donné à Sprinfield, près Gretna-Green, tel jour et telle année, devant tels témoins.

Les forgerons de Gretna-Green et des environs ont dû fermer boutique, mais cela ne date pas de bien longtemps, car le 24 avril 1856 on lisait encore dans le *Carlisle Patriot* le passage suivant : « Le chancelier Burton a eu à statuer, en présence d'un nombreux auditoire, sur un procès intenté par John Bell, esquire, avocat et clerc de la paix du comté de Westmoreland, à l'effet d'obtenir la nullité de son mariage célébré à Sark-Toll-Bar, le 14 novembre 1847, par John Murray, le forgeron, à Gretna-Green. Le jugement du chancelier a été consciencieusement et longuement développé. Sa lecture a duré une heure et demie. Le mariage dont M. Bell a requis la nullité est déclaré valide en Écosse, la demoiselle Graham, la défenderesse, l'ayant cru sérieux. Un mariage valide en Écosse l'étant en Angleterre, il en résulte que M. Bell est bien et dûment marié, quoi qu'il dise et qu'il fasse. M. G. Mounrey, au nom de Bell, a protesté et déclaré que son client interjetterait appel devant la cour supérieure. — Le chancelier a fait savoir que John Murray, à Sark-Toll-Bar, célèbre, en moyenne, quatre cents mariages par an, et qu'à la foire

4.

de Saint-Martin à Carlisle, il lui arrive d'unir plus de cent couples. »

Quant au titre de *forgeron* donné aux marieurs de la frontière écossaise, il n'est que trop justifié par la manière dont les mariages étaient expédiés. Le verbe *forger* se prend dans le mauvais sens de fabriquer, d'inventer : les forgerons de Gretna-Green forgeaient des mariages comme nos néologistes forgent des mots, comme d'autres forgent des nouvelles. Les Anglais ne l'entendent peut-être pas tout à fait ainsi ; mais pour eux comme pour nous, c'est en forgeant qu'on soude, qu'on joint, qu'on unit, et c'est toujours par métaphore que les agents matrimoniaux de Gretna-Green ont été désignés sous le nom de *forgerons*.

QUI A BON VOISIN A BON MATIN.

Nous avons lu dans un livre imprimé en 1789 que les pères de Trévoux avaient écrit dans leur Dictionnaire *qui a bon voisin a bon mâtin*, c'est-à-dire bonne et sûre garde ; nous nous sommes reporté à l'édition de 1752, et nous n'avons pas constaté la présence de cet accent circonflexe.

On prétend que le proverbe est également vrai, également usité avec l'une et l'autre orthographe ; c'est ce que nous contestons. Si le *mâtin* substitué au *matin* ne change pas absolument le sens du proverbe, il lui ôte au moins son caractère, sa véritable intention, et l'accent circonflexe n'a pu venir se poser là que par corruption ou par plaisanterie : il est malséant d'appeler *chien* un voisin, surtout quand ce voisin est bon et qu'on se trouve heureux de vivre auprès de lui. Si vous êtes dans le danger, si quelque péril vous menace, le bon voisin viendra sans doute à votre secours[1], mais il ne sera pas pour cela votre chien de garde.

Le proverbe *qui a bon voisin a bon matin* répond à une idée aussi juste que convenablement exprimée. Le mauvais voisinage peut être une cause de soucis, de tracas incessants, et ce sont ceux-là qui viennent toujours nous assaillir au réveil; ayez, au contraire, un voisin dont le commerce soit agréable et facile, et vous aurez plaisir, aussitôt levé, à deviser avec lui sur les événements de la veille, à former des projets pour le lendemain. C'est ainsi que le proverbe a toujours été écrit et entendu; nulle part dans nos vieux auteurs il n'y a de *mâtin* :

> Par ce dist-on : « Qui a felon voisin,
> Par maintes faiz en a mavez matin. »
>
> *(Roman de Fierabras.)*

> On dit qui a mal voisin
> Que il a souvent mal matin.
>
> *(Roman du Renart.)*

Notre proverbe est de la même famille que les anciens adages : *J'ayme bien mes voisins, mais je n'ay cure d'eux ; — Voisin scet tout ; — Bon avocat, mauvais voisin ; — N'est pas voisin qui ne voisine ; — Grand chemin, grande rivière, grand seigneur, sont trois mauvais voisins.*

LOUP-GAROU.

Ceux qui ne croient ni aux revenants, ni aux métamorphoses, n'ont vu dans les *loups-garous* que des hommes attaqués d'une frénésie que les anciens désignaient sous

---

1. « S'il te survient un embarras imprévu, les voisins accourent sans ceinture, les parents prennent le temps de se retrousser. » .(Hésiode.)

·le nom de *lycanthropie.* « Je penserois les *lougarous* estre ce que les Grecs appeloient *lycanthropes,* qui sont gens si fort troublés d'esprit, qu'ils imitent les *loups,* se levans du lict la nuit et vagans à l'entour des cimetières jusques au jour, ayant la face palle, les yeux haves, la langue seiche, fort altérés et les jambes incurablement blessées. » (Les *Épithètes* de Delaporte.)

Ces hommes qui hurlaient comme des loups et que leur instinct attirait vers les sépulcres durent frapper les masses, si disposées à croire au merveilleux, et l'idée que ces pauvres malades étaient des hommes transformés en *loups* s'établit si bien dans les esprits, que les *loups-garous* sont attestés comme tels par Virgile, Strabon, saint Augustin, saint Jérôme et bien d'autres. Plusieurs de ces malheureux, qui avaient avoué leur métamorphose, ont été condamnés au feu par les parlements pour avoir dévoré des petites filles et des petits garçons, — et quand l'empereur Sigismond fit débattre la question des *loups-garous* par de graves théologiens, il fut résolu que la transformation en *loups* était un fait constant, et que l'opinion contraire était suspecte, mal sonnante et sentant l'hérésie. On comprend après cela que le *loup-garou* ait laissé des traces dans les souvenirs, et qu'il soit resté encore parmi nous, en qualité d'épouvantail, pour désigner cet être imaginaire qui joue un si grand rôle dans les procédés d'éducation des nourrices et des bonnes d'enfants.

Quant à la signification du mot *garou,* elle a été demandée par plusieurs philologues à la langue celtique, et la bonne mère langue n'a pas répondu de manière à mettre tout le monde d'accord. Les uns ont été renvoyés au mot *garo, garw,* cruel, féroce ; d'autres ont cru entendre qu'il fallait recourir à un vieux mot *gur* ou *ur* qui signi-

fie *vir*, homme, et ils ont tiré de là l'homme-loup,
l'homme qui prend la forme d'un loup. Il y a d'autres
opinions encore qui ont également leur genre de vraisemblance, — et il y a enfin celle que Buffon a consignée
dans son histoire naturelle des quadrupèdes : « On a vu
des loups suivre des armées, arriver en nombre à des
champs de bataille où l'on n'avait enterré que négligemment les corps, les découvrir, les dévorer avec une insa-
tiable avidité, et ces mêmes loups, accoutumés à la chair
humaine, se jeter ensuite sur les hommes, attaquer le
berger plutôt que le troupeau, dévorer des femmes, emporter des enfants, etc. On a appelé ces mauvais loups
loups-garous, c'est-à-dire loups dont il faut se garer. »

Ces animaux avides de chair humaine, qui déterrent
les morts, qui dévorent les enfants et les femmes, sont
bien faits pour servir de comparaison à ces monstres imaginaires qui ont causé nos terreurs enfantines, et bien
que l'étymologie adoptée par Buffon (car il ne l'a pas
inventée) soit la plus ingénue, nous ne voyons pas pourquoi l'on ne s'en est pas contenté. On a été chercher les
autres si loin, on s'est donné tant de mal pour ne pas
s'entendre sur ce pauvre mot qui, en définitive, ne
représente rien, qu'on ne peut se défendre d'un sentiment
de regret en voyant tant d'efforts dépensés en pure
perte.

Il n'est pas hors de propos, puisque nous sommes avec
les monstres, d'enregistrer ici les *ogres* et les *croquemi-
taines*.

L'*ogre* est celui contre lequel les enfants sont le plus
aguerris; ils l'ont vu de près dans le fameux conte de
Perrault; ils ont applaudi aux tours que le Petit Poucet
lui a joués, et avec lui ils se sentent à peu près maîtres de la
place. — Si Perrault s'est permis de forger le mot *ogresse*,

ce qui a fait froncer le sourcil à plus d'un grammairien,
il n'a pas inventé le masculin *ogre*. Il nous reste donc à
savoir d'où vient ce terrible mot. Les philologues pensent,
un peu timidement, il est vrai, qu'il pourrait bien descendre, par altération, du grec *agrios,* sauvage ; — mais
les historiens ne sont pas de cet avis, et voici par quelles
déductions ils arrivent à faire sortir *l'ogre* des invasions
des Hongrois en France au xe siècle : « C'est à la suite
de ces terribles invasions signalées par le pillage et le
meurtre, que le souvenir des Hongrois est resté dans les
traditions populaires de la France. Ce sont elles qui ont
fourni à Perrault le sujet de plusieurs de ses contes de
fées, où les faits historiques, altérés par la tradition et
l'imagination du fabuliste, ne se présentent plus à nous
que dénaturés. Qui reconnaîtrait, en effet, dans l'ogre
du *Petit Poucet,* le Hongrois du xe siècle ? — Cependant
le nom d'ogre est bien une altération du nom d'*ouigour*
ou d'*ogour*. La botte de sept lieues, qui permet à l'ogre
de traverser montagnes et rivières, d'aller partout avec
tant de rapidité, est bien un souvenir des innombrables
et universelles invasions des Hongrois. Cet amour de
l'ogre pour la chair fraîche est bien le reste de cette tradition que les Hongrois buvaient le sang de leurs ennemis, que les mères mordaient leurs enfants au visage.
Enfin les yeux gris et ronds de l'ogre, son nez crochu,
sa grande bouche armée de longues dents, forment la
charge du portrait des Hongrois [1]. » — Ainsi, qu'on
s'adresse à la philologie ou à l'histoire, il faudra toujours
se résigner à une petite altération. Cela nous encourage
à nous poser cette question : s'il est vrai, comme l'ont
avancé de savants auteurs, que notre *gredin* vienne du

---

1. *Magasin pittoresque*, année 1840, page 70.

sanscrit en passant par le celtique *greedy,* pauvre hère qui a faim, — n'est-il pas possible que *ogre* vienne aussi de l'Inde par *hungry* qui, en anglais, signifie affamé? — Cette supposition a le mérite, à nos yeux, de laisser subsister entière l'idée de la faim, celle qui, chez l'ogre, doit l'emporter sur toutes les autres. Si nous n'avions pas tenu autant à faire dominer ce côté de la question, nous nous serions peut-être laissé séduire par La Monnoye qui nous proposait le latin *onager,* âne sauvage, ou, plus simplement encore, le mot *orgue,* « parce que le plus gros tuyau de l'*orgue* rend un très-gros son. »

Bien que l'ogre soit un mangeur de chair humaine, notre locution proverbiale *manger comme un ogre* veut dire seulement : manger beaucoup.

Quant à *croquemitaine,* il paraît s'expliquer assez bien de lui-même. Des deux mots dont il se compose (Croque-mitaine), le premier est tout à fait significatif; le second doit être pris pour *main,* puisque les mitaines servent à cacher les mains : le *croquemitaine* est donc le vilain monsieur qui croque les mains des petits enfants.

CROYEZ CELA ET BUVEZ DE L'EAU.

On dit familièrement en parlant d'une chose difficile à croire, à accepter pour vraie : *cela est dur à digérer.* Le vulgaire dit fréquemment aussi : vous ne me ferez pas avaler cela, c'est-à-dire, c'est trop fort, cela passe la croyance. C'est à ces façons de parler que se rapporte notre locution. Quand nous avons entendu les discours de quelqu'un qui veut en faire accroire, qui affirme des choses invraisemblables ou qui certainement sont fausses, nous répondons ironiquement : *croyez cela et buvez de l'eau;* cela signifie : si vous avalez les bourdes qu'on vous conte, il faudra boire beaucoup d'eau pour pouvoir les digérer.

Telle est au moins l'opinión généralement consacrée. Avant de la connaître, nous avions une tout autre manière d'envisager la question; nous pensions qu'il s'agissait de belles promesses sur lesquelles il était sage de ne pas trop compter, et que l'on conseillait aux âmes crédules de ne point se bercer de vaines espérances : on vous promet monts et merveilles, mais on ne vous donnera rien, et si vous avez la simplicité d'ajouter foi à ces paroles trompeuses, vous pourrez bien rester pauvre, et continuer longtemps encore, en attendant, à boire de l'eau.

BADAUDS DE PARIS.

Le mot *badaud* est un de ceux qui ont le plus exercé la verve des étymologistes. On s'est demandé sérieusement s'il ne venait pas de ce que lès Parisiens avaient battu le dos des Normands, auquel cas ils eussent été des *bat-dos*. — Une ancienne porte de Paris, appelée *Baudaye* ou *Badaye*, avait peut-être aussi, la corruption aidant, donné son nom aux Parisiens. — On a ensuite évoqué les mots gallois *badawr, badwr* (matelot, batelier), qui ont leur racine dans le mot *bad* ou *bat,* qui veut dire barque, bateau, et le mot *wr,* qui signifie homme; de sorte qu'un *badaud* serait un homme de bateau, un matelot, surnoms des premiers habitants de Paris. — Nous avouons que ces origines, peut-être très-ingénieuses, nous paraissent un peu suspectes. Elles ne laissent point entrevoir, même de loin, le sens qu'on a de tout temps attaché au mot *badaud,* et c'est là ce que nous cherchons[1].

1. Nous noterons encore, pour ne rien omettre, deux étymologies

On aurait dit sans doute moins de choses étranges sur le mot *badaud* si l'on ne s'était pas obstiné à le faire venir de Paris[1]. En supposant que cette épithète fût plus spécialement applicable aux Parisiens, était-ce une raison pour qu'elle fût née au milieu d'eux? — Nous proposerons donc, pour généraliser les idées, d'adopter l'opinion qui dérive *badaud* des mots provençaux *bada* (bêer, bayer) et *badairé* (qui baye, qui a la bouche béante). Le verbe *bader*, qui se disait autrefois pour tenir la bouche ouverte, et le mot *badelory*, par lequel on désignait un niais qui regardait avec ébahissement et la bouche béante, forment avec *badaud* une même famille qui a même origine. L'ancien verbe *bader* se trouve remplacé aujourd'hui par la locution *bayer aux corneilles*, qui s'emploie dans le même sens, et qui rappelle bien, comme *badaud*, la figure de l'homme qui va bouche béante et qui regarde d'un air étonné.

On dit *les badauds de Paris*, et ce n'est pas sans cause, car il n'y a nulle part plus de *badauds* qu'à Paris. Est-ce une raison pour que les Parisiens soient plus particulièrement des *badauds*? nous ne le croyons

---

citées par le *Dictionnaire* de Trévoux, et qui semblent avoir été inventées tout exprès pour dérouter les gens : « Quelques auteurs dérivent ce mot *à Bagaudis*, qui étoient des rebelles qui firent bien des désordres en France du temps de Dioclétien. — M. Huet dit que *badaud* se dit par corruption pour *bidaut*, et que *bidaut* est le même que *bedeau*. »

1. Il n'y a d'admissible dans ce sens que ce qu'on lit dans le *Mercure de France* du 25 avril 1779 : « Rabelais rapporte que Platon comparait les niais et les ignorants à des gens nourris dans des navires, d'où, comme si l'on était enfermé dans un baril, on ne voit le monde que par un trou. De ce nombre sont les *badauds de Paris en Badaudois*, par rapport à la cité de Paris, laquelle, étant dans une île de la figure d'un bateau, a donné lieu aux habitants de prendre une nef pour armoiries de leur ville. Comme ils ne quittent pas légèrement leurs foyers, rien de plus naturel que le sobriquet de *badauds* qu'on leur a appliqué par allusion au bateau des armoiries de Paris. »

pas. La définition qu'on a donnée de ce mot convient à beaucoup de gens, qu'ils soient Parisiens ou non : le *badaud* n'est ni un benêt, ni un nigaud, ni un imbécile, ni un sot ; c'est un homme simple et crédule qui, n'ayant jamais rien vu, croit tout, admire tout et s'étonne de tout. Ce serait bien là, selon Mercier, le portrait du Parisien qui, dit-il, « n'a vu le monde que par un trou ; il s'extasie sur tout ce qui est étranger, et son admiration porte je ne sais quoi de niais et de ridicule. » — C'est ici que commence l'erreur. Si les *badauds* sont à Paris et ne se voient qu'à Paris, comme on l'a tant de fois répété, comment admettre qu'ils soient Parisiens ? Comment supposer que l'homme, familiarisé depuis son enfance avec les grandes et belles choses de notre capitale, s'arrêtera et s'étonnera toutes les fois qu'elles se présenteront à ses yeux ? — Non, ceux qui regardent niaisement à Paris, et il y en a quelques-uns, sortent de leur village ou du fond de leur province. Ils n'ont rien vu jusque-là, et certes, ce qu'ils voient est bien fait pour exciter leur naïve admiration. Le Parisien ne voyage guère, c'est vrai ; s'il allait en Allemagne ou en Italie, il y serait bien un peu *badaud* comme tant d'autres le sont chez lui ; mais alors, qu'on le remarque, il ne serait pas *badaud de Paris.* — Nous n'avons pris la question de si haut que pour répondre à Mercier, dont le zèle contre les Parisiens va toujours beaucoup trop loin. Pour rester logique, il faut reconnaître que si le Parisien s'étonne volontiers parce qu'il n'a jamais rien vu que sa ville, le campagnard et le provincial qui n'ont jamais voyagé s'étonneront bien davantage et seront bien plus disposés encore à voir partout des merveilles.

Mais le vrai *badaud* n'est pas là : en voyant quelqu'un le nez en l'air dans la cour du Louvre ou devant le portail de Notre-Dame, personne ne songera à prononcer le mot *badaud*. Les groupes qui se forment autour des escamoteurs, des arracheurs de dents ou de l'illustre Mangin, composent la véritable population des *badauds*. S'il y a là aussi des flâneurs intelligents[1] et des observateurs, il y a surtout des *badauds*. Nous croyons pouvoir affirmer que tous ne sont pas Parisiens (car pour être *à Paris* on n'est pas nécessairement *de Paris*), mais en supposant même qu'il en soit ainsi, nous demandons si l'on ne verrait pas les mêmes rassemblements et les mêmes physionomies à Lyon, à Rouen, à Marseille ou ailleurs, si ces villes offraient les mêmes occasions de s'arrêter et de muser. Nous concluons de là que si l'on trouve beaucoup de *badauds* à Paris, c'est par la raison fort simple qu'il y a beaucoup de choses à voir, beaucoup de monde pour les regarder, et non parce que la *badauderie* est un caractère particulier du Parisien.

1. Le reproche de *badauds* adressé aux Parisiens vient surtout de ce que Paris est par excellence la terre classique du flâneur. Mais, comme l'a fort bien remarqué M. Auguste Lacroix, il importe de distinguer : « Nous ne reconnaissons pour flâneurs que ce petit nombre privilégié d'hommes de loisir et d'esprit qui étudient le cœur humain sur la nature même et la société dans ce grand livre du monde toujours ouvert sous leurs yeux... Le véritable observateur, c'est le flâneur, c'est-à-dire l'homme d'intelligence subtile, qui va sans cesse explorant toute chose, l'espèce humaine principalement, partout, dans tous les âges et dans toutes les conditions, — philosophes narquois qui étudient comme discutaient les péripatéticiens. — Le flâneur est au badaud ce que le gourmet est au glouton, ce que serait mademoiselle Mars à une actrice de tréteau, Châteaubriand à un rédacteur en échoppe, ou, plutôt, La Bruyère ou Balzac à un paysan de l'Auvergne ou du Limousin arrivé d'hier à Paris. Le badaud marche pour marcher, s'amuse de tout, se prend à tout indistinctement, rit sans motif et regarde sans voir. Il va dans la vie comme le scarabée dans les airs, battant de l'aile contre chaque objet qu'il rencontre ; heurté, brisé à tout instant, jouet du vent qui souffle ou du gamin qui passe. »

MONTER SUR SES GRANDS CHEVAUX.

Prendre un parti vigoureux, menacer, se mettre en colère; montrer de la hauteur, de la sévérité dans ses paroles.

> Ma colère à présent est en état d'agir;
> Dessus ses grands chevaux est monté mon courage.
>
> (MOLIÈRE.)

Dans les beaux temps de la chevalerie, on distinguait deux espèces de chevaux : le *palefroi* et le *destrier*.

Le *palefroi* (des trois mots *par le frein*, car il était toujours, dans les cérémonies, conduit par des écuyers) était le cheval de service ordinaire et le cheval de parade. Léger, gracieux et d'une allure aisée, il figurait richement caparaçonné dans les solennités publiques. C'est sur le *palefroi* que les rois et les seigneurs faisaient leur entrée triomphale dans les villes; c'est aussi le *palefroi* que montaient les châtelaines.

Le *destrier* (que les écuyers conduisaient à leur droite ou dextre, *ad dexteram*) était le cheval de main ou de bataille; il était grand et fort. Spécialement propre aux hommes d'armes, on l'appelait aussi *cheval de lance*.

> De ses guerriers à l'éclatante armure
> Le roi des preux s'avance environné.
> Éblouissant de pourpre et de dorure,
> Un *destrier*, à la haute encolure,
> Parmi la foule en pompe est amené :
> C'est Fulgurin. Son pied frappe la poudre;
> Son flanc jamais n'a senti l'aiguillon;
> Fier de son maître, il vole, et de la foudre
> A la vitesse, et le choc et le nom.
>
> (MILLEVOIE, *Charlemagne à Pavie*.)

Ainsi les grands chevaux étaient les chevaux de guerre, ceux qu'on montait, quand l'ennemi paraissait, pour défendre ses droits ou venger une injure. Quand les chevaliers quittaient le *palefroi* pour le *destrier*, *ils montaient sur leurs grands chevaux*.

C'est de là aussi que nous est venue l'expression *cheval de bataille,* pour désigner la chose sur laquelle on s'appuie le plus fortement.

TRAVAILLER POUR LE ROI DE PRUSSE.

Ne sachant rien de précis sur l'origine de cette locution, nous la chercherons dans le champ libre des conjectures. Ce champ heureusement est circonscrit dans de certaines limites; c'est depuis un siècle et demi que la Prusse est un royaume; le proverbe ne peut pas remonter au delà. Quel est donc celui des cinq Frédéric de Prusse qui a fait mettre ainsi en doute sa royale générosité? On a dit que c'était Frédéric-Guillaume Ier, constamment préoccupé de se montrer économe du bien de ses sujets, et très-différent en cela de son père qui était, selon l'expression de Frédéric II, grand dans les petites choses et petit dans les grandes. De ce que l'un ne dépensait point, et de ce que l'autre dépensait mal à propos, on pourrait également tirer une conclusion dans le sens de notre proverbe. Cependant, nous ne pensons pas qu'il soit besoin de remonter aussi haut, et nous inclinons à faire retomber sur le grand Frédéric lui-même toute la responsabilité du reproche français.

On a dit que le mot était de Voltaire. Rien ne nous autorise à l'affirmer, mais la supposition est vraisemblable. Il n'est pas impossible, en effet, qu'après sa grande brouille avec Frédéric, Voltaire ait eu la pensée d'exprimer qu'il avait perdu et son temps et sa peine en travaillant pour le roi de Prusse. On sait que dans son dépit contre celui qui avait été ·

Son patron, son disciple et son persécuteur,

Voltaire n'a pas toujours ménagé les gros mots. Quoi qu'il en soit, l'allusion a fait fortune, elle est devenue proverbe, et pour qu'elle se soit ainsi répandue dans le peuple et installée dans la langue, il faut qu'elle ait eu d'autres causes que les rancunes de Voltaire. — Frédéric II aimait beaucoup la France; il a souvent occupé des ouvriers français; il les a payés, nous n'en doutons pas, mais il est à peu près certain qu'il ne les a pas payés royalement. *Noblesse oblige* envers tout le monde quand on est roi, et surtout envers les petits. Le peuple français le sait à merveille : pour lui, un roi économe, c'est un homme avare. — Travailler donc pour un roi qui paye comme un bourgeois, c'est travailler pour un bourgeois qui ne paye pas, en un mot, c'est *travailler pour le roi de Prusse.*

Que Frédéric le Grand fût avare, nous voulons dire économe, c'est un point assurément qu'on ne nous contestera pas. Son régime économique tenait le milieu entre celui de son aïeul et celui de son père; il ménageait en toute occasion les deniers de l'État. Nous en trouvons un exemple dans ce conflit de morceaux de sucre et de bouts de chandelles qui s'éleva entre lui et Voltaire (très-économe aussi). Dans l'accord qu'il avait fait avec le poëte, Frédéric lui avait promis, outre la clef de chambellan et la croix du Mérite, les appointements ordinaires d'un ministre d'État, un appartement au château, la table, le chauffage, deux bougies par jour, et tant de

livres de sucre, de thé, de café et de chocolat tous les
mois. — Ces provisions furent fournies, comme on en avait
pris l'engagement, mais il se trouva qu'elles étaient de
mauvaise qualité. Voltaire se plaignit. Frédéric répondit
que cela lui faisait une peine infinie et qu'il donnerait des
ordres. Donna-t-il vraiment des ordres? Il est permis
d'en douter, car rien ne fut changé. Voltaire renouvela
ses plaintes, et le roi se tira d'affaire d'une manière
aussi habile qu'économique : « Il est affreux, dit-il, que
l'on m'obéisse si mal. Mais vous savez les ordres que j'ai
donnés; que puis-je faire de plus? Je ne ferai pas pendre
ces canailles-là pour un morceau de sucre ou pour une
pincée de mauvais thé; ils le savent et se moquent de
moi. Ce qui me fait le plus de peine, c'est de voir M. de
Voltaire distrait de ses idées sublimes par de semblables
misères. Ah! n'employons pas à de si petites bagatelles
les moments que nous pouvons donner aux Muses et à
l'amitié! Allons, mon cher ami, vous pouvez vous passer
de ces petites fournitures, elles vous occasionnent des
soucis peu dignes de vous : eh bien, n'en parlons plus :
je donnerai ordre qu'on les supprime. »

Qu'aurait-on fait de mieux dans une république?

C'est ainsi que Frédéric savait tout concilier. Là où
d'autres auraient mis de l'argent, il mettait de l'esprit;
il a souvent payé de cette monnaie-là. — Comme il faisait embellir d'une façade une église luthérienne de
Berlin, les pasteurs lui représentèrent qu'ils n'y voyaient
pas assez clair pour faire le service. Le bâtiment étant
trop avancé, Sa Majesté philosophe écrivit sur leur mémoire : *Bienheureux sont ceux qui croient et ne voient
point.* — Citons en terminant, et comme dernier argu-

ment, cette remarque d'un voyageur anglais qui rend, d'ailleurs, pleine justice aux qualités éminentes du grand roi : « L'on n'a jamais vu un soldat gras dans aucun pays; mais le roi de Prusse n'a pas un sergent qui soit gras. Une connaissance profonde de l'économie des finances est un des points dans lesquels ce souverain excelle; c'est aussi une des raisons pour lesquelles ses troupes ne s'engraissent guère. »

Cet observateur aurait pu ajouter que Frédéric avait trouvé moyen de faire une économie générale sur son armée en décidant que la solde ne serait pas payée les 31 de mois; il y avait ainsi cinq jours de l'année pendant lesquels l'armée prussienne tout entière *travaillait pour le roi de Prusse.*

JETER L'ANCRE SACRÉE.

C'est recourir à ses dernières ressources.

Il y avait, chez les anciens, une ancre que l'on dédiait aux dieux et qu'on jetait dans les jours de grande détresse : c'était l'*ancre sacrée.*

Plus tard, chez les chrétiens, il y eut, à cet exemple, l'ancre bénite qu'on jetait aussi à l'heure du danger en se recommandant à Dieu : c'était l'ancre de miséricorde ou de salut.

Aujourd'hui cette ancre existe encore, mais elle a perdu beaucoup de son caractère religieux. On s'occupe moins de la faire bénir ou de prier en la jetant à la mer que de lui donner un poids et un volume considérables. L'industrie tend tous les jours à remplacer la Providence. Ce qui inspire de la confiance, c'est la force matérielle et palpable, et maintenant il n'y a plus d'*ancre sacrée* qu'au figuré.

MYRMIDONS.

(Du grec *myrmex*, fourmi). Habitants des contrées méridionales de la Thessalie, ainsi appelés parce qu'ils furent sujets de Myrmidon, fils de Jupiter et d'Euryméduse, ou parce qu'ils imitèrent les fourmis par leur zèle et leur diligence pour les travaux de l'agriculture. — Mais on désigne plus particulièrement, sous ce nom, les Éginètes, et voici pourquoi : l'île d'Égine ayant été ravagée par la peste, Éacus, fils d'Égine et de Jupiter, pria le maître des Dieux de repeupler son royaume; Jupiter, exauçant sa prière, changea en hommes les fourmis d'un chêne révéré.

> Je rends grâces au dieu qui répare nos pertes,
> Et repeuple les murs de nos cités désertes.
> Je partage les champs de ces nouveaux colons,
> De leur simple origine appelés Myrmidons.
>
> DESAINTANGE.

Bien qu'il y ait encore plusieurs raisons d'être des Myrmidons, — la fable en a toujours d'excellentes, — elles n'auraient peut-être pas suffi pour faire de leur nom un mot de notre langue, si l'*Iliade* n'en avait perpétué le souvenir en transmettant d'âge en âge le récit des exploits d'Achille : les Myrmidons, en effet, — nous l'avons tous appris, — obéissaient comme les Hellènes et les Achéens au « divin Achille. »

Maintenant, ouvrons le *Dictionnaire de l'Académie*, et nous verrons comment l'idée de fourmi a subsisté dans l'usage que nous faisons de ce mot : — « *Mirmidon* quelques-uns, pour se conformer à l'étymologie, écrivent *myrmidon*). Nom de peuple qui est devenu un nom

5.

appellatif par lequel on désigne avec mépris, avec raillerie, un jeune homme de très-petite taille. *Voilà un plaisant mirmidon.* — Il se dit figurément de ceux qui ont
des prétentions exagérées et ridicules, qui font de vains
efforts pour paraître supérieurs aux autres et à eux-
mêmes *Des mirmidons en littérature. Ces mirmidons
prononcent sur ce qu'ils n'entendent pas.* »

D'après ces deux définitions, personne ne s'étonnera

De voir cent Myrmidons dans le siècle où nous sommes.

On trouvera plutôt que ce chiffre est bien modeste, et
qu'il serait plus juste de renverser, en sacrifiant la césure,
ce vers du traducteur des *Métamorphoses* :

Ce peuple de fourmis est un peuple d'humains.

« Un jour que nous étions dans la galerie de Versailles,
M. de Valincour, M. Racine et moi, nous fûmes assaillis
par trois ou quatre jeunes gens de la cour, grands admirateurs du fade style de Quinault et des fausses pointes
de Benserade; et l'un d'eux commença par nous demander s'il était bien vrai que nous missions ces deux poëtes
si fort au-dessous d'Homère et de Virgile. C'est, lui dis-
je, comme si vous me demandiez si je préfère les diamants de la couronne à ceux que l'on fait au temple. —
Eh! qu'a donc de si merveilleux cet Homère? me dit un
autre. Est-ce d'avoir fait l'éloge des Myrmidons? —
Quoi! interrompit un troisième, est-ce qu'Homère a parlé
des Myrmidons? Ah! parbleu, voilà qui est plaisant! —
Et sur cela toute la troupe fit un si grand éclat de rire,
que je me trouvai hors d'état de répondre. Ce bruit attira
à nous un grand seigneur, également respectable par son
âge, par son rang et par mille autres qualités. — Qu'y

a-t-il donc entre vous, messieurs? nous dit-il; je vous
trouve bien émus. Quel est le sujet de votre dispute? —
C'est, lui dis-je, que ces messieurs veulent qu'Homère
ait été un mauvais poëte, parce qu'il a parlé des Myrmidons. — Vous êtes de plaisantes gens, leur dit-il, de con-
tredire ces messieurs-là; vous êtes bien heureux qu'ils
veulent vous instruire, et vous ne devez songer qu'à
profiter de leurs avis, sans vous mêler de critiquer ce
qu'ils entendent mieux que vous. — Ces paroles, pronon-
cées d'un air et d'un ton d'autorité, imposèrent à cette
jeunesse; et alors le grand seigneur, que je regardais
déjà comme un grand protecteur d'Homère, nous ayant
menés tous trois dans l'embrasure d'une fenêtre, en prenant un air encore plus grave : — Vous voyez, dit-il,
comme j'ai parlé à ces jeunes gens-là, et l'on ne saurait
trop réprimer les airs décisifs qu'ils prennent en toute
occasion sur les choses qu'ils savent le moins; mais, dans
le fond, vous autres, dites-moi, est-il vrai que cet Homère
ait parlé des Myrmidons dans son poëme? — Vraiment.
monsieur, lui dis-je, il fallait bien qu'il en parlât; c'étaient
les soldats d'Achille, et les plus vaillants de l'armée des
Grecs. — Eh bien! me dit-il, voulez-vous que je vous
parle franchement? Il a fait une sottise. »   (BOILEAU.)

METTRE AU VIOLON.

Autrefois on disait : *mettre au psaltérion.* Le *psaltérion* était aussi un instrument à cordes dont on jouait
avec un archet; mais ce n'est pas avec cette signification
qu'il était employé dans l'expression qui nous occupe :
psaltérion signifiait là *psautier.* « Mettre au *psaltérion,*
c'était donc mettre au psautier, mettre en pénitence, en

un lieu où l'on a le temps de méditer, et de se repentir, et de réciter *une sept-saumes,* sans risque de se voir interrompu...

. « Le peuple, dans son humeur gauloise, profita de l'équivoque, et, voyant le psaltérion passé de mode, y substitua le violon, qui était devenu le roi des instruments. Aù lieu de dire *mettre au psaltérion,* il dit *mettre au violon,* et le calembourg fut sauvé [1]. »

Dans cette explication, le violon vient de loin; on le trouve plus directement rattaché à la prison dans les *Galeries du palais de justice de Paris.* L'origine que M. Génin a cherchée dans les mots, M. Am. de Bast l'a demandée aux faits : « La prison du bailliage du Palais servait spécialement à enfermer les pages, valets, etc., qui troublaient trop souvent, par leurs cris et leurs jeux, les audiences du parlement. Dans cette prison, il y avait un violon destiné à charmer les loisirs forcés des pages et laquais qu'on y renfermait pendant quelques heures. Ce violon devait être fourni, par stipulation de bail, par le luthier des galeries du Palais. C'est de cet usage, qui remonte au temps de Louis XI, qu'on a appelé *violons* les prisons temporaires annexées à chaque corps de garde de la ville. »

LUSTUCRU.

Le sens attribué à ce terme burlesque paraît s'être beaucoup adouci. Nous l'employons aujourd'hui en plaisantant pour suppléer à un nom qu'on n'a pas présent à la mémoire, quand il s'agit, toutefois, d'une personne peu considérable ou peu considérée, — ou nous l'appliquons familièrement à un innocent, un niais. — Au-

---

1. Génin. *Voir* son article. (*Illustration* du 9 avril 1853.)

trefois, c'est-à-dire au XVIIᵉ siècle, il était plus violent :
c'était un terme de mépris, un nom injurieux, qui signifiait vil, méprisable. La colère que semble marquer
cette première signification vient sans doute de ce que
le mot, nouveau à cette époque, se rattachait à une
plaisanterie qui avait fait éclater l'indignation féminine.
On lit, en effet, dans les *Mémoires* de Tallemant des
Réaux, au chapitre qu'il a consacré aux erreurs de
Mᵐᵉ de Langey, le passage suivant : « Or, depuis cela,
quelque folâtre s'avisa de faire un almanach où il y
avait une espèce de forgeron grotesquement habillé,
qui tenait avec des tenailles une tête de femme, et la
redressait avec son marteau. Son nom était *L'eusses-tu
cru,* et sa qualité, *médecin céphalique,* voulant dire que
c'est une chose qu'on ne croyait pas qui pût jamais arriver que de redresser la tête d'une femme. Pour ornement
il y a un âne chargé de têtes de femmes, mené par un
singe ; il en arrive par eau et par terre, de tous côtés. »
Nous ajouterons, pour ne laisser aucun doute sur l'importance du rôle qu'a joué M. Lustucru, les détails donnés en note par M. Monmerqué dans son excellente édition des *Historiettes* : — On fit alors une multitude de
caricatures sur *Lustucru.* Celle que Tallemant a décrite
est au Cabinet des estampes de la bibliothèque du roi, au
volume 2133, p. 58. Elle est répétée dans le *Recueil des
plus illustres proverbes,* nᵒ 2239 du même cabinet. On
lit au bas : « *Céans, M. Lustucru a un secret admirable
qu'il a apporté de Madagascar, pour reforger et re-
polir, sans faire mal ni douleur, les testes des femmes
acariastres, bigeardes, criardes, diablesses, enragées,
fantasques, glorieuses, hargneuses, insupportables,
lunatiques, meschantes, noiseuses, obstinées, piegriè-
ches, revesches, sottes, testues, volontaires, et qui*

ont d'autres incommodités, le tout à prix raisonnable,. aux riches pour de l'argent, et aux pauvres gratis. » On voit, à la page 24 du volume 2133, l'*Illustre Lustucru, en son tribunal;* des maris viennent de toutes les parties du monde le remercier et lui offrir des présents, en reconnaissance des services qu'il leur a rendus. *Au Recueil des plus illustres proverbes,* n° 69, est représenté *le massacre de Lustucru par les femmes.* Ces dernières ne se contentèrent pas de cette vengeance, car on trouve au volume 2133, page 83, *l'invention des femmes qui font ôter la méchanceté de la tête de leurs maris.* Saumaise fait allusion à ces caricatures dans la comédie des *Véritables prétieuses* (Paris, Jean Ribon, 1660, in-12). Il y introduit un poëte qui récite le commencement d'une tragédie intitulée *La Mort de Lustucru lapidé par les femmes.* (V. page 57 de ce rare opuscule.)

JEUX FLORAUX.

De l'institution de ces jeux date le premier encouragement public qui ait été donné à la poésie. Il y avait eu, jusqu'au XVIe siècle, des universités où l'on ergotait longuement et sophistiquement sur les subtilités de la philosophie et de la théologie scolastiques, mais il ne s'était formé encore aucune assemblée purement littéraire. C'est à la ville de Toulouse qu'était réservé cet honneur. Au beau temps des troubadours, et dans ces pays du Midi où la poésie romane a exercé tant d'influence sur le moyen âge, sept Toulousains se réunirent dans un jardin, aux portes de la ville, pour s'occuper de poésie. Ils convoquèrent à cette réunion, qu'ils appelèrent *la gaie société des sept troubadours,* tous les troubadours et trouvères des environs, et promirent une violette d'or à celui qui composerait les plus beaux vers.

La Société en s'organisant se donna des statuts, les *lois d'amour,* et prit le nom de *jeu d'amour ;* les sept juges furent appelés *les mainteneurs de la gaie science.* Il y eut aussi des degrés comme dans l'Université : ceux qui avaient obtenu un prix et subi un examen étaient reçus bacheliers ; à une seconde épreuve, ils devenaient *docteurs et maîtres dans le gai savoir.* — Quand la guerre chassa le *jeu d'amour* de ses jardins, il se réfugia dans l'hôtel de ville de Toulouse, et prit alors le nom plus grave de Collége de rhétorique. — Cette Société, qui datait de 1323, s'était accrue peu à peu, et en 1355, elle créait deux nouveaux prix : *l'églantine d'or* et *le souci d'argent.* — On sait l'importance que lui donna Clémence Isaure en lui léguant (vers 1484) des fonds considérables. — En 1684, Louis XIV érigea la société en *Académie des jeux floraux,* et lui donna des règlements particuliers. Le nombre des *mainteneurs* fut porté à trente-cinq, et, quelques années après, à quarante.

Bien qu'elle fût un *jeu d'amour,* et qu'elle eût des docteurs en la *gaie science,* l'Académie toulousaine n'admettait autrefois au concours que des pièces en l'honneur de Dieu, de la Vierge et des saints. Aujourd'hui elle est moins exclusive ; cependant, pour conserver sans doute un souvenir de ses anciennes traditions, elle a réservé l'un de ses prix, le *lis d'argent,* pour un sonnet ou une hymne à la Vierge. Ce prix, il faut le dire, est le moins important. Le premier (de 450 fr.) est *l'églantine d'or,* pour le meilleur discours en prose, écrit sur un sujet proposé par l'académie ; le deuxième (de 400 fr.), *l'amaranthe d'or,* est décerné à l'ode ; *la violette d'argent* (de 250 fr.) au poëme, et le *souci d'argent* (de 200 fr.)

à l'idylle ou à l'élégie. Le dernier prix (de 60 fr.) est le *lis d'argent.* — La distribution de ces prix, qu'on appelle la *Fête des fleurs,* a lieu tous les ans, le 3 mai. L'un des mainteneurs prononce, dans cette séance, l'éloge de Clémence Isaure.

Quand un lauréat, s'il est permis d'employer cette expression à propos d'églantines, de violettes et d'amaranthes, a obtenu trois fleurs à trois concours différents, et que l'une est le prix de l'ode ou du discours, il est déclaré *maître ès jeux floraux.*

MOUTARD.

De tout temps, les gens du peuple ont envoyé leurs enfants faire dans le quartier les petites provisions du ménage, et comme les gamins s'en vont toujours gaminant et s'amusant tout le long du chemin, l'usage s'est établi de dire : *aller au vin et à la moutarde,* dans le sens de baguenauder [1]. De là est venue l'expression proverbiale : *les enfants vont à la moutarde,* pour faire entendre qu'une chose est tellement connue que les enfants en causent entre eux dans les rues en allant faire

---

1. Il faut rattacher aussi à ce proverbe l'expression *s'amuser à la moutarde,* s'arrêter à des bagatelles, à des choses inutiles. Il y a là ellipse du verbe aller : s'amuser en allant à la moutarde.

Selon les bons Pères de Trévoux, « ce proverbe est une allusion à deux mots français, *moult* et *tarde;* en sorte que quand on attend quelqu'un avec impatience, on dit qu'il s'amuse quelque part, et *moult tarde,* ou demeure beaucoup à venir. »

Peut-être eût-il mieux valu s'en prendre encore à la moutarde, pour la considérer comme objet accessoire ; le rôle qu'elle joue, en effet, dans un repas, étant tout à fait secondaire, s'occuper de ce condiment, c'est s'attacher à un détail sans intérêt réel, c'est perdre son temps. La moutarde alors n'eût pas plus été la chose essentielle que les pancartes et la parade des saltimbanques qui, en annonçant leur spectacle, invitent le public à ne pas *s'amuser aux bagatelles de la porte.*

les commissions. « *Et en feut faicte une chanson dont les petits enfants alloyent à la moutarde.* » (Rabelais.) C'est ainsi que le gamin s'est trouvé lié d'une façon intime avec la moutarde et que le nom de ce condiment lui est resté.

Les Allemands envisagent la question tout différemment. Ils disent que quand les Français firent irruption en Allemagne, — avec Turenne, par exemple, dans le Palatinat, — les enfants furent saisis d'un tel effroi qu'ils se sauvèrent à toutes jambes en criant : *maman, maman,* appel au secours de tous les enfants sur la surface entière du globe. Or, maman en allemand, c'est *mutter,* et comme le son *u* se prononce *ou,* ainsi que chacun sait, et que les enfants germains prononcent *tar* plutôt que *ter,* c'est bien le mot *moutard* qu'avait fait retentir aux oreilles du soldat français cette marmaille effarouchée.

Les *Allemands* rapportent aussi, mais cette fois avec plus de fondement, la naissance de notre *vasistas* à l'époque de l'envahissement de leur territoire par les Français. Les habitants, devenus soupçonneux, n'ouvraient plus leur porte sans savoir qui frappait ; ils regardaient donc d'abord par le *vasistas,* en disant avec inquiétude : *was ist das?* (qu'est-ce que cela ?)

IL N'Y A RIEN DE CHANGÉ EN FRANCE, IL N'Y A QU'UN FRANÇAIS DE PLUS.

M. de Lamartine racontant l'entrée du comte d'Artois à Paris, en 1814, s'exprime ainsi : « Le comte d'Artois était l'objet de tous les regards et de tous les enthousiasmes. Ce prince montait avec grâce un cheval magnifique. Il conservait sous la maturité des années et sous les

traces des longs exils cette beauté sereine de physiono-
mie, cette fierté douce d'expression, cette élégance de
taille et cette apparence de mâle jeunesse qui faisaient
retrouver en lui l'idole de la cour et le modèle extérieur
de l'aristocratie. Il avait tous les dons qui attirent l'œil et
qui touchent le cœur d'une multitude. La restauration
d'une royauté absente ne pouvait se produire sous des
traits plus gracieux et plus imposants. Le nom de Bourbon, les tristesses de l'exil, les joies du retour, l'ombre
de Louis XVI, son frère, l'entouraient d'un respect, d'un
prestige et d'un attendrissement de souvenir qui cour-
baient toutes les têtes devant lui. Ses amis faisaient courir dans la foule un mot qu'il n'avait pas dit, mais qui
était admirablement inventé pour lui ouvrir les cœurs et
pour lui préparer les applaudissements : « Je revois mon
« pays, je suis heureux. — Il n'y a rien de changé en
« France, il n'y a qu'un Français de plus ! »

Ainsi, ce mot qu'on a tant répété n'a pas même été
dit. On s'est demandé à qui il devait être attribué, et
quelques-uns ont désigné Talleyrand. Il avait fait beaucoup pour la Restauration et il était capable plus que tout
autre d'avoir fait les mots heureux. D'autres ont affirmé
qu'il était sorti du cerveau de M. de Vaulabelle, et ils ont
étayé leur assertion de l'histoire suivante : « La veille de
l'entrée du comte d'Artois à Paris, le 11 avril 1814,
M. de Talleyrand avait retenu, après minuit, dans son
salon, quelques intimes, entre autres le duc d'Albert,
Pozzo di Borgo, et M. de Vaulabelle. Il s'agissait de donner les derniers ordres relatifs à l'événement du lendemain; lorsque tout fut bien convenu et arrêté : A propos,
dit M. de Talleyrand, que ferons-nous dire à *Monsieur* ?
Il faut de toute nécessité qu'il dise, — ou, ce qui revient
au même, — qu'on lui prête un mot de circonstance.

quelque chose de vif et de touchant, où l'on retrouve
l'esprit du Français et le cœur de l'exilé...

« L'idée fut trouvée excellente : mais le jour commençait à paraître, il fallait se hâter. On commit à M. de
Vaulabelle l'honneur de faire parler le représentant de la
maison de Bourbon, et comme celui-ci n'y voulait pas
consentir, de guerre lasse on le poussa au fond d'un cabinet, on l'y enferma en tête-à-tête avec deux flambeaux,
du papier et de l'encre, et M. de Talleyrand lui déclara,
à travers la cloison, qu'il ne recouvrerait la liberté qu'à la
condition de trouver le *mot* de la situation [1]. » M. de
Vaulabelle ayant produit une phrase au lieu d'un mot
aurait été remis sous clef, et il serait sorti triomphant à
la seconde épreuve avec le mot historique.

Mais M. de Vaulabelle était peut-être bien jeune en
1814 pour être chargé de cette mission délicate, et nous
sommes beaucoup plus disposé à croire que le mot est
de M. le comte Beugnot, dont on connaît l'esprit fin et
fécond en saillies [2]. On prétend qu'il racontait lui-même
l'embarras dans lequel se trouvait le comité royaliste pour
trouver un de ces mots heureux que tout homme public
doit prononcer dans les grandes circonstances, et qu'il ne
faisait point de façon pour s'attribuer le mérite de la so-
lution. — D'autres disent enfin, et ceux-là seuls ont raison, que le comte Beugnot avait été chargé par le Gouvernement provisoire de rédiger un article dans le *Moniteur*
à propos de l'arrivée du comte d'Artois à Paris, que cet
article se terminait par la fameuse phrase : *Il n'y a rien*

1. H. de Villemessant.
2. On n'a pas oublié que lorsqu'il fut question de placer un christ
au-dessus de la tribune de la Chambre des députés, M. le comte Beugnot mit fin à la discussion en proposant d'y joindre cette inscription :
« Mon Dieu, pardonnez-leur, ils ne savent pas ce qu'ils disent. »

de changé en France, il n'y a qu'un Français de plus,
et qu'on la détacha du tout auquel elle appartenait pour
en faire le mot de la situation.

C'EST UN OURS MAL LÉCHÉ.

C'est un homme désagréable, bourru, grossier même,
qui n'est ni poli, ni convenable, et ne sait rien des usages du monde. — Dans le langage familier de la société,
celui qui ne se mêle à aucune de ces réunions qu'on appelle bals, soirées ou autrement, est déjà *un ours !* Qu'il
ajoute à ces habitudes de sauvagerie des manières un peu
rudes ou gauches, et il passera sans transition à l'état de
mal léché. C'est dur, mais c'est ainsi. Le monde est impitoyable pour ceux qui le fuient, il n'a pas d'épithètes
assez outrageantes pour leur témoigner son mépris. —
Maintenant, si l'on demande ce que vient faire, dans
cette désobligeante comparaison, le vilain mot *léché,* nous
répondrons qu'il s'est introduit dans le vocabulaire du
monde à la faveur d'un ancien préjugé. Par l'expression
mal léché, on entend : mal élevé, sans formes, sans éducation; or, on croyait autrefois que l'ours, en naissant,
n'était qu'ébauché [1], qu'il ne se complétait et ne prenait
sa forme définitive qu'après avoir été longtemps léché par

---

1. « Elles (les femelles) combattent et s'exposent à tout pour sauver
leurs petits, qui ne sont point informes en naissant, comme l'ont dit les
anciens, et qui, lorsqu'ils sont nés, croissent à peu près aussi vite que
les autres animaux; ils sont parfaitement formés dans le ventre de leur
mère, et si les fœtus ou les jeunes oursons ont paru informes au premier
coup d'œil, c'est que l'ours adulte l'est lui-même par la masse, la grosseur et la disproportion du corps et des membres; et l'on sait que dans
toutes les espèces, le fœtus ou le petit nouveau-né est plus dispropor-
tionné que l'animal adulte. » (BUFFON, *Histoire naturelle des quadrupèdes.*)

sa mère : « Ainsi que l'ours, à force de lécher son petit,
le met en perfection, ainsi vois-je, etc. » (Rabelais.)

Cela dit, la signification figurée de l'*ours mal léché*
s'explique, surabondamment, et l'allusion devient transparente : un ours que sa mère a laissé inachevé, et un
homme qu'on n'a pas formé, en l'élevant, aux belles manières de la société, — ce sont des idées qui se touchent :
l'ours et l'homme sont également incomplets.

Il y a encore, en style figuré, les *ours* de théâtre.
Ceux-là vivent aussi et pendant longtemps dans l'ombre
et l'isolement, mais ce n'est pas leur faute. — Ces *ours*
sont des pièces (comédies, drames ou vaudevilles) qui
ont fait un long séjour dans les cartons de leurs pères.
Après les plus nobles efforts pour soulever le voile de
leur incognito, ces pauvres ours ont perdu force et courage et se sont résignés à attendre patiemment que leur
jour soit arrivé. Si ce jour est dans l'avenir, personne ne
le sait, mais beaucoup en doutent. D'après les pièces
qu'on voit, il n'est guère permis de dire que ces pièces
qu'on ne voit pas soient les plus mauvaises : elles n'ont
pas eu de bonheur, voilà tout. Les circonstances ne les
ont pas favorisées, ou leur auteur n'a pas été doué d'une
dose de tenacité suffisante pour parvenir à forcer toutes
les portes. Quoi qu'il en soit, elles dorment, ces pauvres
pièces, et c'est en dormant ainsi dans une armoire ou
dans une malle qu'elles prennent le caractère des ours,
qui passent, comme on le sait, les hivers dans un sommeil
presque continuel [1].

---

1. L'*ours* de théâtre a été expliqué ainsi par M. Joachim Duflot :
« Tout le monde se souvient, dit-il, de cette farce désopilante appelée
l'*Ours et le Pacha*, que le théâtre des Variétés joua 500 fois au moins. »
Le père Brunet représentait le pacha blasé qui veut qu'on l'amuse ;
Odry jouait le montreur de bêtes, répétant à tout propos : « *Prenez mon*

Quelques-uns de ces infortunés, souvent même les plus maussades, sortent de leur retraite. Ce sont ceux qui appartiennent aux auteurs en vogue. Quand il a eu son grand succès, qu'il a puissamment contribué à remplir la caisse du directeur, un auteur a le droit, et il en use, d'attendre de ce dernier quelque complaisance. Il va donc chercher dans le fond d'un carton un ours depuis longtemps engourdi; il lui fait sa .toilette, le rajeunit un peu, et vient dire à son bon directeur : Il faudrait me jouer cela. Le directeur fait une petite moue et quelques objections, mais on lui ferme la bouche en lui promettant un nouveau chef-d'œuvre, et finalement l'*ours* passe. Mais il faut avoir eu ce premier succès, et voilà le difficile. Aussi, le sort commun des *ours* est-il de rester dans une éternelle obscurité. Il est grand, le nombre des auteurs en route comparé à celui des auteurs arrivés. Or, il n'est donné qu'à ces derniers de pouvoir pratiquer avec fruit *la passe des ours*.

ours ! Mon ours danse la gavotte, *prenez mon ours !* Il pince de la guitare, *prenez mon ours ! »*

Ces trois mots obtinrent une telle vogue au théâtre, que les directeurs à l'aspect d'un auteur qui tenait un manuscrit, lui disait de loin :

— Vous voulez m'amuser, vous m'apportez votre ours.

— C'est une pièce charmante, faite pour votre théâtre, répondait l'auteur.

— C'est bien ce je pensais, *prenez mon ours !*

Depuis ce temps, l'*ours* est un vaudeville ou un mélodrame qui a vieilli dans les cartons d'un auteur et qu'on cherche à caser quelque part. Il y a plusieurs espèces d'ours; les *ours* mâles, les *ours* mal léchés, les *ours* à la barbe grise, et la plus dangereuse espèce les *ours* qui mordent, ou, pour être plus exact, les *ours* auxquels on ne mord pas »

Peut-être bien aussi que la pièce informe qu'on a refusée n'a été appelée *ours* que parce qu'elle était *mal léchée*. Lécher son ours, autrefois, c'était parfaire son œuvre. « Joubert, qui a eu de la réputation, et qui, en effet, plaidoit bien pour le fond quand on lui avoit donné tout le temps qu'il lui falloit pour lécher son ours, disoit de grandes sottises quand il se mettoit sur le bien dire. » (TALLEMANT DES RÉAUX.)

Notons, avant de quitter les ours, qu'il y en a un aussi dans le monde des imprimeurs : « Ce Léchard était un ancien compagnon pressier que, dans leur argot typographique, les ouvriers chargés d'assembler les lettres appellent un *ours*. Le mouvement de va-et-vient qui ressemble assez à celui d'un ours en cage, par lequel les pressiers se portent de l'encrier à la presse, leur a sans doute valu ce sobriquet. » (Balzac.)

Quant à la *rue aux Ours*, elle date du xiiie siècle, et à cette époque elle s'appelait *rue aux Oues*. Les *oues* dans le vieux langage étaient des *oies*. L'*oie*, au moyen âge, occupait un rang très-distingué parmi les friandises, et c'est ce qui fit donner le nom de *rue aux Oues* à la rue où se trouvaient réunis presque tous les rôtisseurs d'oies. Si le mot *oues* était resté français, nous n'aurions jamais eu de *rue aux Ours*.

NŒUD GORDIEN.

Gordius (c'est de ce nom que vient le mot *gordien*) était un laboureur de la Phrygie qui n'avait pour toute richesse que son chariot et ses bœufs. Quand les Phrygiens voulurent se donner un roi, ils consultèrent l'oracle, et l'oracle leur répondit de prendre le premier homme qu'ils verraient monté sur un char. Cet homme fut *Gordius*. Il donna son nom à la ville de *Gordium,* capitale de la Phrygie. Le char de *Gordius,* que Midas, son fils, consacra à Jupiter, est resté célèbre par le *nœud* qui attachait le joug au timon, et qui était si habilement enlacé qu'on ne pouvait en apercevoir les bouts. — Quand Alexandre, vainqueur de la Phrygie, se fut rendu maître de Gordium, il apprit qu'une ancienne tradition promettait l'empire de l'univers à celui qui dénouerait ce nœud.

Aristobule prétend qu'il le délia avec la plus grande facilité après avoir ôté la cheville qui tenait le joug attaché
au timon : mais on croit plus généralement qu'il coupa
ce *nœud* d'un coup d'épée.

Le *nœud gordien* est resté dans le langage pour caractériser une difficulté qu'on ne peut résoudre, un obstacle
qu'on ne peut vaincre. Se tirer d'embarras par un moyen
expéditif et vigoureux, c'est *trancher le nœud gordien*.

> Ah ! c'est un grand malheur, quand on a le cœur tendre,
> Que ce lien de fer que la nature a mis
> Entre l'âme et le corps, ces frères ennemis !
> Ce qui m'étonne, moi, c'est que Dieu l'ait permis.
> Voilà le nœud gordien qu'il fallait qu'Alexandre
> Rompît de son épée et réduisît en cendre.
>
> ALFRED DE MUSSET.

VENTRE-SAINT-GRIS.

« Ce jurement est devenu célèbre, comme il est dit dans
Trévoux, depuis que Henri IV, roi de France, a bien
voulu l'honorer de sa protection. » — On s'est demandé
à qui Henri IV en avait lorsqu'il proférait ce juron familier, et Le Duchat a répondu que le blasphème tombait
sur saint François d'Assise, en tant qu'il était *ceint* d'une
corde et vêtu de *gris*. Selon lui, ceux qui prétendent
le contraire se trompent, et pensant avoir victorieusement
démontré cette erreur, il conclut en ces termes : « *Saint
Gris* est donc saint François, patriarche des *moines gris,*
et Henri IV, qui étoit et qui fut longtemps huguenot, juroit
par le ventre de ce saint, comme d'autres par le ventre
de saint Quenet. » — Polichinelle disait la vérité en riant ;
Le Duchat, lui, disait très-bien des plaisanteries sérieusement, et comme la science des étymologies prête à

rire, il a quelquefois abusé de cette heureuse disposition pour expliquer l'inexplicable aux curieux qui veulent absolument que toute chose ait une explication.

Saint Gris est un saint de fantaisie inventé pour donner un patron aux ivrognes, comme saint Lâche un patron aux paresseux, et sainte Nitouche une patronne aux hypocrites. Henri IV jurait donc, même enfant, par le ventre de saint Gris comme il eût juré par la panse de Bacchus, et ce juron sans conséquence pouvait fort bien n'être pas un vieux reste de huguenoterie.

Saint Gris, au surplus, n'avait pas besoin d'être le patron des buveurs pour qu'il fût naturel de jurer par son ventre. Autrefois on jurait par toutes les parties du corps des saints et même de Dieu. C'est de l'habitude de dire *tête Dieu, corps Dieu, ventre Dieu,* que sont venues les expressions mitigées *tudieu! corbleu! ventrebleu!* — Il en est de même des mots *sandis* et *cadedis* (sang de dis, cap de dis), usités encore en Gascogne, qui se disaient pour sang de Dieu et tête de Dieu.

Un autre juron dont on attribue aussi la fortune à Henri IV est *jarnicoton.* — Il paraît que le roi ne prenait pas lui-même au sérieux le fameux *Ventre-saint-gris,* et que dans les circonstances graves il disait *je renie Dieu!* jurement assez usité de son temps. On prétend que le père Coton, son confesseur, voulant le défaire de cette habitude peu orthodoxe, lui aurait dit un jour : « Sire, s'il faut absolument renier quelqu'un, reniez-moi plutôt.» Le roi aurait accepté ce moyen terme de jurer sans blasphémer, et comme alors *je renie Dieu* était déjà passé à l'état de *jarnidieu,* — *je renie coton* ne tarda pas à être prononcé *jarnicoton.*

Le juron *je renie Dieu* se retrouve encore dans le langage des paysans sous l'expression *jarnigoy,* et, par abréviation, *jarni* : « *Ah! jarni, je voudrais être bien loin.* » — Le mot *goi*, qui vient de l'allemand *got* (Dieu), entrait en composition dans quelques autres jurements qui ne sont plus d'usage aujourd'hui. « Il n'est pas, dit Pasquier, que les pitaux de village, pour couvrir leurs blasphèmes, n'ayent autrefois composé des vocables où ce mot *got* est tourné en *goy* : car quand ils dirent *vertu-goy, sangoy, morgoy*, ils voulurent, sous mots couverts, dire autant que ceux qui disent *vertudieu, sangdieu, mortdieu.* »

Mortgoy est devenu *morgué* : « *Morgué! vous v'là ben arrivé. Jarnigoi, qu'vous avez le nez fin.* » (Proverbes dramatiques de Carmontel.) — *Mort Dieu* s'est transformé en *mort bieu* d'abord,

> Ci-gît, oui gît par la morbieu
> Le cardinal de Richelieu;
> Et ce qui cause mon ennui,
> Ma pension gît avec lui.
>
> BENSERADE.

et puis en *morbleu.* Un intendant de Tours avait mis sur son agenda : « *Je ne veux plus jurer par la mordieu; cette expression n'est pas convenable pour un magistrat et un intendant; il vaut mieux dire morbleu!* » — C'est ainsi que *parbleu!* s'est substitué à *pardieu!*

> Tu peux me faire perdre, ò fortune ennemie!
> Mais me faire payer, parbleu! je t'en défie.
>
> REGNARD.

— *Pardi* et les exclamations plus vulgaires *pardié, pardine, pardienne*, sont autant de mots qui tournent autour de *pardieu*, et qui n'ont pas le courage de leur intention.

On peut noter encore, comme juron adouci, le mot

diantre qui, suivant Ménage, a été imaginé pour éviter de se servir du mot *diable*. Dans *le Bourgeois gentilhomme*, Molière fait dire à Covielle en parlant des femmes : « *Qu'on est aisément amadoué par ces diantres d'animaux-là.* » Rabelais avait dit longtemps auparavant : « *Qui rien ne preste est créature laide et mauluaise, créature du grand villain diantre d'enfer.* »

Enfin, l'espèce d'interjection *Dame!* si fréquemment employée dans le langage familier, est un reste du jurement par lequel nos pères invoquaient ou prenaient à témoin la Vierge sous le nom de *Sainte-Dame* ou de *Notre-Dame :* « *Notre-Dame, fis-je, allons à cette heure étudier des phrases d'Amadis et des registres de Boccace et de l'Arétin.* » (Montaigne.)

Nous ne terminerons pas sans rappeler, puisque nous sommes en train de jurer, l'*épipheton des quatre rois.*

Quand la Pasque Dieu décéda	(Louis XI.)
Le bon iour Dieu lui succéda.	(Charles VIII.)
Au bon iour Dieu deffunct et mort	
Succéda le dyable m'emport.	(Louis XII.)
Luy décédé, nous voyons comme	
Nous duist la foi de gentilhomme.	(François Ier.)

Roger de Collerye.

AMER COMME CHICOTIN.

On dit aussi *amer comme de l'aloès.* — Il y a plusieurs espèces d'aloès, mais il n'y en a qu'une qui soit généralement connue, c'est l'aloès *succotrin* ou *socotrin ;* c'est le plus pur, le plus estimé, le seul qui doive être employé en médecine. C'est celui, par conséquent, dont nous sommes tous exposés à goûter. Son nom lui vient de l'île de *Sucotora,* où l'on en recueille beaucoup ; mais le peuple, qui connaît peu la géographie des grandes Indes et qui se soucie médiocrement d'ailleurs des origines, a trouvé barbare le nom de *succotrin* et y a substitué *chicotin*.

BONNET VERT.

Le *bonnet vert* était la marque des personnes qui avaient fait cession, c'est-à-dire qui avaient, pour recouvrer leur liberté, abandonné leurs biens à leurs créanciers, lorsqu'elles étaient hors d'état de payer leurs dettes [1]. Cette peine est abolie depuis longtemps, mais le mot est resté, et il s'applique quelquefois, comme terme infamant, à ceux qui se sont enrichis par la banqueroute:

> Ce n'est pas tout; son front, d'un honteux bonnet vert,
> Au mépris de nos lois, s'étant trois fois couvert,
> De l'aveugle Fortune il dirige la roue,
> Relève un nom flétri qui traînait dans la boue;
> A défaut de l'estime, usurpe la faveur,
> Et d'une éponge d'or lave son déshonneur.
>
> COLNET.

Si, comme on l'a dit, ce *bonnet* était *vert* parce que cette couleur est le symbole de la liberté, il est assez sin-

---

1. « Autrefois ceux qui avoient fait cession de leurs biens étoient obligés de porter un *bonnet verd*, pour être connus de tout le monde, afin qu'on ne pût être trompé dans le commerce que l'on avoit avec eux. Il y a un arrêt du parlement de Rouen, du 15 mars 1584, et un du parlement de Paris, du 26 juin 1682, par lesquels il est jugé que ceux qui seroient reçus au bénéfice de cession, après avoir justifié la perte de leurs biens sans fraude, seroient tenus de porter le *bonnet verd*, et que s'ils étoient trouvés ne l'ayant pas, ils seroient déboutés du bénéfice de la cession, permis à leurs créanciers de les emprisonner, en leur fournissant un *bonnet* par an à leurs dépens. Par arrêt du 10e mai 1622, un gentilhomme qui a fait cession de biens doit porter le *bonnet verd*. Par uu arrêt du 1er décembre 1628, un cessionnaire de biens fut condamné à porter le *bonnet v rd* continuellement, sans distinction de jours de fête; mais aujourd'hui cela n'est pas exécuté. » (BRUNEAU, avocat, *Traité des Criées*.)

gulier que, dans nos bagnes, on ait choisi ce même *bonnet vert* pour distinguer ceux des forçats qui sont condamnés à perpétuité.

Il n'est pas sans à propos de rappeler ici l'origine du mot *banqueroute*. Il vient de l'italien *bancorotto, bancarotta,* par allusion à l'usage suivi autrefois en Italie. « Chaque négociant, dit Voltaire, avait son banc dans la place du Change ; et, quand il avait mal fait ses affaires, qu'il se déclarait *fallito* (en faillite), son banc était cassé, *banco rotto, banca rotta.* » Voltaire ajoute que, dans certaines villes, ce négociant pouvait garder son bien, pourvu qu'il s'assît le derrière nu sur une pierre en présence de tous les marchands ; mais il ne paraît pas que cette humiliante cérémonie ait dispensé toujours de la cession des biens. Sainte-Foix prétend qu'à Padoue, par exemple, où l'on voit encore dans la maison de ville la pierre du blâme, ceux qui cédaient leurs biens étaient tenus de se frapper trois fois le derrière nu sur cette pierre en disant à haute voix : *je cède mes biens.*

MALIN COMME UN BOSSU. — RIRE COMME UN BOSSU.

Les bossus ont la réputation d'être gais et spirituels, et ils la justifient si bien, d'ordinaire, qu'un bossu maussade et stupide est devenu dans le monde un être impossible ; en fait d'esprit, la bosse oblige. Qu'un homme bien fait soit bête ou ennuyeux, rien de plus simple ; un bossu n'en a pas le droit. Les types les plus populaires de la gaîté française ont des bosses : Polichinelle et Mayeux. Dans le temps où nos rois avaient des fous, ces fous étaient bossus. — Mais pourquoi les bossus ont-ils le privilége de l'esprit ? A ceux qui prétendent que l'esprit est une compensation établie par la Providence, un dédommagement de la bosse, nous répondrons que les boiteux, les aveugles et bien d'autres infirmes-nés auxquels on n'accorde aucune faculté supérieure avaient eux aussi des droits bien légitimes à une indemnité. Il nous semble plus simple de rattacher la question des bossus à celle de tous les êtres faibles et délicats qui, en général, sont mieux doués, sous le rapport de l'intelligence, que les êtres fortement constitués. C'est souvent aux dépens de la tête que le corps se développe. Les Latins disaient : *in parvo corpore anima magna,* et le peuple français dit encore, pour exprimer la même idée, *dans les petits pots les bons onguents.* Là est notre point de départ : les hommes petits ont plus d'esprit que les grands, les maigres que les gras, les faibles que les forts, et par conséquent les bossus, qui sont petits, minces et d'une constitution délicate, ont plus d'esprit que les hommes vigoureux et d'une santé florissante. — Notre intention n'étant pas de faire le procès à la force ni à la beauté, nous nous empressons d'ajouter que cette règle comporte, nous le savons, beaucoup d'exceptions. Il est bon nombre de corps épais qui renferment des esprits subtils, il y a aussi bien des bosses qui ne tiennent pas leurs promesses.

A côté des considérations puisées dans l'ordre naturel des choses, il est juste de placer, pour expliquer le genre de gaité des bossus, la condition faite à la bosse dans notre société. On plaint les aveugles, les boiteux, les sourds, — on rit des bossus. Menacés du ridicule, ces pauvres disgraciés ont senti de bonne heure le besoin de racheter aux yeux du monde les torts de la nature. Ne pouvant pas redresser leur corps, ils ont aiguisé leur esprit. Et puis, ils étaient attaqués, ils devaient se défendre, et dans cet exercice, ils ont gagné des forces. De là, ce sourire malicieux, ce ton sarcastique, qui les caractérisent : « Sans cesse en butte aux attaques du ridicule, ils ramassent l'arme qu'on leur lance et la renvoient aiguisée par une malice vengeresse. C'est dans ce triste exercice que leur œil se forme à saisir du premier coup le côté vulnérable de leur adversaire et à y décocher d'une main prompte et sûre un trait qui frappe juste et fort. C'est, en particulier, dans ce triste exercice que les bossus du bas peuple, ceux que rien ne protége et que rien ne contraint, contractent cet air d'ignoble malice, ce cynique sourire, ce regard disgracieux et jaloux, cet esprit caustique enfin, que le proverbe signale, sans ajouter ni faire entendre qu'il n'est que l'arme d'une légitime défense opposée à une agression basse et méchante. » (Topffer. — *Nouvelles genevoises.*)

En s'habituant à rire de ceux qui voulaient rire de lui, le bossu est devenu moqueur, méchant quelquefois, et il a appris, à la rude école de l'expérience, l'art de s'égayer aux dépens d'autrui. Aussi le proverbe *rire comme un bossu* ne devrait-il pas être entendu dans le sens de *rire à gorge déployée, à se désopiler la rate ;* il signifie plutôt s'amuser malicieusement.

Le meilleur, selon nous, est de *rire comme des fous* et le plus souvent possible. Nous avons tous regretté un peu avec Rousseau l'âge où le rire est toujours sur les lèvres ; tâchons d'y revenir quelquefois. « La plus perdue de toutes les journées, disait Chamfort, est celle où l'on n'a pas ri. » Il ne faut pas rire toujours, car la vie nous impose de grands devoirs et de graves pensées, mais il faut rire de bon cœur à l'occasion. La franche gaîté est un bon signe : elle révèle à elle seule plus de sentiments bons et honnêtes que bien des masques sévères. Ceux-là ne sont pas les moins sages qui savent être fous à propos.

AVOIR DES RATS DANS LA TÊTE.

Les bons pères de Trévoux nous assurent que quand un homme est léger, vif, étourdi, qu'il n'a pas grand sens, ni conduite, on dit qu'il a des rats dans la tête. Cette expression est plus restreinte aujourd'hui : ont *des rats,* d'après l'Académie, ceux qui ont des caprices, des bizarreries, des fantaisies. *C'est un homme qui a des rats ; il lui passe tous les jours des rats dans la tête.*

Bien que les rats soient dans la tête, Le Duchat pense que cette façon de parler est une allusion à la *rate,* « d'où, dit-il, la plupart des bizarreries procèdent. » — D'autres, qui ne voient là tout simplement qu'une image, se représentent très-bien que des rats en trottinant dans le cerveau y dérangent quelque peu la marche régulière des idées, et occasionnent des inégalités, des fantaisies singulières et inattendues.

La raison scientifique des *rats* a été donnée par l'abbé Desfontaines, et, selon nous, cette raison est la bonne. « Je crois, dit-il, que cette façon de parler vient de *ratum,* qui signifie une pensée, une résolution, un dessein. On dit tous les jours : *cet homme a des idées,* pour dire qu'il a des folies dans la tête. Or, comme *rat* (vieux mot français formé du latin *ratum*) a la même prononciation que *rat* (*mus*), on aura entendu l'expression au sens figuré. » — Il existe à ce sujet un calembourg-proverbe qu'il faut enregistrer sans le recommander : *Les femmes ont des souris à la bouche et des rats dans la tête.*

POULET.

« Quelqu'un lui avait écrit (à madame de Sévigné) un billet et l'avait priée de ne le montrer à personne ; elle

laissa passer quelques jours, puis le montra et dit : Si je
l'eusse couvé plus longtemps, il fût devenu *poulet* »
(Tallemant des Réaux) [1]. — Pourquoi ces billets, parfu-
més ou non, mais toujours galants et toujours tendres,
et quelquefois même spirituels, ont-ils reçu le nom de
poulets?

A cette question posée depuis deux siècles il a été di-
versement répondu.

Saumaise, et après lui Ménage et Dacier, ont résolu
hardiment la difficulté avec le latin *polypticum,* mot qui
signifiait, chez les anciens, une tablette de plusieurs feuil-
lets. Mais des gens pointilleux ont trouvé qu'il n'y avait
guère plus de rapports entre les deux mots qu'entre les
deux choses, et ils ont demandé à Furetière une explication plus vraisemblable, dût-elle être moins savante. Furetière a répondu que les billets doux avaient été nommés
poulets, parce qu'on y faisait, en les pliant, deux ailes
semblables à celles des poulets. Mais les pigeons, les tour-
terelles et les colombes, qui semblent si bien faits pour
intervenir dans les affaires amoureuses, n'ont pas compris
pourquoi, dans cette hypothèse, on avait choisi pour objet de comparaison le très-peu poétique poulet, et le dernier mot n'a pas été dit.

La Monnoye est venu alors, et pour établir sur des

---

1. Pour savoir de quelle façon on badinait autrefois sur le double sens
du mot *poulet*, il faut lire dans le *Chef-d'œuvre d'un inconnu*, com-
menté par le docteur Chrysostome Matanasius, le billet de Lysis à la belle
Charite : « Depuis que l'amour, qui est un des plus légers oiseaux du
monde, est venu faire son nid dedans mon sein, il s'est trouvé si gros
de germe, qu'il a fallu que je l'y aye laissé pondre. Il lui est sorti un
œuf du ventre, qu'il a couvé longtemps, et à la fin il en a fait éclore un
petit poulet que je vous envoye. Il ne vous coûtera guère à élever : il
ne faut rien pour le nourrir que des caresses et des baisers. Il est si
bien instruit qu'il parle mieux que ne saurait faire un perroquet, et vous
apprendrez de lui aussi bien que moi-même les peines que je souffre
pour vous. »

bases plus solides les titres des poulets, il a dit que certains marchands, sous prétexte de porter des poulets à vendre dans les maisons, remettaient des billets doux aux femmes pour les suborner. Ces hommes étaient appelés des *porte-billets*. « Ceux qui se mêlaient autrefois de ce métier, dit le géographe Duval dans son *Voyage d'Italie*, portaient des poulets sous prétexte de les vendre, et mettaient un billet sous l'aile du plus gros [1], qui était un avertissement à la dame avec qui on était d'intelligence. Le premier qui fut découvert fut puni de l'estrapade avec deux poulets attachés aux pieds qui ne faisaient cependant que voltiger. »

M. Génin fait bien venir aussi le *poulet* et le *porte-poulet* de l'Italie, mais il pense que ces expressions doivent être entendues dans le sens propre et positif : selon lui, *porta-polli, un porta-pollastri,* c'est porter une volaille, celui qui porte une volaille. Il fonde cette opinion sur l'explication des auteurs du vocabulaire napolitain qui disent que l'expression *un porta-pollastri* est née au village, où l'amour se fait avec les ressources des amoureux. « Un galant essaye de gagner le cœur de sa belle par l'envoi de quelque paire de pigeons ou de poulets gras. D'où est venu que ceux qui se chargeaient de ces messages ont été appelés *porta-pollastri*. »

Malgré tout le respect que nous avons pour la science de M. Génin, nous avouerons que son explication ne nous satisfait pas. Si les poulets étaient employés au village comme moyen de séduction, c'était à titre de cadeaux, de générosités; ces idées ne se rattachent nullement aux billets amoureux, qui sont des déclarations et des

---

1. C'est en souvenir sans doute du rôle principal que jouaient les gros poulets que les lettres galantes étaient appelées aussi *chapons*.

rendez-vous, et les rapports sont trop éloignés pour que nous puissions trouver naturel que les volailles elles-mêmes aient conduit aux lettres d'amour, et qu'on ait appelé *porte-poulets* les porteurs de billets doux. — Nous nous réfugierons donc, de préférence, sous l'aile du poulet de La Monnoye, ou plutôt nous accepterons l'explication donnée par M. Quitard, dans ses remarquables *Études sur le langage proverbial :* « Je crois, dit-il, que le billet doux a été nommé *poulet* parce que le cachet qu'on y apposait ordinairement représentait un poulet ou coq, en raison de certaines qualités que possède éminemment ce sultan de basse-cour, et cette opinion me paraît confirmée par un grand nombre de bagues sigillaires où sont enchâssées des pierres gravées sur lesquelles le coq figure. »

METTRE AU RANCART.

On a ri, et ce n'est pas tout à fait sans raison, de la singulière étymologie que Saumaise avait donnée du mot *poltron.* Sous le règne des empereurs Valens et Valentinien, avait-il dit, certains hommes, pour échapper au service militaire, se coupaient le pouce de la main droite. Les empereurs firent une loi pour condamner aux flammes ceux qui auraient recours à cet expédient, et ces lâches furent désignés sous le nom de *poltron,* mot formé des premières syllabes des deux mots *pollex truncatus,* pouce coupé : *pol* (lex) *tron* (catus).

Mais il est reçu, en philologie, que les origines les plus tourmentées ne sont pas toujours les moins ingénieuses, et cela nous encourage à faire un audacieux abus du système de Saumaise pour expliquer à notre façon l'expression *rancart.* — Mettre un objet au rancart, ce n'est ni le repousser, ce qui dit trop, ni le reléguer, ce qui n'est peut-être pas assez; c'est prendre le milieu entre ces deux partis : c'est l'écarter, c'est cesser d'en profiter ou d'en jouir, c'est enfin le *mettre au rang des choses qui sont à l'écart*. Maintenant que notre audace est manifeste, allons jusqu'au bout : osons dire que si dans cette dernière phrase on effectue un rapprochement entre le mot *rang* et le mot *écart*, on formera le mot que nous cherchons. Il est vrai que la dernière lettre du premier mot et la première du second auront disparu; mais, on ne l'ignore pas, le temps use bien des aspérités, et d'ailleurs ne faut-il pas toujours rogner quelque chose aux parties qu'on rapproche quand on veut faire une soudure?

Le problème est-il résolu? Nous ne le croyons pas. L'essentiel est qu'il soit posé. En allant plus loin que Saumaise, nous donnons volontairement à tous ceux qui nous liront le droit de rire et de protester. Nous serons heureux si ces protestations nous apportent la lumière, car, nous pouvons l'avouer maintenant que le plus fort est fait, nous n'avions en vue dans tout ceci que d'aller aux informations. — L'orphelin auquel nous nous intéressons a eu quelque part une famille, il a peut-être même encore des alliés à un degré quelconque. La place qu'il occupe dans le monde des causeurs est trop importante pour qu'il ne descende pas par un côté ou par un autre de quelque branche connue, de quelque racine encore vivante, et nous venons faire appel aux souvenirs de ceux qui auraient recueilli des indices sur sa filiation. Qui sait? on nous renverra peut-être tout simplement au verbe *ranger* dont *rancart* aurait été le substantif, en nous disant que mettre les choses au *rancart*, c'était les *ranger*. Quoi qu'il en soit, il n'est pas possible que les deux tronçons qui forment ici le mot *rancart* ne fassent pas bondir sur leur chaise d'ivoire les philologues indignés. On parlera, nous l'espérons, et la lumière se fera. Nous n'aurons alors d'autre reproche à faire au savant qui nous dira la vérité, que d'avoir mis trop longtemps son étymologie au *rancart*.

LA SAMARITAINE.

Le Pont-Neuf a subi des transformations telles, depuis le jour où Henri III en posa la première pierre, qu'il n'est peut-être pas inutile de rappeler ce qu'était cette Sama ritaine, dont l'histoire est liée si intimement à celle du Pont-Neuf, et dont le nom figure aujourd'hui, à titre de souvenir, sur un des établissements de bains de la Seine.

La *Samaritaine* était une machine hydraulique, placée à la seconde arche du pont, du côté du quai de l'École, et destinée à fournir de l'eau aux palais du Louvre et des Tuileries. Sur la façade de cette pompe, on voyait un groupe de figures en bronze doré représentant le Christ assis au bord d'une fontaine, et demandant à boire à la Samaritaine. C'est de là qu'est venu le nom. Construite en 1607 par le Flamand Jean Lintlaer, la Samaritaine fut réparée en 1712. Les travaux de réparation qui durèrent trois années donnèrent lieu à des couplets dont voici un échantillon :

> Arrêtez-vous ici, passants,
> Regardez attentivement,
> Vous verrez la Samaritaine
> Assise au bord d'une fontaine :
> Vous n'en savez pas la raison?
> C'est pour laver son cotillon.

La Samaritaine fut entièrement reconstruite en 1772, et, en 1843, elle se sépara pour toujours de son vieil ami le Pont-Neuf.

Si l'on en juge par l'impression que la Samaritaine faisait, à la fin du XVIIIe siècle, sur l'auteur du *Tableau de Paris*, il était temps que cette construction disparût : « Petit, vilain bâtiment carré, adossé au Pont-Neuf, dressé sur pilotis, et qui rompt de toutes parts un superbe coup d'œil. Cette masure est un *gouvernement*.

« Le fameux *gouverneur* de ce *gouvernement* a, dans toutes ses immenses parties, la fonction de faire entretenir l'horloge, et l'horloge ne va point. Ce cadran, vu et interrogé par tant de passants, est des mois entiers sans marquer les heures. Le carillon est aussi défectueux que l'horloge : il déraisonne publiquement; mais du moins on a le droit de s'en moquer.

« Il sonne dans toutes les cérémonies publiques, surtout quand le roi passe. Le roi peut entendre le morceau de musique qui réjouissait son trisaïeul; et si la figure de Henri IV, qui est tout à côté, avait des oreilles, elle pourrait achever l'air.

« Vu la réputation dont la *Samaritaine* jouit dans toute l'Europe, on devrait bien moins négliger son carillon et son horloge; mais c'est un *gouvernement ;* c'est tout dire : les clochettes n'y seront jamais d'accord.

« Quand fera-t-on disparaître ce monument sans goût, qui s'offre à l'œil, avec le quai du Louvre et le quai des Théatins, qui gâte l'ensemble des deux rives, et qui ne sert qu'à élever l'eau pour quelques bassins qui n'en sont pas moins à sec les trois quarts de l'année ? »

Dans le temps où le Pont-Neuf était le rendez-vous des saltimbanques, des charlatans et de tout un monde d'artisans nomades qui s'y agitaient constamment[1], on disait proverbialement, en parlant d'un filou : *C'est un frère de la Samaritaine.*

MOUCHARD.

On lit dans l'histoire du parlement de Paris, au chapitre consacré au supplice d'Anne Dubourg : « Le cardinal de Lorraine, qui avait la première place dans le conseil, voulut, pour se rendre encore plus nécessaire, établir en France l'inquisition, et il y parvint même enfin à quelques égards. — On n'institua pas, à la vérité, en France, ce tribunal, qui offense à la fois la loi naturelle, toutes celles de l'État, la liberté des hommes et la religion qu'il déshonore en la soutenant; mais on donna le titre d'inquisiteur à quelques ecclésiastiques qu'on admit pour juges dans les procès extraordinaires qu'on faisait à ceux de la religion prétendue réformée; tel fut ce fameux Mouchi qu'on appelait Démocharès, recteur de l'Université. C'était proprement un délateur et un espion du cardinal de Lorraine; c'est pour lui qu'on inventa le

---

1.   Rendez-vous des charlatans,
           Des filous, des passe-volants;
           Pont-Neuf, ordinaire théâtre
           Des vendeurs d'onguent et d'emplâtre,
           Séjour des arracheurs de dents,
           Des fripiers, libraires, pédants;
           Des chanteurs de chansons nouvelles,
           D'entremetteurs de demoiselles,
           De coupe-bourse, d'argotiers,
           De maîtres de sales métiers,
           D'opérateurs et de chimiques,
           Et de médecins purgitiques,
           De fins joueurs de gobelets,
           De ceux qui rendent des poulets.

BERTRAND.

sobriquet de mouchard, pour désigner les espions; son nom seul est devenu une injure. »

Mézeray avait exprimé cette opinion avant Voltaire, et beaucoup l'ont répétée depuis. Tous les récits historiques, toutes les biographies où il est question d'Antoine de Mouchy, ne manquent pas d'ajouter que c'est de son nom qu'on appela *mouches* et *mouchards* ceux qu'il employait à rechercher les protestants, et que, depuis, ce nom est resté aux espions de la police.

Mais on n'avait pas attendu les exploits de l'inquisiteur Démocharès pour désigner ainsi les espions. Ils avaient été comparés aux mouches qui s'introduisent partout sans qu'on les aperçoive, qui partout cherchent pâture, et le verbe *moucher* s'est longtemps employé pour épier. Dans un drame du commencement du XVe siècle, une suivante dit à des sergents :

> Vous estes bien à de loisir
> D'aller à ceste heure *moucher*,
> Il est temps de s'aller coucher.

La comparaison, au reste, date de loin, car le mot *musca* avait la même acception figurée chez les Latins. Ainsi que l'a remarqué **M. Ch. Nodier**, on en trouve plus d'un exemple dans Plaute et Pétrone.

POINT D'ARGENT, POINT DE SUISSE.

Ce proverbe, usité depuis longtemps parmi nous pour exprimer qu'on n'a rien sans argent, rappelle le temps où la Suisse, qui n'entretenait pas de troupes soldées sur le pied de paix, permettait à ses jeunes soldats de se mettre au service des puissances étrangères. On sait le rôle important que les Suisses ont joué au XVe et au XVIe siècle, et il est à peu près certain que le proverbe date des guerres du Milanais. C'est là en effet que la France éprouva durement les conséquences de ce mot tant répété par les dix mille Suisses auxquels Lautrec avait promis des ducats, et qui, lassés d'attendre, finirent par abandonner la partie. Si les quatre cent mille ducats de François Ier étaient arrivés en Italie, les Suisses, découragés, ne seraient pas retournés chez eux au moment décisif, et le duché de Milan n'aurait pas été perdu. — Un jour que Pierre Stupa,. colonel du régiment des gardes suisses,. était présent, Louvois dit à Louis XIV, qu'avec l'or et l'argent que les Suisses avaient reçus des rois de France, on pourrait paver une chaussée de Paris à Bâle. « Cela peut être vrai, sire, répliqua le colonel; mais si l'on pouvait rassembler tout le sang que ceux de ma nation ont versé pour le service de Votre Majesté et de ses prédécesseurs, on pourrait en faire un canal pour aller de Bâle à Paris. »

Pendant trois siècles, les rois de France (de Charles VIII à Louis XVI) eurent auprès d'eux une compagnie de Suisses, qu'on appelait les *cent-Suisses* de la garde du corps. Dans ces cent hommes étaient compris le fifre et les trois tambours, ce qui faisait dire que les *quatre-vingt-seize cent-Suisses* étaient divisés en six escouades de seize hommes chacune. — Les dimanches et fêtes, et les jours que le roi communiait, les *cent-Suisses* portaient le costume suivant : toque de velours noir avec une plume blanche d'où s'élevait une cocarde à quatre brins de même couleur, fraise à dentelles, habits tailladés en taffetas incarnat, blanc et bleu ; épée dont la garde, très-grosse et dorée, était attachée à un porte-épée à l'antique bordé de franges ; jarretières bleues et rouges, rosettes de pareilles couleurs sur les souliers, et casaque appelée brandebourg, garnie de boutons à queues rouges et blancs ; le tout de

la livrée du roi. Ils tenaient d'une main une hallebarde
et de l'autre une grosse canne à pomme d'argent. — Le
royaume de Naples et le saint-siége ont encore à leur
solde des troupes suisses; et les cérémonies de Saint-
Pierre et du Vatican, à Rome, sont accompagnées d'une
garde d'élite de deux cents Suisses (des cantons catho-
liques), qui portent aussi la hallebarde et un costume
dans le genre de celui dont nous venons de donner le
détail [1].

Aux *cent-Suisses* il faut ajouter, comme troupes régu-
lièrement organisées en France, les *gardes suisses,* corps
de Suisses composé par Louis XIII et licencié en 1792; et
les *compagnies suisses,* dont Louis XVIII forma six ré-
giments, et qui se retirèrent après les barricades de la
révolution de juillet.

On le voit, les Suisses ont longtemps servi la France,
et presque toujours ils ont été près du trône. Quand ces
fidèles serviteurs devenaient vieux et qu'ils avaient besoin
de repos, on leur donnait une place de gardien dans un
des châteaux royaux. En terminant ainsi leur carrière,
ils ne devenaient ni gardiens, ni huissiers, ni portiers,
ils restaient ce qu'ils avaient toujours été, des *Suisses.*
Ce nom s'est transmis d'âge en âge à tous ceux qui ont
occupé les mêmes postes ou remplis les mêmes fonctions,
et comme les grands seigneurs ne voulurent pas rougir
de leurs portiers, tous les portiers des châteaux et des

---

1. « Les Suisses font la haie; leur uniforme est resté le même depuis
quatre siècles. Rien au monde ne produit un effet plus grotesque. Leur
haut-de-chausses et leur justaucorps sont à larges raies verticales, jaunes
et bleues, mêlées de quantité de galons rouges; leur fraise blanche,
leur casque de cuir et de cuivre inondé de crins blancs; leur hallebarde
enfin, tout vous avertit que vous êtes au xve siècle, et que tout ce qui va
se passer vous fait reculer de trois cents ans au moins. » (*Des Beaux-
Arts en Italie au point de vue religieux,* par Ath. Coquerel fils.)

grands hôtels furent bientôt désignés sous le nom de *suisses*. Beaucoup de ces *Suisses*, il faut le dire, étaient réellement des *Suisses*. Ayant l'avantage, au centre de l'Europe, d'apprendre facilement plusieurs langues, ces montagnards, robustes et bien taillés, vinrent souvent en France, non plus pour s'enrôler, mais pour se placer chez les grands et les riches propriétaires.

C'est aussi en souvenir des anciens *cent-Suisses*, et surtout par imitation des *Suisses* qui figurent à Rome dans les cérémonies religieuses, que l'homme à la halle-barde qui fait la police et ouvre la marche dans nos églises, est appelé *suisse*.

C'est depuis que les Suisses ont ainsi donné leur nom aux fonctions qu'ils ont remplies, qu'on voit dans bon nombre de châteaux des suisses qui sont Français, Italiens ou Allemands. Le mot est si bien consacré aujourd'hui pour désigner un concierge de haut parage, qu'on dit le plus naturellement du monde : *Votre Suisse est Anglais*. Les pays qui nous ont fourni en grand nombre une même espèce d'individus ont chacun enrichi notre langue d'un mot de plus. La Suisse, la Bohême et la Savoie sont de ce nombre. Avant l'annexion, il y a beaucoup de gens qui auraient reculé d'effroi à la pensée d'être nés en Savoie, s'ils avaient su qu'on dût un jour les appeler *Savoyards*. C'est pour les Savoyards qui se respectaient qu'on avait inventé le mot *Savoisiens*.

VIEUX COMME HÉRODE.

Hérode est le nom d'une famille de rois qui régnèrent en Judée pendant plus d'un siècle. Le premier de ces rois est Hérode le Grand, né l'an 72 avant J.-C., à Ascalon, et surnommé à cause de cela l'*Ascalonite*. C'est lui qui,

après avoir fait périr sa femme et trois de ses fils, ordonna, lorsqu'il apprit la naissance du Christ, le carnage de tous les enfants de Bethléem qui avaient moins
de deux ans. — Viennent ensuite *Hérode-Antipas,* tétrarque, qui, à la demande d'Hérodiade, sa femme, fit périr
saint Jean-Baptiste ; — *Hérode-Philippe,* tétrarque de la
Batanée, de la Trachonite et de la Gaulonite ; puis enfin *Hérode-Agrippa I*, fils d'Aristobule, et *Hérode-Agrippa II*,
que Claude dépouilla du royaume de Judée.

Hérode. l'Ascalonite était souvent appelé, par rapport
à ses descendants, le *vieil Hérode ;* c'est de là qu'est venue l'expression proverbiale : *vieux comme Hérode,* expression qui se dit plutôt des choses que des personnes.

On dit aussi *vieux comme Mathusalem,* mais alors ce
n'est pas par les mêmes raisons, et c'est toujours en parlant des personnes, car on rappelle, par cette expression,
l'âge avancé dans lequel mourut ce patriarche. Né l'an 3317
avant J.-C., il devint père de Lameth à 187 ans et continua de vivre jusqu'en 2348, l'année même du déluge ; il
avait par conséquent 969 ans.

BLAGUE.

Les pélicans ont au gosier une énorme poche souple, et
susceptible de s'étendre comme un cuir, dans laquelle ils
engloutissent les produits de leur pêche. Ces poches, que
les marins ont appelées *blagues,* corruption du mot anglais
bag (poche), leur servent, lorsqu'elles sont convenablement préparées, à mettre du tabac à fumer. « Les dames
espagnoles, dit le père Labat, les bordent d'or et de soie
d'une manière très-fine et très-délicate. » Dans quelques
contrées de l'Amérique, on emploie même la peau de
cette poche à d'autres usages : les uns s'en font des sortes

de bonnets, les autres, la laissant adhérente à la partie
inférieure du bec, s'en servent pour jeter l'eau de leurs
pirogues.

C'est ce sac, cette poche, cette *blague* enfin qui a enrichi notre langue d'une expression figurée dont il serait
peut-être difficile de se passer aujourd'hui : « La contre-
façon que les industriels du temps passé faisaient des
blagues de pélican (poche ou jabot que cet oiseau porte
sous son bec), en employant de simples vessies de cochons, donna, dit-on, naissance à notre *blague* moderne. »
(Auguste Luchet.)

Et peut-être bien même qu'il n'est pas nécessaire de
faire intervenir les fraudes de l'industrie pour établir la
parenté de notre *blague* avec celle du pélican. La poche
des pélicans n'est pas précisément celle que les autres oiseaux ont sous la gorge et dans laquelle les aliments qu'ils
prennent sont reçus; mais on lui donne aussi le nom de
jabot, qui se dit généralement du gosier des oiseaux. Or,
puisqu'on a fait de ce dernier mot le verbe *jaboter,* qui
signifie jaser, babiller comme les volatiles qui ont rempli
leur jabot, on a bien pu, par analogie, former le verbe
blaguer de ce mot *blague* qui désigne le jabot du pélican.
M. Burnouf a dit : « *Le langage d'un blagueur est
plein de vent comme une vessie gonflée,* » et c'est là,
en effet, qu'est le point de départ; mais il y a longtemps
déjà que *blague* ne signifie plus simplement : propos vide
de sens ou mensonge. Ce mot a pris, en se répandant
dans notre société, mille nuances délicates qui échappent
à la définition, et l'importance du rôle qu'il joue depuis
plusieurs années lui permet de braver les mépris des
grammairiens [1].

1. On lit dans le *Dictionnaire* de M. Bescherelle : « Au propre et au
figuré, c'est un mot populaire et bas dont les personnes bien élevées

Des exemples seuls peuvent faire sentir les acceptions multiples de ce mot. *C'est une blague,* façon rapide de dire : *Vous avez pris cela sous votre bonnet. — Il a de la blague,* équivaut à l'expression surannée : *Il a du bagout,* c'est-à-dire de l'entrain, de la gaieté et une grande faconde ; — *pas de blague* a pour synonyme, *ne plaisantons pas ;* — et *nous blaguerons* signifie, nous causerons librement, nous dirons tout ce qui nous plaira. — Ce qui a fait surtout la fortune du mot *blague,* c'est son caractère inoffensif. Il en est de ce mot comme de la conclusion de Sganarelle dans *le Médecin malgré lui,* il permet de donner à la vérité une allure légère qui lui enlève tout ce qu'elle pourrait avoir d'offensant. Vous mentez, ce n'est pas vrai, et cela est faux, — voilà les trois formules avec lesquelles nos pères faisaient éclater des orages quand ils voulaient se donner le plaisir, un peu cher parfois, de répondre avec sincérité. Aujourd'hui, on dit : *quelle blague !* et personne ne se sent outragé. Grâce à cette légère exclamation, qui emporte nécessairement avec elle le ton de la plaisanterie, on peut rendre hommage à la vérité sans s'exposer à avoir pour adversaire du lendemain son interlocuteur de la veille.

AIDE-TOI, LE CIEL T'AIDERA.

Ce mot n'est pas dans la Bible, comme semblent le croire certaines personnes qui l'attribuent sans hésiter au

évitent de se servir. » — Et à l'article *Blagueur :* « Ce mot, du reste, dans toutes ses acceptions, est de trop basse lignée pour qu'on s'y arrête longtemps. »

Nous ajouterons, pour achever d'édifier nos lecteurs, que les savants se sont divisés sur l'étymologie : il vient, selon les uns, d'un mot gaulois qui signifiait vessie servant de sac de cuir, et selon les autres, d'un mot grec qui veut dire : Mou, lâche.

sage Salomon. Le ciel, pris pour Dieu même, pour la volonté divine, n'est pas un mot de l'Écriture ; c'est une métaphore moderne qui appartient à la littérature profane au moins autant qu'aux livres religieux. Ce ne sont donc ni les prophètes, ni Salomon, ni le sublime auteur de l'*Imitation* qui ont dit : *Aide-toi, le ciel t'aidera.* Cette bonne et encourageante parole est de La Fontaine, à qui nous devons tant de sages avis et d'utiles exemples. Relisez *le Charretier embourbé,* vous y verrez un pauvre homme qui, pour tirer son char de la boue, invoque l'assistance divine ; vous entendrez une voix d'en haut qui l'exhorte à prendre la peine de casser les cailloux, de combler les ornières... Le charretier, après quelques efforts, sortira triomphant de son mauvais chemin, et la morale sera, vous l'aurez senti d'avance : *Aide-toi, le ciel t'aidera.*

Il a été fait souvent allusion, avant La Fontaine, à la protection que Dieu accorde à ceux qui ne perdent point courage, mais alors ce n'est pas le mot *ciel* qui a été employé : « Après que tu auras le tout annuncé à ton roy, je ne dis pas, comme les caphars : Aide-toi, Dieu t'aidera ; car c'est au rebours : Ayde-toi, le diable te rompra le col ; mais je te dis : Metz tout ton espoir en Dieu, et il ne te délaissera point. » (Rabelais. — *Pantagruel.*)

> Aydez-vous seulement, et Dieu vous aydera.
>
> Regnier.

Le mot de La Fontaine correspond à cet ancien proverbe qu'on trouve dans le *Trésor des sentences* de Gab. Meurier : *Dieu donne le bœuf et non les cornes.*

Aide-toi, le ciel t'aidera est le nom d'une société politique qui s'était formée sous la Restauration, et « dont le but était, dit M. de Loménie, de défendre, par toutes les voies légales, l'indépendance des élections contre les influences du pouvoir. » Cette société, qui prit, dans les dernières années de la Restauration, une attitude très-hostile au ministère Polignac, prépara, en 1830, le refus de l'impôt. Elle avait pour président M. Odilon Barrot, et M. Guizot était au nombre de ses membres les plus actifs.

BATONNIER DE L'ORDRE DES AVOCATS.

Ce nom, que porte encore de nos jours le chef de l'ordre des avocats, doit son origine au bâton de la bannière de saint Nicolas. En 1341, les avocats et les procureurs avaient formé une confrérie sous l'invocation de saint Nicolas et de sainte Catherine. Dans les solennités de l'Église, le corps des avocats sortait bannière en tête. Après la cérémonie, le bâton de la confrérie était transporté avec pompe dans la demeure du chef de l'ordre auquel la garde en était confiée. C'est par suite de cet usage que ce chef qui, dans le principe, s'appelait seulement *doyen* [1], a été désigné plus tard, vers le milieu du XVIᵉ siècle, sous le nom de *bâtonnier*. — La bannière, les cérémonies publiques et le souvenir de saint Nicolas ont à peu près entièrement disparu, mais le mot *bâtonnier* nous est resté. Le barreau et la magistrature se sont toujours montrés fidèlement attachés à leurs traditions; s'ils n'ont pas pu défendre en tout temps leurs droits et leurs usages contre

---

1. Autrefois, le chef de l'ordre était le doyen d'âge. Le titre de bâtonnier semble correspondre avec l'époque où le chef fut choisi, par l'élection, entre tous les avocats et procureurs réunis. De 1810 à 1822, il fut désigné par le procureur général, parmi les membres du conseil de discipline; ensuite, les membres eux-mêmes de ce conseil le choisirent entre eux, et c'est seulement en 1830 qu'une ordonnance datée du 27 août rendit à tous les avocats le droit de prendre part à l'élection du bâtonnier.

les transformations de la société, ils ont religieusement conservé ces mots qui rappelaient leurs vieilles coutumes, et le style de palais est encore rempli d'une quantité d'expressions bizarres et de tournures surannées qui lui ont valu le reproche formulé de nos jours par les mots : *Jargon judiciaire*.

L'HABIT NE FAIT PAS LE MOINE.

Ce proverbe, qui nous recommande de ne pas juger des hommes sur l'apparence, a été dit sur tous les tons et sous toutes les formes : *Le bonnet ne fait pas le docteur ni la barbe le philosophe ; — Il ne faut pas juger sur l'étiquette du sac ; — On ne connaît pas le vin au cercle ni l'homme à l'habit ; — Sous pauvre casaque peut se trouver un gaillard* (proverbe espagnol) ; — *Porter un grand couteau ne fait pas le cuisinier* (proverbe allemand). Cependant ces apparences, contre lesquelles la sagesse s'efforce de nous mettre en garde, exercent sur le plus grand nombre une influence trop souvent irrésistible, et les proverbes, qui constatent plus encore qu'ils ne conseillent, l'ont partout répété : les Français disent, après les Grecs et les Latins, *l'habit fait l'homme ;* les Allemands, *les tailleurs font bien des grands seigneurs ;* les Italiens, *habit râpé, crédit rogné ;* les Arabes, *selon l'habit l'hospitalité ;* et nous répétons tous en chœur avec Régnier :

Ma foy, les beaux habits servent bien à la mine.

On se défend mal des séductions du dehors, et dans ce monde élégant qui dicte tant d'arrêts, dans cette société futile où *être c'est paraître,* vous ne serez ni admis, ni apprécié, si vos manières sont gauches ou empruntées, si votre habit est ridicule.

> Sachez que dans ce siècle où règne la sottise,
> Mieux vaut Pradon couvert qu'Homère sans chemise.
> Un sot, mis à la mode, est toujours fort bien vu.
> Le mérite n'est rien ; on rit de la vertu,
> Et l'honneur tant vanté, l'honneur est peu de chose.
> Mais aux yeux du vulgaire un habit en impose.
>
> COLNET.

S'il est vrai, comme le dit un proverbe juste-milieu, qu'*on reçoit un homme selon l'habit qu'il porte et qu'on le reconduit selon l'esprit qu'il a montré,* c'est encore l'habit qui décide de notre sort, car s'il est vieux ou mal coupé, l'esprit n'entrera pas.

Mais nous ne sommes pas ici pour faire le procès aux *singes sous la pourpre,* et ce qu'il faut enregistrer, c'est le point de départ d'un proverbe qui, après avoir signifié simplement que les marques extérieures ne suffisent pas pour indiquer la profession, s'est étendu, les idées morales aidant, aux choses de l'esprit et du cœur. Or, le proverbe *l'habit ne fait pas le moine,* qui n'est en définitive qu'une imitation du proverbe des anciens : *La robe de lin ne fait pas le prêtre d'Isis,* a été vraisemblablement consacré et répandu sous cette forme, par la question qui fut agitée autrefois pour savoir si le noviciat et l'habit suffisaient pour rendre capable d'un bénéfice régulier. « Il y a des bénéfices séculiers, il y en a de réguliers. J'appelle réguliers ceux qui sont destinés aux moines et religieux profès ; car c'est une maxime générale à tous bénéfices que *regularia regularibus, sæcularia sæcularibus sunt conferenda ;* et partant, les réguliers ne peuvent être conférés qu'aux religieux du même ordre. De la règle prédite, on a pris occasion de douter si, pour obtenir lesdits bénéfices, il suffit du noviciat et de l'habit, ou s'il faut être profès. Mais enfin, il a été conclu que l'habit ne fait pas le moine, et, partant, qu'il faut être profès pour posséder lesdits bénéfices. » (Godefroy. — *Coutume de Normandie.*)

L'abbé Tuet se demande si l'on ne pourrait pas attribuer ce proverbe à l'usage où l'on était, dès le XIe siècle, d'embrasser, sur la fin de ses jours, l'état monastique, ou de demander en mourant à être enterré avec un habit religieux. Mais l'aimable auteur des *Matinées senonaises* ne paraît pas attacher une grande importance à cette idée, et, si vous le voulez bien, nous ferons comme lui.

TOAST.

De tous les mots que nous avons empruntés aux Anglais, *toast* est peut-être le plus répandu, le seul sur le sens et la prononciation duquel on ne se méprenne point. Il n'en est pas de même de beaucoup d'autres mots que la *fashion* a introduits dans le langage à la mode. L'exemple, cité par madame de Girardin, de cette dame qui demande à quelqu'un s'il a été *aux sept petites chaises* (*au steeple chase*) est peut-être un peu fort, mais il y en a un certain nombre de la même famille. — Rien de semblable pour le mot *toast ;* l'habitude est si bien prise de ne pas prononcer la lettre *a,* qu'on a déjà commencé à lui donner une forme tout à fait française : *toste.*

Le mot anglais *toast* signifie *rôtie de pain.* Autrefois, pour porter la santé des dames, on mettait une rôtie dans les pots de bière, et cette rôtie restait à celui qui buvait la dernier. C'est de là, assure-t-on, que viennent le nom et l'usage des *toasts.* — A l'appui de cette origine, on raconte l'anecdote suivante : Anne de Boulen prenait un bain ; pour rendre hommage à sa rare beauté, les seigneurs de sa suite burent chacun un verre d'eau qu'ils avaient puisé dans la baignoire. Un seul ne le fit pas ; à ceux qui lui en demandèrent la raison, il répondit : Je me réserve le toast.

On pense aussi que le mot anglais pourrait bien venir de l'ancien verbe français *toster* qui signifiait choquer.

PASSER LE RUBICON.

Ce mot, qui est devenu proverbe dans le sens de s'engager d'une manière irrévocable par une démarche hasardeuse, est une allusion à la révolte de César contre le sénat romain.

Le Rubicon séparait l'Italie de la Gaule cisalpine. Le sénat, pour assurer Rome contre les troupes de la Gaule, avait rendu le célèbre sénatus-consulte qui dévouait aux dieux infernaux et déclarait sacrilége et parricide quiconque, avec une légion ou même une cohorte, passerait le Rubicon. Quand le sénat eut refusé à César le consulat et la continuation de ses gouvernements, celui-ci, qui n'attendait qu'un prétexte pour renverser Pompée, résolut de franchir les limites de son gouvernement et de marcher sur Rome. Cependant, lorsqu'il fut sur les bords du Rubicon, il fut frappé des réflexions que lui inspirait l'approche du danger, et qui lui montraient de plus près l'audace de son entreprise. Il en conféra longtemps avec ceux de ses amis qui l'accompagnaient. « Il est encore temps de retourner sur nos pas, leur dit-il ; une fois ce faible pont franchi, c'est le fer qui décidera tout. » — Il hésitait, dit Suétone, un prodige le détermina. Un homme d'une taille et d'une beauté remarquables apparut tout à coup, assis à peu de distance et jouant du chalumeau. Des bergers et quelques soldats des postes voisins, parmi lesquels il y avait des trompettes, accoururent pour l'entendre. Il saisit l'instrument d'un de ces derniers, s'élança vers le fleuve, et, tirant d'énergiques accents de cette trompette guerrière, il se dirigea vers l'autre rive. — « Allons, dit-il alors, allons où nous appellent la voix des dieux et l'injustice de nos ennemis : *le sort en est jeté !* »

Le fameux *alea jacta est !* qu'on a répété tant de fois depuis César, n'est pas le seul mot que nous ait laissé ce grand homme. Quand Pompéia fut soupçonnée d'un commerce adultère avec Publius Clodius, César la répudia, et lorsqu'il fut appelé en témoignage contre l'accusé, il déclara n'avoir aucune connaissance des faits qu'on lui imputait. Pourquoi donc avez-vous répudié votre femme? « *Parce que,* répondit-il, *la femme de César ne doit pas même être soupçonnée.* » — Enfin, on cite encore tous les jours ces trois mots fameux : *veni, vidi, vici,* que César écrivit à Amintius, un de ses amis de Rome, pour lui exprimer la rapidité de sa victoire dans le royaume de Pont.

LE QUART D'HEURE DE RABELAIS.

Cette manière de caractériser le moment, toujours désagréable et quelquefois embarrassant, où il faut délier les cordons de la bourse, a pour origine une anecdote que tout le monde répète sans la garantir, et que le bibliophile Jacob raconte ainsi : « Rabelais, après être resté à peine six mois à Rome, où il eut encore le temps d'apprendre l'arabe, que lui enseigna un évêque de Céramith, fut rappelé en France *clará principis patriœque voce,* dit-il. Peut-être allait-il porter au roi quelque communication importante de l'ambassadeur. On raconte qu'en arrivant à Lyon, il fut forcé de s'arrêter dans une hôtellerie, faute d'argent pour continuer sa route, et comme il ne voulait pas se faire connaître, de peur de compromettre le secret de sa mission, il imagina un singulier stratagème pour sortir de cet embarras, qui est passé en proverbe sous le nom de *quart d'heure de Rabelais*. Il s'était déguisé de manière à n'être reconnu de personne, et il fit avertir les principaux médecins de la ville qu'un docteur de distinction, au retour de longs voyages, souhaitait leur faire part de ses observations : la curiosité lui amena un nombreux auditoire devant lequel il se présenta vêtu singulièrement, et parla longtemps, en contrefaisant sa voix, sur les questions les plus ardues de la médecine. On l'écoutait avec stupéfaction. Tout à coup il se recueille, prend un air mystérieux, ferme lui-même toutes les portes, et annonce aux assistants qu'il va leur révéler son secret. L'attention redouble : « Voici, leur dit-il, un poison très-subtil (*boucon*) que je suis allé chercher en Italie pour vous délivrer du roi et de ses enfants. Oui, je le destine à ce tyran qui boit le sang du peuple et qui dévore la France. » A ces mots, on se regarde en silence, on se lève, on se retire. Rabelais est abandonné de tous. Puis, peu d'instants après, les magistrats de la ville font cerner l'hôtellerie, on se saisit du prétendu empoisonneur, on l'enferme dans une litière et on l'emmène à Paris sous bonne escorte. Pendant le chemin, il est hébergé aux frais de la ville ; on le traite même *magnifiquement* comme un prisonnier de distinction ; il arrive enfin à sa destination, frais et dispos. François Ier est prévenu de l'arrestation d'un grand criminel ; il veut le voir ; on conduit devant lui Rabelais, qui a repris son visage et sa voix ordinaires. François Ier sourit en l'apercevant. « C'est bien fait à vous, dit-il en se tournant vers les notables de Lyon, qui avaient suivi leur capture, ce m'est une preuve que vous n'avez pas peu de sollicitude pour la conservation de notre vie; mais je n'avais jamais soupçonné d'une méchante entreprise le bonhomme Rabelais. » Là-dessus, il congédie très-gracieusement les Lyonnais confondus, et retient à souper Rabelais, qui but largement à la santé du roi et à la bonne ville de Lyon. »

MAITRE ALIBORON.

Les savants qui ont vu figurer *maître Aliboron* dans la comédie de *la Passion,* dans *le Testament de Goulu,* par Sarrasin, et dans le *Pantagruel* de Rabelais, se sont naturellement demandé d'où sortait cet *Aliboron* qui n'avait pas de racine dans la langue grecque ni même dans la langue celtique. C'est alors qu'il est venu à l'idée de quelques-uns de rapprocher *Aliboron* d'*Oberon,* et de considérer l'un comme une corruption de l'autre. Ce rapprochement nous paraît bien hardi, car s'il y a peu de rapports entre les mots (la rime ne compte pas), il n'y en a guère plus entre les individus. *Oberon,* c'est ce génie qui joue un si grand rôle dans le roman de chevalerie *Huon de Bourdeaux,* et qui, avec la fée Titania, sert de mythologie au poëme de Wieland. Il est vrai qu'entre autres prodiges, ce puissant roi fait danser au son du cor des imans et des vizirs à la cour d'un sultan; mais, bien que la danse de ces graves personnages produise un effet assez comique, on ne voit pas clairement par quel côté *Oberon* ressemble à *maître Aliboron.* — D'après la définition des dictionnaires, un *Aliboron* est un maître sot qui fait l'entendu et se mêle de tout; c'est aussi, et très-spécialement depuis La Fontaine, un âne, un animal stupide et entêté.

Huet a dit, et nous ne sommes pas éloignés de croire avec lui, que *Aliborum* est la vraie source de *Aliboron.*

On appelait ainsi autrefois les hommes féconds à trouver des *alibi,* des moyens adroits et subtils pour sortir d'embarras. « La reyne mère, quand elle avait quelque grande affaire sur les bras, avait son grand recours au mareschal de Biron, et disoit en goguenardant qu'il estoit un *maistre Aliboron* qu'on employoit à tout faire. » (Brantôme.) On raconte, pour expliquer ce hardi génitif d'*alibi,* qui devint un surnom burlesque et ridicule, que, lorsqu'on plaidait en latin, un avocat ignorant, voulant dire qu'un individu n'était pas recevable à ses *alibi,* s'écria : *nulla abenda est ratio istorum aliborum.*

Tout cela ne nous semble pas invraisemblable, et nous inclinons d'autant plus volontiers à l'admettre qu'on voit très-simplement aussi pourquoi *Aliboron* se trouve toujours accolé au mot *maître,* titre sous lequel on désigne les avocats. La version d'*Oberon,* si elle pouvait avoir quelque valeur, laisserait ce point dans une complète obscurité. Le roi des génies de l'air n'a jamais été appelé *maître Oberon.*

On a fait venir aussi *Aliboron* du mot patois *aribouron,* francisé avec le changement de *r* en *l,* si commun en lexicologie : « *aribouron,* composé de *ari,* va et de *bouron, baudet,* c'est-à-dire *va, baudet!* est, dans les idiomes méridionaux dérivés de la langue romane, un cri dont les âniers se servent pour faire marcher leurs bêtes [1]. »

GROS-JEAN QUI VEUT EN REMONTRER A SON CURÉ.

Gros, ici, voulant dire épais, grossier, *Gros-Jean* représente un Jean qui n'est pas malin. C'est donc, dans ce proverbe, un homme simple qui veut en remontrer à un

1. Quitard, *Dictionnaire des Proverbes.*

homme d'esprit, un ignorant qui veut en apprendre à un savant, à un homme qui sait le latin. On raconte sur ce proverbe la petite histoire que voici : Le curé au prêche parlait des miracles de Jésus-Christ, et Gros-Jean écoutait. Arrivé au miracle des cinq pains, le curé se trompa, et dit que Jésus-Christ avait nourri cinq hommes, sans compter les femmes et les enfants, avec cinq mille petits pains. Gros-Jean trouva que ce n'était pas très-difficile, et il en glosa dans le village en se moquant de M. le curé. — Celui-ci se promit une vengeance éclatante. Le dimanche suivant, il reprit le même sujet, et, interpellant Gros-Jean, il lui cria : « Tu entends, Gros-Jean, cinq mille hommes avec cinq petits pains : en ferais-tu autant? — Pardine, oui, monsieur le curé, repartit Gros-Jean, avec les restes de dimanche. »

Gros-Jean sert aussi à désigner un homme qui ne possède rien. La Fontaine, dans *la Laitière et le Pot au lait,* et Collin d'Harleville, dans *les Châteaux en Espagne,* l'ont employé ainsi :

On m'élit roi, un peuple m'aime ;
Les diadèmes vont sur ma tête pleuvant,
Quelque accident fait-il que je rentre en moi-même,
Je suis Gros-Jean comme devant.

LA FONTAINE.

Et chacun redevient Gros-Jean comme devant.

COLLIN D'HARLEVILLE.

HARICOT DE MOUTON.

Autrefois, une *haligote* était une pièce, un petit morceau, et *haligoter* signifiait mettre en pièce, en morceaux. — Par corruption, ces deux mots sont devenus *haricot, haricoter*, et c'est ainsi qu'un ragoût dans lequel le mouton a été coupé en morceaux 'a été appelé un *haricot de mouton* [1].

BASSINER.

Dans son intéressant dictionnaire des *Familiarités françaises*, la *Revue anecdotique* a comblé la lacune que présentait le dictionnaire de M. Francisque Michel, en donnant cette définition du mot *bassiner* : « Ennuyer, accabler quelqu'un de questions oiseuses ou indiscrètes. — *Bassin* et *bassinoire* servent à désigner un fâcheux ou un importun. » Mais la *Revue* s'est arrêtée là, et n'a rien ajouté touchant l'étymologie. — Si l'on veut nous permettre de nous occuper quelques instants de ce mot qui, tout populaire qu'il est, commence à faire son chemin dans le monde, nous prendrons la liberté d'ouvrir à son sujet une petite enquête, en disant d'abord, pour notre part, ce que nous savons et ce que nous pensons.

Nous savons, c'est un Genevois qui nous l'a raconté, qu'un des nombreux ateliers d'horlogerie de la ville de Genève était assidûment fréquenté par un propriétaire du quartier, qui venait dire tous les jours où en étaient les travaux du bassin qu'il faisait construire dans son jardin. Il n'aurait su parler d'autre chose, et s'en allait heureux quand il avait tout dit sur son cher bassin. Cela dura aussi longtemps que l'entreprise, conduite avec une amoureuse lenteur. Les ouvriers, lassés d'entendre ce visiteur, aussi monotone que persévérant, reçurent une impression non moins profonde que durable, et pour eux, à partir de ce moment, l'idée des choses insipides et des

1. *Voir* la savante démonstration que M. Génin a donnée de cette origine. (Journal *l'Illustration* du 8 janvier 1853.)

hommes ennuyeux fut inséparable du mot *bassin*. Voici
notre *bassin* qui arrive, disaient-ils; il paraît joyeux aujourd'hui, nous en avons pour une heure à être *bassinés*.
— Ce qui pourrait donner quelque crédit à cette histoire
et faire supposer que le bassin est originaire de Genève,
c'est qu'il est usité dans la langue de ce pays : on le
trouve, en effet, dans le glossaire genevois de M. Jean
Humbert : « *Bassin,* homme ennuyeux, homme fatigant,
homme *sciant*. »

Voici maintenant ce que nous pensons : dans son acception ordinaire, *bassiner* veut dire mouiller à plusieurs
reprises une plaie, une partie malade pour l'amollir ou la
rafraîchir. Or, il est des plaies sensibles et des malades
irritables qui ne s'accommodent pas volontiers de cette
action de bassiner, répétée trop souvent pour ne pas devenir agaçante. — L'homme ennuyeux, qui revient sans
cesse sur les mêmes sujets pour redire le même discours
et toujours sur le même ton, ne manque pas d'analogie
avec le linge qui bassine : l'un exerce sur l'esprit une action à peu près semblable à celle que l'autre exerce sur
le corps; tous les deux portent également sur les nerfs,
et il ne serait pas impossible que le mot du peuple fût
simplement une métaphore.

ROGER-BONTEMPS.

Ménage, qu'une étymologie n'a jamais pris sans vert,
pense que cette expression « vient d'un appelé Roger qui
se donnait du bon temps. » Cette raison n'est guère savante, mais c'est peut-être la bonne. Il n'est vraiment pas
nécessaire que ce Roger appartienne à l'histoire pour que
son nom, s'il l'a joyeusement porté, ait servi à désigner
une espèce de caractère. — Nous disons aussi : *Tran-*

quille comme Baptiste, et l'on aurait grand tort de se
mettre en frais d'érudition pour découvrir le Baptiste qui
a donné le premier un grand exemple de silence et de
calme. Ce surnom de saint Jean, qui est devenu un des
prénoms les plus populaires, est souvent donné aux niais
et aux queues-rouges, dont le rôle, dans les parades, est
de rester imperturbable sous le feu des soufflets, des
coups de pied et des injures : il ne serait pas impossible
que la comparaison vînt de là. — Quant à *Roger-Bon-
temps,* on lui a trouvé des aïeux. L'abbé Lebœuf signale
Roger de Collerye qui était prêtre, poëte, secrétaire de
Jean Baillet, évêque d'Auxerre, et qui, d'humeur toujours joyeuse, avait reçu le surnom de *Bontemps* [1]. —
Les pères de Trévoux, de leur côté, ont exhumé « un
seigneur nommé *Roger* de la maison des *Bontemps,* fort
illustre dans le pays du Vivarais, dans laquelle le nom de
Roger est toujours affecté et propre à l'aîné depuis plusieurs siècles; et parce que le chef de cette maison fut un
homme fort estimé pour sa valeur, sa belle humeur et sa
bonne chère, on tint à gloire, en ce temps-là, de l'imiter
en tout; et plusieurs se firent, par honneur, appeler *Ro-*

[1]. Et ce qui lui a valu ce baptême, disent les partisans de cette origine, c'est sans doute la ballade dont voici quelques vers :

> Or qui m'aimera si me suyve !
> Je suis Bon Temps, vous le voyez;
> En mon banquet nul n'y arrive
> Pourveu qu'il se fume ou estrive
> Ou ait ses esprits fourvoyez :
> Gens sans amour, gens desvoyez
> Je ne veux ni ne les appelle,
> Mais qu'ils soient geetez à la pelle.
>
> Je ne sernous en mon convive
> Que tous bons rustres avoyez;
> Moy, mes supportz, à plaine rive
> Nous buvons d'une façon vive
> A ceulx qui y sont convoyez...

ger Bontemps : ce qui, par corruption, a été étendu à tous les fainéants et aux débauchés. »

Pour Le Duchat et Pasquier, qui, dans cette occasion, ont laissé en paix les personnes, cette façon de parler est une altération : il faut entendre, selon l'un, *réjoui bontemps,* et selon l'autre, *rouge bontemps,* parce que, dit Pasquier, « *la couleur rouge au visage d'une personne promet je ne sais quoi de gai et de non soucié.* »

AVOIR MARTEL EN TÊTE.

On a dit que cette expression venait du mot italien *martello,* qui signifie *jalousie.* Il reste alors à se demander d'où vient à son tour ce mot *martello,* qui semble avoir précisément *martel* pour radical. — Nous croyons que *martel* ici s'explique de lui-même. C'est un vieux mot français qui veut dire marteau ; or, avoir de l'inquiétude, des soucis, être préoccupé d'une chose qui sans cesse revient à l'esprit, c'est avoir, dans le sens figuré, un marteau qui vous frappe, qui vous bat dans la tête. L'emploi qu'on a fait du verbe marteler au figuré nous confirme dans cette opinion. Étienne Pasquier a dit : « *Dieu martèle les mauvais princes de mille tintouins qui sont autant de bourreaux de leur conscience;* » et Voltaire : « *Je viens pour soulager le mal qui me martèle.* »

CHOU BLANC.

Faire chou blanc en général, et dans le sens le plus étendu, c'est ne pas réussir ; cette locution se dit à propos d'une entreprise qui avorte aussi bien que d'un fusil qui rate, mais elle est surtout usitée au jeu : ne faire aucune

levée au piquet ou à l'écarté, ne point abattre une quille,
ne mettre pas un palet dans le tonneau, perdre enfin sans
avoir eu l'avantage, même un seul instant, c'est *faire
chou blanc.*

Chou blanc doit pouvoir se traduire par *coup manqué*
Il n'est pas impossible que le mot *chou* ait été dit pour
coup ; ce ne serait en effet que la réciproque du changement qui a fait prononcer, dans certaines provinces, *quien*
pour *chien, queval* pour *cheval,* changement qui s'explique
d'autant mieux que le *ch* dans notre langue est tantôt dur
et tantôt doux [1]. Resterait donc à donner au mot *blanc* le
sens de *manqué.* — La *blanque* est le nom d'un jeu de hasard venu d'Italie, dont Pasquier dans ses *Recherches* nous
a donné une description. Il y avait des billets blancs, en
grand nombre, et quelques-uns portant la désignation des
objets gagnés : lorsqu'on tirait un billet blanc, on avait
perdu et l'on disait : j'ai *trouvé blanque* (de l'italien
bianca, blanche). Plus tard, on a fait cette même espèce
de loterie avec un livre dont quelques feuilles seulement
étaient marquées, et lorsqu'on tombait entre deux feuil-
lets blancs, on avait aussi *trouvé blanque.* Cette expression est même restée dans le langage ordinaire pour
signifier qu'on n'a pas trouvé ce qu'on cherchait. C'est

1. Les sons *c* et *ch* coexistaient dans l'ancienne langue, et chacun appartenait à différents dialectes. Encore aujourd'hui, le son *k* remplace
le son *ch* en normand et en picard ; en Normandie, on dit *cacher* pour
chasser.

Aussi avons-nous la preuve que les mêmes mots étaient prononcés de
deux manières différentes. *Campagne* et *Champagne* avaient dans l'origine le même sens. *Caillou* et *chaillot* étaient, je crois, le même mot ;
ce dernier avec la forme du cas régime en *t.* On trouve dans le *Roman
de Berte aux grans piés, chaillot* pour *caillo.*

Si durement s'estoit hurtée à un *chaillo.*

Elle s'était heurtée si durement à un caillou. (J.-J. Ampère, *Histoire
de la formation de la langue française.)*

aussi de ce jeu qu'est venue la locution : *hasard à la blanque,* à tout hasard, il en arrivera ce qu'il pourra. *Blanque* est ainsi devenu synonyme de rien, de non réussite [1], et nous en inférons que *coup blanque, coup manqué* et *chou blanc*, c'est tout un.

ÊTRE SUR UN GRAND PIED DANS LE MONDE.

Quelle folle capricieuse que la mode ! hier blanc et demain noir ; un instant rond, et l'instant d'après pointu. On l'a comparée à une aiguille de pendule qui, après avoir parcouru un certain chemin, revient à son point de départ. Cependant, il est des points où il nous semble qu'elle ne reviendra jamais. On retournera peut-être aux paniers de la Régence, aux queues de morue de la République, aux tailles de l'Empire et aux gigots de la Restauration ; mais comment croire qu'on renonce jamais au petit pied ! Dites, par exemple, à nos élégants en bottes vernies, à ces gracieuses Parisiennes dont le pied cambré est toujours si bien pris dans une bottine irréprochable, dites à ces messieurs et à ces dames qu'il fut un temps, éloigné, il est vrai, où la mode, le grand ton était d'avoir des souliers de deux pieds et demi de long, et vous verrez quelles grimaces ! On rira ou l'on se récriera, on haussera les épaules, on se contentera peut-être de se chauffer les pieds avec une grâce coquette, pour montrer par un geste victorieux où est le seul bon goût, mais à coup sûr, on ne vous croira pas. Rien n'est plus vrai cependant. — De même que Roscius prit un masque au théâtre pour cacher ses yeux qui étaient louches, de

---

1. « *Blanque* signifie autant que, sans effet, inutilement, rien, sans succès. On s'en sert pour marquer qu'un dessein est avorté ou qu'on n'a pas d'argent. » (*Dictionn. de Leroux.*)

même Geoffroy Plantagenet [1], comte d'Anjou, prit un long soulier pour cacher son pied qui était difforme. Le comédien célèbre avait fait prendre la mode des masques, le grand seigneur élégant fit prendre celle des souliers longs et recourbés. — Ce qui avait été pour l'un et pour l'autre une nécessité, même désagréable, devint pour les imitateurs et les courtisans une fantaisie, un caprice, une mode.

Les grands souliers (dits à la *poulaine*, du nom de Poulain, leur inventeur) firent une telle fortune, qu'ils étaient devenus au xive siècle la mesure de la distinction : les souliers d'un prince avaient deux pieds et demi ; ceux d'un haut baron, deux pieds ; d'un chevalier un pied et demi, et ceux d'un simple bourgeois un pied. Nous n'aurions pas été surpris d'apprendre qu'il était aussi de bon goût, à cette époque, d'avoir comme Plantagenet une excroissance quelconque au bout du pied. Quoi qu'il en soit, c'est à cette mode ridicule et au signe de distinction auquel elle avait donné naissance que nous devons l'expression très-usitée encore : *Être sur un grand pied dans le monde.*

LANCE D'ACHILLE.

La locution : *C'est la lance d'Achille,* ne se trouve pas dans les dictionnaires, mais elle est d'un usage assez fréquent dans la conversation pour désigner une chose qui guérit le mal qu'elle a fait, et quelquefois une personne qui répare elle-même le mal dont elle a été la

---

1. Ce nom ou plutôt ce surnom, qui est resté dans l'histoire pour distinguer la maison d'Anjou des autres dynasties, vient, si l'on en croit la *Chronique de Normandie*, de ce que Geoffroy avait l'habitude de mettre, en guise de plume, une branche de genêt sur son chapeau.

cause. Téléphe (fils d'Hercule et d'Aujé) marcha contre les Grecs qui allaient assiéger Troie. Ayant été blessé par Achille, l'oracle lui conseilla de faire alliance avec ce prince et de suivre les remèdes de Chiron. Celui-ci le guérit en mettant sur la plaie un onguent fait de la rouille de la lance avec laquelle Téléphe avait été blessé. — On dit aussi, pour rappeler plus exclusivement cette circonstance : *C'est la lance de Téléphe.*

La lance d'Achille ou *de Téléphe* et toutes ces allusions mythologiques qui ont eu leurs beaux jours, ne sont plus guère de mode aujourd'hui. On s'est beaucoup refroidi dans le discours pour les dieux et les héros de la Fable. Ils sont, si l'on peut dire, tombés en désuétude. — On parlera longtemps encore de la liberté de la presse, et il est bien probable qu'on trouvera un autre tour pour dire que, comme la lance d'Achille, elle guérit les blessures qu'elle a faites.

PIED-PLAT.

Pied-plat ou *plat-pied* s'est dit autrefois d'un homme de basse naissance, et se dit aujourd'hui, dans le langage figuré, d'un homme qui ne mérite aucune considération. Il répond particulièrement à l'idée de bassesse et d'avilissement.

> « J'en prévois une suite, et qu'avec ce pied-plat
> Il faudra que j'en vienne à quelque grand éclat. »
> MOLIÈRE.

> « Nous sommes des pieds-plats, — oui ; des marauds,
> [— d'accord ;
> Mais le monde est à nous, car nous avons de l'or. »
> PONSARD.

Il fut un temps, nous l'avons dit, où les grands souliers étaient une marque distinctive de la naissance. Plus tard, quand Charles V eut fait disparaître cet usage en condamnant à une amende de dix écus ceux qui y resteraient fidèles, les souliers, qui étaient en voie d'extravagance, devinrent aussi larges qu'ils avaient été longs, et finirent enfin, le progrès aidant, par aboutir à la moins ridicule, en pareil cas, des trois dimensions, c'est-à-dire la hauteur. A la cour et dans le grand monde, on porta des souliers à très-hauts talons, ceux qui avaient des souliers plats et presque sans talons étaient réputés paysans ou gens de rien. C'est ainsi qu'ils furent appelés *pieds-plats*. — A mesure que les souliers reprirent des proportions raisonnables, on oublia cette origine, et l'expression *pied-plat,* qui était restée dans la langue comme un terme de mépris, fut appliquée aux hommes déconsidérés ou avilis.

L'origine que rapporte M. de Sénancour remonte bien au delà de nos souliers et de leurs talons, et, à plus d'un titre, elle mérite d'être citée. « Vous ne pouviez me demander plus à propos d'où vient l'expression de pied-plat. Ce matin je ne le savais pas mieux que vous ; je crains bien de ne pas le savoir mieux ce soir, quoiqu'on m'ait dit ce que je vais vous rendre.

« Puisque les Gaulois ont été soumis aux Romains, c'est qu'ils étaient faits pour servir ; puisque les Francs ont envahi les Gaules, c'est qu'ils étaient nés pour vaincre : conclusion frappante. Or, les Gallés ou Welches avaient les pieds fort plats, et les Francs les avaient fort élevés. Les Francs méprisèrent tous ces pieds-plats, ces vaincus, ces serfs, ces cultivateurs ; et maintenant que les descendants des Francs sont très-exposés à obéir aux enfants des Gaulois, un pied-plat est encore un homme fait pour servir. Je ne me rappelle point où je lisais dernièrement qu'il n'y a pas en France une famille qui puisse prétendre avec quelque fondement descendre de cette horde du Nord qui prit un pays déjà pris, et que ses maîtres ne savaient comment garder. Mais ces origines, qui échappent à l'art par excellence, à la science héraldique, se trouvent prouvées par le fait. Dans la foule la plus confuse, on distinguera facilement les petits-neveux des Scythes, et tous les pieds-plats reconnaîtront leurs maîtres. Je ne me souviens pas des formes plus ou moins nobles de votre pied, mais je vous avertis que le mien est celui des conquérants : c'est à vous de voir si vous pouvez conserver avec moi le ton familier. » (*Obermann. — Lettre 28.*)

ÉCRIRE COMME UN ANGE.

On a voulu donner à cette expression une origine qui nous paraît singulièrement cherchée. Angelo Vergecio, habile calligraphe du temps de François Ier, et dont la Bibliothèque possède trois manuscrits grecs, aurait donné lieu à cette comparaison ; on aurait dit, pour exprimer la perfection calligraphique, *écrire comme un ange* dans le même sens que l'on dirait peindre comme un Raphaël. Mais on dit aussi chanter, danser, parler, travailler comme un ange, et il est difficile d'admettre que le nom de Vergecio se soit assez popularisé pour servir à exprimer en général la perfection avec laquelle on fait une chose, quelle qu'elle soit. C'est donc très-vraisemblablement aux anges qu'on a comparé les personnes qui avaient une belle écriture, et non pas au célèbre calligraphe.

SPHINX.

Monstre fabuleux qui avait la tête et la poitrine d'une femme, le corps d'un chien, les griffes d'un lion, les ailes d'un aigle et la queue armée d'un dard aigu. Son nom, vient d'un mot grec qui signifie *embarrasser*, parce qu'il proposait à chacun des énigmes, et dévorait ceux qui ne devinaient pas. Junon l'ayant fait naître pour se venger des Thébains, la fable nous le représente sur un mont élevé aux portes de Thèbes, interrogeant tous ceux qui passent. — Créon, roi de Thèbes, promit la main de sa fille Jocaste et sa couronne à celui qui le délivrerait de ce fléau. Œdipe, qui devait accomplir sa destinée en épousant sa mère, devina l'énigme du sphinx, et le monstre, furieux, se précipita du haut des rochers. Cette énigme était : Quel est l'animal qui a quatre pieds le matin, deux à midi et trois le soir? — Œdipe répondit : L'homme, qui dans l'enfance se traîne sur quatre membres, dans l'âge de la virilité marche debout, et dans la vieillesse s'appuie sur un bâton.

Le *sphinx* est une divinité d'origine égyptienne. « Les prêtres de l'Égypte, dans leur écriture figurée et dans leurs monuments, avaient fait de cette figure humaine unie au corps d'un lion la personnification de la Minerve égyptienne, l'image de la force s'alliant à la sagesse, de l'intelligence et de la puissance divines se manifestant à la fois dans la création. Les Grecs adoptèrent cette allégorie. Elle fut, chez eux, le symbole de la sagesse suprême qui se révèle seulement à ceux qui savent pénétrer ses secrets. La science des premiers âges s'exprimait en sentences concises et enveloppait, sous la forme de véritables énigmes impénétrables au vulgaire, les idées les plus élevées et les plus précieuses découvertes. L'obscurité même de ces leçons les rendait plus durables pour ceux qui savaient les entendre, et faisait sur les esprits une impression plus profonde que la vérité qui leur eût été présentée sans voiles. Ainsi, nous voyons dans les fables ou dans les monuments de la Grèce les sphinx, gardiens de quelque mystère, redoutables à ceux qui osent s'en approcher sans initiation. Puis la poésie et les arts s'emparèrent des mythes où cette figure était mêlée, et cherchèrent moins à conserver le sens religieux et le caractère auguste du symbole primitif qu'à plaire aux yeux et à amuser l'imagination, jusqu'à ce qu'enfin le donneur d'énigmes ne fût plus qu'un jeu d'esprit, et la figure du lion à tête humaine qu'un motif d'ornement [1].»

Le *sphinx* se retrouve un peu partout dans les monuments égyptiens. Il est représenté d'ordinaire avec la tête et le sein d'une femme, et le corps d'un lion couché sur ses quatre pattes. C'est presque toujours sous cette forme et dans cette attitude qu'il figure dans nos monuments; nous en voyons des exemples à Fontainebleau et à Versailles.

CHARBONNIER EST MAITRE CHEZ LUI.

Ce proverbe est une variante de l'ancien dicton rimé :

Par droit et par raison
Chacun est le maître dans sa maison,

dont un charbonnier aurait fait, à ce qu'on raconte, une assez brutale application, un jour qu'il donna l'hospitalité au roi François Ier. Voici encore une fois cette histoire tant répétée. — Le roi, s'étant égaré à la chasse, se réfugia dans la cabane d'un charbonnier. Le maître de la maison était sorti, mais sa femme fit asseoir l'étranger et le pria de se chauffer en attendant son mari et le souper. Une heure après, le charbonnier rentra, fatigué et affamé.

---

1. *Magasin Pittoresque,* 22e année.

Au moment de prendre place pour le repas, il s'empara de la seule chaise de la maison et s'y installa sans façon en disant à son hôte : « Chacun est maître chez soi. » Le roi prit gaiement la citation, et se contenta d'une sellette aussi dure que peu commode. Notre charbonnier fit manger de la venaison à François Ier en lui recommandant de n'en rien dire au *grand nez* (c'est ainsi que dans le peuple on désignait le roi), et le pauvre homme ne fut pas médiocrement confus en apprenant, le lendemain matin, que son proverbe et sa recommandation s'étaient adressés au roi lui-même. Mais, dans l'occasion, François Ier était bon prince, et il ne sut pas mauvais gré à son hôte de ses rudes allures. On dit même que, pour le remercier de son hospitalité, il accorda aux charbonniers certaines immunités.

On se demande si ce n'est pas de cette époque et de cette aventure que datent les priviléges dont jouissait la corporation des charbonniers. Autrefois, en effet, les charbonniers partageaient avec les dames de la halle l'avantage d'être admis à la cour, pour y présenter leurs félicitations et leurs harangues, lors des mariages et des naissances des princes de la famille royale. Ils avaient aussi le privilége d'occuper, avec mesdames les poissardes, aux représentations gratuites des deux théâtres, les deux grandes loges de l'avant-scène, dites *du roi* et *de la reine.*

LES DEUX CENT VINGT ET UN.

On désigne ainsi les députés qui votèrent (contre 181) l'adresse de la Chambre au roi Charles X, en 1830. L'adresse du 16 mars osait dire au roi qu'il se manifestait dans les esprits une vive inquiétude, qui troublait la sécurité de la France, que le concours permanent des vues politiques du gouvernement avec les vœux du peuple n'existait pas, et elle demandait hautement cette harmonie constitutionnelle qui est la première condition de la force du trône et de la grandeur de la France. Cette adresse devait avoir pour dernière conséquence les journées de Juillet : c'est ce qui explique pourquoi la majorité qui l'a votée est désignée dans notre histoire par ce chiffre, qui rappelle, à lui seul, les circonstances du vote, les ordonnances, la révolution, et la chute de Charles X.

Un banquet fut donné, aux *Vendanges de Bourgogne,* à ces 221 députés qui, tout en exprimant « un profond respect pour la personne du roi » (Dupin aîné), n'avaient pas voulu que la vérité lui parvînt « faible et pâle » (Guizot), et deux cent vingt et une couronnes décoraient symboliquement la salle du festin.

PAYS DE COCAGNE.

Ce mot, qui sert à désigner le pays imaginaire où l'on vivrait sans travail et sans souci, dans l'abondance et la joie, se dit aussi des lieux qui réunissent tous les agréments de la vie.

Paris est pour le riche un pays de cocagne.

Selon les uns [1] ce pays de *Cocagne* est la partie du Languedoc qui composait l'ancien duché de Lauraguais. C'est là que se fabriquaient des pains coniques formés avec la feuille écrasée du pastel, et désignés sous le nom

1. « Le pays de la richesse par excellence, le pays de *Cocagne* n'était autre que le Lauraguais, l'opulente contrée des coques de pastel. » (Crapelet.)

de *coques* ou *coquaignes de pastel.* Les *coquaignes* qui servaient à la teinture ont été pendant longtemps une source de richesse pour le pays. De là est venu l'usage de comparer les pays riches et heureux au pays où se fabriquaient les coquaignes, au *pays de coquaignes.* — En répétant le mot, on a forcé l'idée et *pays de cocagne* a fini par être synonyme de félicité parfaite.

Suivant d'autres, c'est-à-dire suivant M. Génin [1], ce bienheureux *pays de Cocagne* est, ou plutôt était l'Italie. Autrefois, au xvie et au xviie siècle, il y avait à Naples une montagne figurant un Vésuve d'où jaillissait à profusion du macaroni, de la viande et des saucisses que les gens du peuple se disputaient. Cette réjouissance s'appelait une *cocagne,* en italien *coccagna,* du vieux français *cocquaigne,* qui signifie contestation, dispute.

Cette explication, si elle était la bonne, aurait le mérite de rappeler l'origine de notre *mât de cocagne,* car, aujourd'hui que l'idée de lutte a disparu, et que le mot *cocagne* est devenu synonyme d'abondance et de plaisir, le nom de *mât de cocagne* est un peu ironique. Il y a bien là-haut, en effet, des richesses que l'on vous offre, mais il faut les aller chercher, et ce n'est jamais sans beaucoup de peine qu'on arrive à ce résultat. Le mot *cocagne* semble promettre des jouissances plus faciles ; le mât savonné ne permet guère de citer le proverbe qui sert à caractériser l'abondance : « *Il n'y a qu'à se baisser et en prendre.* »

UN FESSE-MATHIEU.

Avant sa conversion, saint Matthieu était publicain de profession ; il faisait, en cette qualité, les profits scanda-

---

1. *Notes sur le Dictionnaire français.*

leux qui avaient rendu odieux chez les Juifs les gens de cette espèce; et de même qu'on appelle encore *publicains* les gens d'affaires et les traitants qui s'enrichissent aux dépens d'autrui, de même on a dit d'un usurier, *il fait saint Matthieu*. Avec le temps et par corruption, cette expression est devenue *fesse-mathieu*. C'est sous cette forme qu'elle nous est restée et qu'on l'emploie tous les jours pour qualifier les gens qui trafiquent de leur argent. Elle se dit aussi, par extension, des ladres, des avares.

Nous devons à M. Édouard Thierry une explication beaucoup moins connue, mais qui en échange est plus heureuse. D'après ce savant critique, *fesse-mathieu* vient tout simplement et tout naturellement, il faut le dire, de *fête-Matthieu*... « La France au XIIIe siècle a eu ses Thermopyles au pont de Taillebourg. Trois cents sergents d'armes y tinrent tête à une armée. Cela constitue noblesse. Du reste, les sergents d'armes avaient déjà gagné leurs titres à Bouvines. Quand on les vit en tel honneur, chacun voulut être de leur sang. Les huissiers à cheval, les sergents à verge du Châtelet, les sergents à la douzaine, prétendirent être la lignée directe des sergents d'armes de Bouvines et de Taillebourg... Pour confirmer la noblesse de leur origine, tous les ans, à partir du XIVe siècle, ils célébraient, par une messe solennelle, une cavalcade triomphante et par un festin non moins victorieux, les héroïques prouesses de leurs ancêtres.

« Les huissiers se rendaient d'abord à l'église de Sainte-Catherine du Val des Écoliers, où ils entendaient la grand'messe. La messe chantée, on montait à cheval. Deux mille sergents de toute espèce, quelle glorieuse chevauchée! Le formidable escadron allait rendre ses devoirs au premier président du parlement, au procureur général, etc. — Tant de visites successives n'étaient pas désintéressées. Au milieu du corps de musiciens qui précédaient le cortége, un jeune enfant (la cavalcade du bœuf gras a conservé son pauvre Amour frileux), un jeune enfant, habillé à la mauresque et superbement couvert d'un manteau de drap bleu parsemé d'étoiles d'or, tenait une espèce de coffre en bois d'ébène qu'on nommait la caisse de saint Matthieu. C'était dans cette caisse que les hauts magistrats visités, ou plutôt rançonnés, versaient l'offrande destinée au patron de la confrérie.

« La chevauchée était fructueuse. En 1540, par exemple, la caisse de saint Matthieu recueillit près de 13,000 livres; comptons 50,000 francs d'aujourd'hui. C'était de quoi payer les frais de la fête et se ruer largement en cuisine. Il n'est chère que de vilains, dit le proverbe; aussi lorsque les huissiers rompaient le long carême qui leur durait toute l'année, on peut juger quelle ripaille!... Le peuple de Paris qui ne pouvait pas dire comme l'intimé :

> « Et j'ai toujours été nourri par feu mon père,
> Dans la crainte de Dieu, Monsieur, et des sergents, »

rancune d'une part, jalousie de l'autre, s'égayait sans doute aux dépens de la cavalcade. Quand elle se promenait, fanfare en tête, le long des rues tortueuses, comme il aurait dit : Voici les carêmes-prenants, il disait : Voici les fêtes-Matthieu qui passent. De *fête-Matthieu* à *fesse-mathieu,* il n'y a que le temps de faire un quolibet; cela n'est pas long à Paris. D'ailleurs, celui-ci venait de lui-même, et il fallait bien marquer la différence du bruyant fête-Matthieu de la veille au maigre fesse-mathieu du lendemain. »

MORGUE.

Il y avait autrefois à l'entrée des prisons une salle où l'on retenait les prisonniers pendant quelques jours pour les laisser voir aux gardiens. On voulait par là familiariser ces derniers avec le visage des nouveaux venus, et les mettre à même de déjouer, au besoin, toute tentative d'évasion. Plus tard, on exposa dans cette même salle les cadavres retirés de la rivière ou trouvés ailleurs, et l'on admit le public à venir les reconnaître par un guichet pratiqué à la porte. Jusqu'en 1804, cette exposition des cadavres eut lieu dans la basse geôle dépendant de la prison du Grand-Châtelet. Elle fut transférée à cette époque sur le quai du Marché-Neuf dans un petit bâtiment spécial qui disparaîtra bientôt sans doute, car la Cité est en voie de transformation.

Cet endroit où les guichetiers examinaient les nouveaux écroués, et où l'on exposait les corps des personnes trouvées mortes hors de leur domicile, reçut le nom de *Morgue*. A ceux qui pourraient se demander pourquoi, Vaugelas répond : parce que *morgue* est un vieux mot français qui se disait pour visage. Mais on a dit aussi que morgue servait à désigner autrefois un regard fixe, scrutateur, et la vérité sans doute est là, car on explique assez bien de cette manière le sens figuré du mot : suffisance mêlée d'orgueil, expression méprisante et hautaine.

L'ANE DE BURIDAN.

Jean Buridan, célèbre dialecticien du XIVe siècle, fit sur Aristote des commentaires qui ne lui auraient valu

qu'une mince réputation s'il n'avait eu l'heureuse idée
d'attacher son nom à celui d'un âne qui s'est chargé de
le conduire à la postérité. Si les animaux, pensait-il,
n'avaient pas, aussi bien que nous, leur libre arbitre, la
nature se trouverait en défaut, car elle ne leur donnerait
pas même la faculté de pourvoir à leur subsistance. A
l'appui de cette argumentation, il prenait un âne également-
ment pressé par la soif et par la faim, le plaçait entre un
picotin d'avoine et un seau d'eau, également distants,
faisant sur lui la même impression et il demandait :
« Que fera cet âne? Ou il demeurera immobile comme
un corps sollicité, en mécanique, par deux forces con-
traires et parfaitement égales, et alors il mourra; ou il se
dirigera d'un côté plutôt que d'un autre, et alors il aura
son libre arbitre. » Ce dilemme avait des allures trop
convaincantes pour ne pas faire événement : on fut frappé
du sort qu'une logique impitoyable peut réserver à d'innocents quadrupèdes, et les générations se transmirent
d'âge en âge cet exemple saisissant. De nos jours, quand
un homme hésite entre deux objets ou deux positions
qui ont à ses yeux un attrait pareil, on le compare aussitôt à l'âne de Buridan.

> Connaissez-vous cette histoire frivole
> D'un certain âne illustre dans l'école?
> Dans l'écurie on vint lui présenter
> Pour son dîner deux mesures égales,
> De même force, à pareils intervalles;
> Des deux côtés l'âne se vit tenter
> Également, et, dressant ses oreilles,
> Juste au milieu des deux formes pareilles,
> De l'équilibre accomplissant les lois,
> Mourut de faim, de peur de faire un choix.
>
> VOLTAIRE.

FAIRE L'ÉCOLE BUISSONNIÈRE.

« On dit qu'on a fait *l'école buissonnière,* lorsqu'on s'en est absenté sans raison, ou, comme on parle en Normandie, lorsqu'on a frippé sa classe, qu'on a été ailleurs. M. Ménage tient que cette locution est née au village, où les enfants vont dans les buissons chercher des nids d'oiseaux, au lieu d'aller à l'école. — Ce proverbe vient plutôt de ce qu'au commencement du luthéranisme, les sectateurs de cette doctrine, n'osant prêcher ni enseigner publiquement leurs dogmes, tenaient dans les campagnes des écoles secrètes qu'on nomma *buissonnières.* Le parlement, qui en fut informé, rendit un arrêt le 6 août 1552, qui défend les écoles buissonnières, et renouvelle les défenses d'enseigner sans la permission du chantre de Paris.» (*Dict. de Trévoux.*)

On pourrait ajouter à l'appui de cette dernière opinion, et pour remonter plus haut encore dans l'histoire, que, bien avant les réunions des protestants, il y avait eu déjà à Paris des écoles qui, pour se soustraire à la redevance payée au chantre de Notre-Dame, s'étaient tenues dans les champs et les bois des environs. — Cependant, nous ne cacherons pas que la version de Ménage nous a séduit par sa simplicité. Et puis, battre la campagne, fourrager les buissons plutôt que de prendre le chemin de l'école, c'est un fait qui s'est reproduit trop souvent et depuis trop longtemps pour n'avoir pas donné naissance au mot qui l'a si bien caractérisé. Ce même souvenir de campagne se retrouve dans les expressions *avoir, prendre, se donner campos,* et il résulte pour nous, de tout cela, qu'il vaut mieux sacrifier ici l'autorité de l'histoire pour laisser dominer l'idée de courir les champs.

COUR DES MIRACLES.

Le passant égaré, s'aventurant par mégardé, la nuit, dans les petites rues qui avoisinent la place du Caire, doit ressentir un certain effroi lorsque, à la lueur d'un bec de gaz, ses yeux rencontrent au coin d'une muraille ces mots : *Cour des miracles*. Il se trouve, en effet, sur l'emplacement de l'un des plus fameux repaires de voleurs qu'ait possédés Paris au moyen âge.

Ces repaires ou logis étaient nommés *Cour des miracles,* dit Richard de Romagny, « d'autant que les gueux, suivant la cour et autres, qui ont faict tout le jour les estropiez, mutilez, hydropiques, venans le soir au giste, portent sous le bras un alloyau, un morceau de veau, quelque gigot de mouton, sans oublier la bouteille qu'ils ont pendue à leur ceinture, et entrans dans ladite cour, ils quittent leurs potences, reprennent leur disposition et en-bon-point, et, à l'imitation des anciennes bacchanales, chacun ayant son trophée à la main, attendent que l'hoste leur prépare le soupé, dancent toutes sortes de dances, principalement la sarabande ; peut-on voir de plus grands miracles que les boitteux marcher droit en cette cour ? »

Il y eut des *Cours des miracles* dans un grand nombre de villes de France. A Paris seulement, la population des gueux s'éleva, à certaines époques, jusqu'au chiffre de quarante mille individus. On comprend que cette agglomération de malfaiteurs devait occuper une place considérable dans la cité. En 1450, il existait à Paris plus de douze *Cours des miracles*. La plus célèbre d'entre toutes était celle dont l'emplacement a conservé ce nom. Sauval nous en donne la description en 1660, époque à laquelle une notable partie de ces bouges et de ces taudis existait encore. « Elle consiste, dit-il, en une place d'une grandeur très-considérable, et en un très-grand cul-de-sac puant, boueux, irrégulier. Autrefois il confinait aux dernières extrémités de Paris ; à présent il est situé dans l'un des quartiers les plus mal bâtis, les plus sales et des plus reculés de la ville, entre la rue Montorgueil, le couvent des Filles-Dieu et la rue Neuve-Saint-Sauveur, comme dans un autre monde. Pour y venir, il se faut souvent égarer dans de petites rues vilaines, puantes, détournées ; pour y entrer, il faut descendre une assez longue pente de terre tortue, raboteuse, inégale. J'y ai vu une maison de boue à moitié enterrée, toute chancelante de vieillesse et de pourriture, qui n'a que quatre toises en carré, et où logent néanmoins plus de cinquante ménages, chargés d'une infinité de petits enfants légitimes, naturels ou dérobés. On m'a assuré que dans ce petit logis et dans les autres, habitaient plus de cinq cents grosses familles entassées les unes sur les autres.

« Cette cour était autrefois encore plus grande, et là, on se nourrissait de brigandages, on s'engraissait dans l'oisiveté, dans la gourmandise et dans toutes sortes de crimes... Chacun y vivait dans une grande licence ; personne n'y avait ni foi, ni loi. On n'y connaissait ni baptême, ni mariage, ni sacrements. »

La description de Sauval n'est nullement exagérée, non plus que celle de Richard de Romagny. Le nom de *Cour des miracles* convenait bien à ces réceptacles hideux, et jamais il n'y eut de plus véridiques miracles que ceux qui faisaient parler les sourds-muets, danser les aveugles et les paralytiques, et qui rendaient la jeunesse aux vieillards.

CELA FERA DU BRUIT DANS LANDERNEAU.

Landerneau est une petite ville bretonne qui, quoiqu'elle ait été prise deux fois à deux siècles de distance,
serait restée perdue dans les détails géographiques, si
Alexandre Duval n'en avait fait le théâtre de sa comédie
des *Héritiers*. — Un officier de marine, M. Kerlebon, a
péri dans une tempête, et, comme le dit Alain, le *niais
méchant,* sa mort a fait du bruit dans Landerneau. Les
héritiers sont réunis dans le château ; la plupart éprouvent une joie à peine dissimulée, et se disputent d'avance
sur le partage. Alain tient au courant de tout ce qui se
passe les curieux habitants de Landerneau, et, lorsqu'on
apprend que « le défunt n'est pas mort, » Alain s'écrie :
« Je ne dirai rien, mais *cela fera du bruit dans Landerneau!* » C'est ainsi que ce mot est cité depuis plus
d'un demi-siècle pour caractériser ces nouvelles et ces
événements sans importance qui occupent si fort les habitants des petits endroits.

ÊTRES DE LA MAISON.

Connaître les êtres de la maison, c'est connaître les
portes, les escaliers, les couloirs, les chambres, les issues,
en un mot, la distribution des appartements de cette maison ; c'est pouvoir dire, avec Acomat :

« Nourri dans le sérail, j'en connais les détours. »

Êtres, qui s'est écrit longtemps *aîtres,* a pour origine,
dans cette locution, le mot latin *atria,* dans le sens de
demeures.

DU TEMPS OU LA REINE BERTHE FILAIT.

C'est-à-dire autrefois, il y a très-longtemps. Ce proverbe veut dire aussi et surtout qu'on était plus heureux au bon vieux temps, que tout allait mieux, et il se prend alors dans le sens de ce quatrain :

> Au temps passé du siècle d'or,
> Crosse de bois, évêque d'or;
> Maintenant ont changé les lois :
> Crosse d'or, évêque de bois [1].

La Harpe a dit : « Le besoin le plus général à l'homme est celui de la consolation, et l'accent le plus familier à la voix humaine est celui de la plainte. » C'est ce besoin d'être plaint et consolé qui nous porte si volontiers à dénigrer le présent au bénéfice du passé. Il faut absolument gémir; or, quoi de mieux pour cela que de faire ressortir en laid ce qui nous environne pour présenter sous le jour le plus flatteur ce qui a disparu sans retour. On est doublement intéressant et doublement à plaindre : on souffre du malheur présent et du bonheur passé. — Pour nous,

> Le bon temps est une chimère;
> L'homme jamais ne fut meilleur.

Nous entendons parler beaucoup de la corruption du siècle et de la méchanceté des hommes; mais il ne nous est pas démontré que nos ancêtres aient été plus vertueux et plus sages, et ce que nous savons en particulier *du*

---

1. « Autrefois l'Église avait des calices de bois et des évêques d'or; maintenant, elle a des calices d'or et des évêques de bois. » (SAINT BONIFACE.)

9.

temps où la reine Berthe filait n'est pas de nature à nous inspirer de bien amers regrets.

Quoi qu'il en soit, le proverbe existe, et la question maintenant est de savoir quelle est la Berthe qui a mérité par ses vertus et la simplicité de ses mœurs, de rappeler à la postérité que le travail ne déshonore personne et qu'il sied bien, même à la reine.

Est-ce, comme plusieurs l'ont prétendu, la fille de Lothaire, roi de Lorraine? Ce qu'on sait de cette princesse ne porte pas à le croire : elle avait été mariée deux fois, et disait souvent à son second mari, le marquis de Toscane, qu'il devait être un âne ou un souverain puissant. Devenue veuve, elle concerta une ligue contre le roi d'Italie, Béranger, qui la fit prisonnière à Mantoue. Il voulut, pour prix de sa rançon, qu'elle rendît les principales villes de la Toscane; mais Berthe refusa énergiquement, et elle dut à ses charmes d'obtenir sa liberté sans condition. — Ce n'est pas là assurément la reine que nous cherchons.

Il y a une autre Berthe, fille de Conrad, roi de Bourgogne, qui, elle aussi, s'est mariée deux fois et qui reste célèbre dans notre histoire par les malheurs dont elle fut la cause innocente en épousant le roi Robert son cousin. Épouser son cousin au xe siècle était un crime que l'Église ne laissait pas impuni : Grégoire V lança contre le roi les foudres de l'excommunication, et l'on assure que Berthe donna naissance à un fils marqué du sceau de la réprobation céleste.[1] On sait dans quel triste abandon le roi

---

1. « Un jour que le roi était allé faire sa prière à la porte d'une église, un moine, suivi de deux femmes du palais, l'aborde, et lui découvre, sur un plat de vermeil, un monstre qui avait le col et la tête d'un canard : Voyez, lui dit-il, les terribles effets de votre désobéissance; la reine Berthe vient d'accoucher de ce canard. » (SALGUES.)

Robert fut laissé : il donna tous ses biens, se réduisit à
l'état le plus misérable, et son royaume fut mis en interdit. Que la reine eût filé, après tant de malheurs, rien ne
serait plus naturel ; mais les calamités et les terreurs de
l'an mille ne permettent pas de supposer qu'on eût fait
allusion au bon vieux temps en rappelant que la pauvre
Berthe filait.

Pour que le proverbe conserve toute sa force, il faut
que la reine soit heureuse et vraiment reine, que la nécessité ne l'oblige pas à s'occuper des plus humbles travaux, et qu'elle trouve sa joie dans la pratique des vertus
domestiques. Or, en remontant plus haut dans l'histoire,
nous avons, pour répondre à cette idée, la reine dont
Adenès, le roi des ménétriers à la cour de Philippe le
Hardi, a fait l'héroïne de son roman.

> La douce, la courtoise, la très-bien enseignée,
> Berthe la débonnaire...

est celle que l'on désigne sous le nom de *Berthe aux
grands pieds*, la fille de Caribert, comte de Laon, la
femme de Pepin le Bréf, la mère de Charlemagne. Ajoutons qu'il est dit dans une ancienne charte que la mère
de l'empereur d'Occident filait elle-même pour orner les
églises, et nous aurons plus d'une raison de croire que
Berthe aux grands pieds est la Berthe du proverbe.

Cependant, les historiens de la Suisse nous parlent
d'une reine Berthe que, suivant la tradition populaire, on
voit encore apparaître, à la suite d'un hiver humide, portant devant elle un vase plein de trésors et le versant sur
le pays. Cette reine généreuse et secourable pourrait bien
être, au point de vue de notre proverbe, une rivale redoutable de la femme de Pepin. On lit dans le douzième
volume du *Magasin pittoresque* : « Payerne, petite ville

réformée du canton de Vaud, située sur la route de Lausanne à Berne, se recommande à l'attention des voyageurs, moins par son paysage que par les souvenirs de la reine Berthe. Le règne de cette bonne princesse, qui vivait vers la fin du xe siècle, s'est substitué, dans l'imagination das habitants, à la fable de l'âge d'or. Toutes les fois que l'on parle à Payerne de ce temps chimérique où le genre humain filait si doucement sa vie, sous un ciel sans nuages, au milieu de vertus et de félicités parfaites, on entend soupirer cette phrase proverbiale : C'était du temps où la reine Berthe filait. »

La reine Berthe de la tradition vaudoise était fille de Burkhard, duc de Souabe et de Regilinda; elle épousa Rodolphe II, en 921, et fut comme le gage de la fusion entre l'Helvétie allémanique et l'Helvétie burgonde. Berthe fit construire de nombreux châteaux, fonda plusieurs établissements religieux à Soleure, à Neuchâtel, à Zurich, à Payerne, et exerça partout la plus heureuse influence. — Le testament de cette reine (l'acte de fondation de l'abbaye de Payerne en 961), que l'on conserve aux archives de Fribourg et de Lausanne, respire les sentiments de piété qui l'ont animée pendant sa vie. Il commence ainsi : « Moi, Berthe, reine par la grâce de Dieu, sérieusement occupée de mon propre salut, et désirant y pourvoir pendant que je le peux, j'ai jugé convenable et même très-nécessaire de faire servir une partie des biens qui m'ont été confiés pour un temps au profit de mon âme. » Le sceau de la reine Berthe la représente assise sur son trône, tenant le sceptre de la main droite et les Évangiles dans la main gauche. Elle est vêtue d'une tunique avec ceinture et d'un manteau agrafé sur la poitrine. On lit autour du sceau : BERTA DEI GRACIA HVMILIS REGINA.

Le 18 octobre 1847, on a trouvé à Payerne, sous la

tour Saint-Michel de l'ancienne église, un sarcophage renfermant des os qu'on a reconnus pour être ceux d'une femme. Ne doutant pas que ces restes ne fussent ceux de la pieuse reine, le conseil d'État vaudois ordonna que ce sarcophage fût religieusement placé dans l'église paroissiale de la ville. Il a été recouvert d'une table de marbre sur laquelle on a gravé une inscription célébrant les bienfaits et la sagesse de la bonne reine. La cérémonie de l'inhumation fut accomplie avec un grand recueillement, et un magistrat, représentant du gouvernement, rappela les principaux traits de la vie de Berthe et ses droits à la reconnaissance du peuple. — On conserve aussi dans l'église de Payerne une selle qu'on croit avoir appartenu à la reine.

Tous ces détails montrent que la Berthe Vaudoise a joué un rôle important, que son souvenir est resté vivace dans les populations; et, bien qu'on ne dise pas précisément qu'elle ait filé, ses bienfaits, ses vertus et sa piété autorisent à supposer qu'on a pu songer à elle lorsqu'on a dit pour la première fois : *Au temps passé, Berthe filait.*

LES TROPHÉES DE MILTIADE M'EMPÊCHENT DE DORMIR.

Dans sa jeunesse, Thémistocle, ambitieux et passionné pour la gloire, ne pouvait entendre parler sans envie des exploits de Miltiade; déjà le futur général entrevoyait quelque chose au delà de cette défaite des Barbares dans les champs de Marathon. Cette pensée le poursuivait sans cesse, et quand ses amis lui demandaient les motifs de ses préoccupations et de son éloignement pour les plaisirs, il répondait : « *Les trophées de Miltiade m'empêchent de dormir.* »

On cite quelquefois aussi le mot que Thémistocle disait en plaisantant à propos de son fils qui abusait de la faiblesse de sa mère, et se servait d'elle pour le gouverner : « Mon fils a plus de pouvoir qu'aucun autre Grec, car les *Athéniens gouvernent les Grecs, je gouverne les Athéniens, sa mère me gouverne, et il gouverne sa mère.* »

QUERELLE D'ALLEMAND.

Les Allemands aiment la discussion, ils ergotent volontiers, mais au demeurant, ils ne sont guère plus querelleurs que nous. Les conséquences sérieuses qui résultent trop souvent parmi eux des querelles engagées sur des pointes d'aiguilles, viennent de ce qu'ils n'ont pas autant que nous l'esprit de repartie. Ils savent attaquer, ils savent moins bien se défendre. Quand on leur adresse un mot piquant, ils ne sont pas toujours prêts à la réplique, et, ne pouvant répondre par un mot, ils ripostent par un geste. Ces scènes grotesques où s'échangent, dans nos fêtes du carnaval, tant de quolibets et d'injures, perdraient beaucoup de leur caractère égayant, si elles se passaient au milieu du peuple allemand : les saillies se traduiraient presque aussitôt en coups de poing. — Peut-être les Allemands ne demanderaient-ils pas mieux que d'entendre la plaisanterie : ce qui leur manque, c'est de savoir la pratiquer.

Nous ne croyons donc pas que l'expression *querelle d'Allemand* soit due au caractère des habitants de l'Almagne. Elle vient plus vraisemblablement de l'ancienne organisation politique et civile de ce pays. L'Allemagne, qui se compose aujourd'hui de trente-cinq États différents, en comptait plus de trois cents dans le temps des empereurs. Chacun de ces petits États, en vue de s'agrandir ou d'ajouter à son importance, était toujours en lutte avec ses voisins. Bien qu'elles reconnussent la supériorité d'un chef élu sous le titre d'empereur, toutes ces principautés avaient leurs intérêts particuliers, leurs jalousies, leurs rivalités, et elles n'avaient besoin d'aucun prétexte légitime pour vivre dans un état de querelles ou de guerres perpétuelles. C'était un singulier spectacle que celui de ces peuples qui, faisant partie de la même nation et obéissant au même souverain, étaient constamment en querelles, et il est assez naturel que ces querelles soient devenues proverbiales.

Si l'on devait chercher l'origine de notre proverbe dans les habitudes du peuple allemand, il faudrait la demander plus particulièrement aux universités. Les étudiants allemands se sont fait, par leurs usages et leurs mœurs à part, une réputation européenne. Querelleurs et batailleurs de génération en génération, ils regardent le duel comme une sorte de baptême, et nul n'est consacré étudiant, dans toute la force de ce mot, s'il n'a donné ou reçu un coup de sabre quelque part. On se bat à l'université sur le plus léger prétexte, et quand ce prétexte n'existe pas, on le fait naître. Qu'un étudiant timide et inoffensif s'efforce de fuir toutes les occasions qui pourraient le distraire de ses études, ou l'entraîner dans une rencontre, — et un autre étudiant, un ancien, ne tardera pas à lui faire comprendre les exigences de la position; il lui mettra sa botte sur la sienne, lui enverra un nuage de fumée dans la figure, et lui tiendra un discours conçu à peu près en ces termes : « Jeune homme, à l'université, nous ne souffrons pas les yeux colombins et les nez ingénus; je vais avoir, dans un instant, l'honneur de couper le vôtre qui désoblige particulièrement mes amis. — Si un œil crevé vous est agréable, — accordé. » — A coup sûr, voilà bien ce qui s'appelle chercher une querelle d'Allemand.

Les proverbes, qui, comme celui dont nous nous occupons, font des allusions ou des comparaisons, sont de ceux dont il faut le plus se défier. Ils portent, en tombant, dans certaines oreilles, beaucoup plus que nous ne le pensons, et très-souvent ils nous compromettent. Il ne faut pas parler de corde dans la maison d'un pendu. — — A l'époque où le duel était puni de mort, un officier français fut obligé, pour échapper à la rigueur des lois, de se réfugier à Berlin. L'ambassadeur de France le recommanda au roi, en le priant de lui donner un emploi dans son armée. Le grand Frédéric voulut savoir de la bouche même de cet officier dans quelles circonstances il avait tué son adversaire. — « Sire, lui dit-il, je causais avec un camarade; nous n'étions pas d'accord, et, dans la chaleur de la discussion, je lui dis qu'il n'avait pas plus de raison qu'un Suisse. Un officier suisse, qui se trouvait là par hasard, se tint pour offensé, il me chercha une querelle d'Allemand, et... — Décidément, Monsieur, interrompit le roi, vous n'êtes pas heureux en proverbes. »

Il a été donné à l'expression *querelle d'Allemand* une origine qui met l'Allemagne tout à fait hors de cause : « Durant le xiiiᵉ et le xivᵉ siècle, la région montagneuse qui s'élève entre le Drac et l'Isère, vers la jonction de ces deux torrents, était presque en totalité le domaine d'une immense famille de seigneurs qui portaient tous le nom de Alleman. Vizille, Sechilienne, Uriage, Vaulnaveys. et les forêts de pins de Champerousse et de Chalanches, et les cimes glacées de la Belledonne étaient, de ce côté, les points principaux de leur domination. A eux encore appartenaient une partie de l'Oisans, Valbonais, la rive droite de la Grèze, des châteaux sur toutes les grandes rivières qui se précipitent des Hautes-Alpes. Jamais souche féodale ne produisit plus de rameaux, et nulle part les membres d'une même famille ne se groupèrent autour de leur chef avec un soin plus jaloux. Tandis que dans la plupart des maisons nobiliaires la discorde, ou au moins l'indifférence séparait les cadets des aînés, une tradition de famille, peut-être une association secrète et jurée de père en fils, retenait les Alleman dans l'affection mutuelle et dans la concorde. Les premiers-nés, nourris dans les armées, perpétuaient la famille et défendaient le patrimoine ; les plus jeunes, voués à la cléricature, peuplaient les presbytères et les prieurés du pays, dans le commerce et sous la protection de leurs frères. Entre tous égalité parfaite. Ils se mariaient entre eux, jugeaient entre eux leurs différends et, en toutes circonstances, se prêtaient les uns aux autres un infaillible appui. Malheur à l'imprudent voisin qui eût troublé, dans son héritage ou son honneur, le plus humble des Alleman ! Sur la plainte de l'offensé, un conseil de famille était réuni, la guerre votée par acclamation, et l'on voyait bientôt déboucher dans la plaine de Grenoble les bandes armées que guidaient, au château de l'agresseur, les bannières d'Uriage et de Valbonais. » (Jules Quicherat. — *Revue historique de la noblesse.*)

JETER DE LA POUDRE AUX YEUX.

Autrefois, avant l'invention de la poudre, par exemple, le mot *poudre* se disait communément pour *poussière,* et il s'emploie toujours ainsi dans le langage poétique :

« Le corps né de la poudre à la poudre est rendu. »

L. RACINE.

« Dans les champs des combats, Grecs, Troyens confondus,
Cherchent leurs compagnons sur la poudre étendus. »

> AIGNAN, trad. de l'*Iliade*.

C'est dans ce sens qu'il faut entendre ici le mot *poudre*.
Il ne s'agit pas de poudre d'or, comme pourrait le faire
croire l'idée d'éblouir attachée à l'expression *jeter de la
poudre aux yeux;* — il s'agit de poussière, — de cette
poussière que faisaient voler les lutteurs aux courses des
jeux Olympiques, et que les premiers, les plus agiles, envoyaient dans les yeux de ceux qui les suivaient.

Ainsi, le proverbe *jeter de la poudre aux yeux* est de
la même famille que l'expression *faire de la poussière,*
qui signifie faire de l'éclat, de l'embarras.

> Chers parvenus, dans la carrière
> Vos coursiers sont trop emportés;
> En faisant voler la poussière
> Vous rappelez d'où vous sortez.

SYCOPHANTE.

Le figuier était en honneur chez les anciens; les Grecs
et les Romains lui avaient voué une sorte de culte. Les
couronnes de leurs déesses et celles dont ils se ceignaient
le front dans les fêtes publiques étaient faites de branches
et de feuilles de figuier. — Les Grecs avaient fait des lois
pour punir de mort ceux qui transporteraient des figuiers
hors de l'Attique ou qui toucheraient aux figues des arbres consacrés aux divinités. Ils avaient aussi promis des
récompenses à ceux qui dénonceraient les coupables, et
comme, malgré l'attrait du fruit défendu, personne n'était
tenté de manger des figues aussi chères, il y eut des scé-
lérats qui, pour recevoir la somme promise, dérobèrent
eux-mêmes les fruits et accusèrent de ce sacrilége les

hommes qu'ils voulaient perdre. Ces imposteurs furent appelés *Sycophantes* (dénonciateurs de figues). C'est ainsi que la figue inoffensive s'est trouvée entrer dans un mot que l'on a appliqué plus tard, et d'une manière générale, aux calomniateurs, aux fourbes et aux hypocrites. Plusieurs de nos écrivains l'ont employé ainsi : « Dans les mains des sycophantes politiques, l'État devient comme ces fruits que l'on enfle de vent après en avoir exprimé le suc. » (Boiste.)

> « Pour pousser jusqu'au bout la ruse,
> Il aurait volontiers écrit sur son chapeau :
> « C'est moi qui suis Guillot, berger de ce troupeau. »
> Sa personne étant ainsi faite,
> Et ses pieds de devant posés sur sa houlette,
> Guillot le sycophante approche doucement. »
>
> La Fontaine. — *Le Loup devenu berger.*

MON SIÉGE EST FAIT.

A qui donne un conseil tardif ou apporte un renseignement dont il n'est plus temps de profiter, on dit : *Mon siége est fait.* C'est une allusion au mot de l'abbé Vertot. Plus écrivain qu'érudit, Vertot avait entrepris de raconter *le siége de Malte* sans trop se préoccuper des détails historiques. On lui proposa des documents authentiques, il accepta; mais quand ils arrivèrent, le livre était fini. Vertot, qui n'avait pas envie de recommencer, répondit : « *Mon siége est fait.* »

UN MALOTRU.

Ce mot signifie-t-il proprement mal bâti, mal tourné, ou bien malappris? Est-il formé de *malè structus* ou de *malè instructus?*

L'histoire de l'abbé Saint-Martin ferait pencher pour la première de ces suppositions. « Quand cet abbé de Saint-Martin vint au monde, il avait si peu la figure d'un homme qu'il ressemblait plutôt à un monstre. On fut quelque temps à délibérer si on le baptiserait. Cependant il fut baptisé et on le déclara homme par provision. Il était si disgracié de la nature, qu'on l'a appelé toute sa vie *l'abbé malotru.* » (Ménagiana). — C'est ce même abbé qui, en hiver, portait, dit-on, les unes par-dessus les autres, neuf calottes, neuf paires de bas et aussi neuf culottes. L'histoire ne dit pas, et nous le regrettons, pourquoi cet étrange abbé avait adopté le chiffre neuf dans la superposition de ses vêtements.

Il y a d'assez bonne raisons cependant pour que ce mot se soit dit originairement dans le sens de mal instruit, ou plutôt de *mal éduqué* pour rendre mieux notre pensée, et puisque Voltaire n'est pas là [1]. — Il s'écrivait autrefois *malostru*, et, en languedoc, *mal estruë* signifie malappris, ignorant. Nos vieux auteurs l'ont presque toujours employé ainsi. Rabelais fait dire à Épistemon que les écoliers du collége de Montaigu sont des *malautrus*, — et Régnier :

> Comment! vostre argument, dist l'un, n'est pas en forme.
> L'autre, tout liors du sens : mais c'est vous, *malautru*,
> *Qui faites le sçavant*, et n'estes pas congru.
>
> *Satire X.*

On a fait venir aussi *malotru* de *malè* et de *intrusus* (participe de *intrudere*, pousser dans), en faisant du *malotru* un homme mal introduit, c'est-à-dire qui se pré-

---

1. On sait l'horreur que Voltaire avait pour le mot *éduquer.* « La langue s'embellit tous les jours, dit-il dans une lettre à M. Linguet, on commence à *éduquer* les enfants au lieu de les élever. »

sente, qui se trouve dans un lieu où il ne doit pas être admis. C'est souvent dans ce cas, en effet, que s'applique l'épithète de *malotru,* mais au fond cela revient toujours à la question de mauvaise éducation, et nous croyons qu'il faut s'en tenir, comme étymologie, aux mots *malè instructus,* mal élevé, manant.

Aux personnes qui ne seraient pas disposées à suivre notre conseil, nous rappelons qu'elles peuvent opter encore entre le celtique bas-breton *malourus,* qui signifie pauvre, misérable ; — et *malè astrosus,* « constellation maligne », comme dit Le Duchat, ce qui donne à entendre que le *malotru* est un homme malheureux, né sous une mauvaise étoile.

COMME DE CIRE.

On dit proverbialement en parlant de deux hommes qui ont les mêmes inclinations, les mêmes humeurs, *ils sont égaux comme de cire,* c'est-à-dire ils sont faits l'un comme l'autre, ils se ressemblent comme deux figures de cire. Cette expression équivaut à cette autre : *Ils ont été jetés dans le même moule.*

> « Monsieur l'abbé et monsieur son valet
> Sont faits tous deux *égaux comme de cire.* »
> Marot.

Cet habit va comme de cire signifie qu'il est juste, qu'il s'applique parfaitement. C'est encore une allusion à une figure faite au moule : « *Cet habit vous est fait comme de cire.* » (Oudin.)

On dit enfin absolument : *Comme de cire* pour exprimer qu'une chose va bien et vient fort à propos. « Dimanche dernier, il nous a fait un sermon, pas trop mal pour un sermon de province, et qui venait *comme de cire.* » (Mérimée. — *L'Abbé Aubain.*)

> « Tels dons étaient pour des dieux ;
> Pour des rois, voulais-je dire ;
> L'un et l'autre y vient *de cire,*
> Je ne sais quel est le mieux. »
>
> La Fontaine. — *Le roi Candaule
> et le maître en droit.*

Le mot *cire*, dans cette locution, éveille, comme dans les deux autres, l'idée d'une chose qui va bien, qui arrive juste, *comme* si elle était *de cire.* — Cependant, cette origine a été combattue' par un célèbre voyageur, homme d'esprit, qui, en adoptant une autre explication, adoptait aussi une autre orthographe. Voici quelle est son opinion :

« Je relisais hier la lettre que vous m'écrivîtes de Brest ; elle commence par une rectification d'une des miennes, où je vous avais dit : *Tout va de sire ;* vous voulez un *c* au lieu d'un *s.* Je crois que vous vous trompez ; car aller de sire (ou de *cire,* suivant vous) se dit en Italien *andare da signore.* Cette affaire va bien ou va *de sire ; questo affare va bene,* ou va *da signore ;* à merveille, *da signore,* parce que les seigneurs, sans doute, font toutes choses merveilleusement. » — (Victor Jacque-mont. — *Correspondance.*)

DISEUR DE BONS MOTS, MAUVAIS CARACTÈRE.

Mauvais caractère s'entend le plus ordinairement dans le sens de *humeur désagréable,* et se dit des hommes qui se fâchent et s'emportent aisément, qui ne savent supporter sans colère ni un reproche, ni une plaisanterie.

— Le mot caractère n'avait pas cette acception restreinte du temps de Pascal et de La Bruyère. *Caractère* répondait alors au mot *nature*, plus à la mode aujourd'hui : *c'est une bonne, une mauvaise nature;* au XVIIe siècle, on eût dit : *C'est un bon, un mauvais caractère;* cela voulait dire une bonne, une mauvaise espèce d'homme. — Cette manière à nous d'entendre le mot *caractère* a fait mal interpréter souvent la pensée de Pascal; on a cru lire qu'un diseur de bons mots était irritable, susceptible et l'on s'est mépris sur l'intention de l'auteur. Pascal a voulu dire que l'homme incessamment occupé de faire des bons mots n'est ni un cœur noble, ni un esprit élevé. Le développement un peu vif peut-être que La Bruyère a donné à la pensée ne laisse aucun doute à cet égard : « Diseur de bons mots, mauvais caractère, je le dirais, s'il n'avait été dit. Ceux qui nuisent à la réputation ou à la fortune des autres plutôt que de perdre un bon mot, méritent une peine infamante; cela n'a pas été dit, et je l'ose dire. »

FERRER LA MULE.

Ferrer la mule s'est dit et se dit encore pour signifier : faire des profits illicites en trompant sur le prix de ce qu'on est chargé d'acheter. « Les servantes appellent l'anse du panier [1] le profit qu'elles font à *ferrer la mule.*

---

1. « *Faire danser l'anse du panier,* se dit d'une cuisinière qui trompe ses maîtres en leur faisant payer les choses plus cher qu'elle ne les a achetées. Lorsque cette cuisinière, revenue du marché, présente les provisions qu'elle en rapporte, elle secoue ordinairement et fait danser, pour ainsi dire, le panier où elles sont contenues, afin de leur donner l'apparence d'un plus grand volume en ne les laissant pas entassées, et de prouver qu'elles n'ont pas coûté trop d'argent, en raison de leur poids et de leur quantité. C'est de là probablement qu'est née cette locution où la partie est prise pour le tout, c'est-à-dire l'anse du panier pour le panier même. » QUITARD

— On appelle parmi les valets l'anse du panier, les *ferrements de la mule,* les vols qu'ils font à leurs maîtres sur le prix des denrées qu'ils achètent au marché. » *(Dict. de Trévoux.)*

Cette expression date, selon quelques-uns, du temps où les conseillers au parlement se rendaient au Palais, montés sur des mules. Les laquais qui restaient dehors pendant la séance, passaient leur temps à jouer et ils extorquaient à leurs maîtres l'argent qui leur était nécessaire, en prétendant qu'ils avaient fait *ferrer leurs mules.* — On pense plus généralement que cette expression remonte à Vespasien. Le muletier de cet empereur s'étant laissé corrompre par la promesse d'une récompense, fit avoir une audience à un plaideur en prétextant que ses mules étaient déferrées. — « Ayant vù, dit Suétone, dans un de ses voyages, son muletier s'arrêter brusquement pour faire *ferrer ses mules,* et le soupçonnant d'avoir voulu donner ainsi à un plaideur dont ils avaient fait rencontre, le temps de lui parler affaire, il (Vespasien) lui demanda combien il avait reçu pour les fers, et il se fit payer une partie de la somme. »

UNE SAINTE-NITOUCHE.

Nitouche ou *mitouche?* L'un et l'autre. Nous préférons *nitouche* qui, dans notre langue moderne, s'explique mieux pour tout le monde ; mais nous ne chicanerons pas, car les deux expressions ont, au fond, même origine. *Nitouche* est le composé de *n'y touche,* et *mitouche* est formé de la particule négative *mie* qui s'est employée longtemps pour *pas* et *point.*

> Qui emprunte ne choisit mie.
> *(Farce de Pathelin.)*

Avec l'une comme avec l'autre étymologie, la *Sainte-Nitouche* est toujours la femme dissimulée qui *semble doucette,* et fait mine de *ne pas toucher* à bien des choses qu'elle ne dédaigne point en réalité.

On a prétendu que *nitouche* était la bonne expression, c'est-à-dire la plus ancienne [1]; mais c'est peut-être le contraire qui est vrai. *Mie* étant un vieux mot qu'on retrouve partout dans Villon, Rabelais, Marot, Montaigne, c'est plus vraisemblablement *mitouche* qui s'est formé d'abord; *Sainte-Nitouche* n'a dû venir qu'après, quand le sens de *mie* a été perdu, et s'il y a altération quelque part, elle est plutôt dans cette dernière expression.

CALEPIN.

Ambroise Calepino, religieux augustin, est l'auteur d'un *Dictionnaire des langues* imprimé pour la première fois en 1502, augmenté depuis par *Passerat, la Cerda, Chifflet* et d'autres. L'édition la plus complète de ce dictionnaire est celle de Bâle, en onze langues, y compris le polonais et le hongrois. Comme il arrive presque toujours en pareil cas, on désigna le dictionnaire par le nom de son auteur. On a dit : mon Calepin, comme nous disons :

---

1. Le besoin de donner sur les ongles à Voltaire nous a paru bien vif de la part d'un éditeur qui, à propos de ces deux vers :

> L'un à son aide appelle saint Martin,
> L'autre saint Roch, l'autre *sainte-mitouche.*

a jugé nécessaire de placer la note furibonde que voici : « On disait autrefois sainte *n'y touche,* et on disait bien. On voit aisément que c'est une femme qui a l'air de n'y pas toucher; c'est par corruption qu'on dit *sainte-mitouche.* La langue dégénère tous les jours. J'aurais souhaité que l'auteur eût eu le courage de dire *sainte n'y touche,* comme nos pères. »

(OEuvres de Voltaire, Gotha, 1785.)

10

mon Richelet ou mon Boiste. Peu à peu, ce nom a été donné par comparaison à d'autres recueils,

> « Seigneurs états, excusez ce bonhomme,
> Il a laissé son calepin à Rome. »
>
> *Satire Ménippée.*

et il s'est appliqué enfin, par extension, au livre de poche sur lequel on inscrit ses notes et ses pensées.

CROQUER LE MARMOT.

Après avoir établi que *marmot* est le masculin de *marmotte*, et après avoir rappelé qu'on dresse la marmotte à se tenir sur ses pattes de derrière, ce qui a fait appeler, par comparaison, un petit enfant un marmot, M. Génin nous apprend que l'expression *croquer le marmot* « a pris naissance dans l'atelier des peintres, d'où elle s'est répandue dans le monde. L'artiste qu'on fait languir sur un escalier, dans un vestibule, dans une antichambre, pour tromper la longueur du temps, s'amuse à barbouiller, à croquer une petite figure de marmot contre la muraille. Voilà le sens propre : le sens métaphorique s'ensuit naturellement. »

Cette explication est exactement celle de Le Duchat, qui ajoute : « Les Gascons disent *croquer le mouset,* qui se dit par éphérèse pour *marmouset,* diminutif du bas breton *marmous,* synonyme de *marmot.* »

Nous sauterons maintenant à une opinion émise dans un numéro du *Manuel des amateurs de la langue française,* opinion qui s'éloigne autant que possible de la précédente. « Cette expression doit son origine, est-il dit, à une espèce d'instrument (si je puis l'appeler ainsi) qui était autrefois fort en usage, et que j'ai encore vu dans mon enfance à la porte principale de plusieurs antiques manoirs. Voici comment était disposé cet instrument qui tenait alors lieu des marteaux et des sonnettes dont on se sert à présent : un gros morceau de fer crénelé était attaché à la porte en forme de poignée; dans cette poignée était passé un gros anneau de fer qu'on pouvait aussi faire mouvoir du haut en bas, et du bas en haut de la poïgnée. La porte, en cet endroit, était garnie d'un gros bouton de cuivre qui représentait une de ces figures grotesques qu'on nomme ordinairement *marmots*. Voulait-on se faire ouvrir la porte, on agitait l'anneau contre les crénelures de la poignée, et ce frottement produisait un bruit ou plutôt un *craquement* assourdissant qui se faisait entendre dans l'intérieur de la maison. — Je pense donc que *croquer le marmot* tire son origine du frottement dont je viens de parler. Quand une personne avait longtemps attendu à la porte, elle pouvait dire : *J'ai longtemps frotté l'anneau;* ou plutôt : J'ai longtemps *craqué* (usant de l'onomatopée) ; et comme pendant ce frottement, ce *craquement,* le *marmot* attirait l'attention, ou peut-être rendait un son, on l'aura associé à cette action, en disant : *J'ai longtemps craqué le marmot.* — Vous m'objecterez sans doute, Monsieur, que l'on ne dit pas *craquer* mais *croquer le marmot,* et que ces deux verbes n'ayant pas la même signification, on ne peut reconnaître dans ce que je viens de dire, l'origine de *croquer le marmot :* je suis d'accord avec vous sur ces deux points; mais n'est-il pas possible que l'*a* de *craquer* se soit changé en *o* dans *croquer,* comme dans celui d'*armoire* que le peuple prononce *ormoire ?* Je suis d'autant plus fondé à croire ce changement, que j'ai souvent entendu des anciens dire : *craquer le marmot.* »

Le dictionnaire de Bescherelle se rapproche un peu de ces idées en ce qui concerne le marmot de la porte, mais il n'admet pas le craquement, et il consacre le mot *croquer* avec sa signification dévorante : « L'expression *croquer le marmot* fait allusion à l'usage féodal d'après lequel le vassal qui allait rendre hommage à son seigneur devait, en l'absence de celui-ci, réciter à sa porte, comme il l'eût fait en sa présence, les formules de l'hommage, et baiser à plusieurs reprises le verrou, la serrure et le heurtoir appelé *marmot,* à cause de la figure grotesque qui y était ordinairement représentée. En marmottant ces formules, il semblait murmurer de dépit entre ses dents, et en baisant ce marmot, il avait l'air de vouloir le croquer, le dévorer. Les Italiens disent dans le même sens, *mangiare i catucacci,* manger les cadenas ou les verrous. »

M. Boniface, enfin, pense que l'origine donnée dans le *Manuel* n'est pas satisfaisante, et voici ce qu'il a trouvé : « Si une personne, qui en attend une autre, s'impatiente, elle murmure entre ses dents et imite, en quelque sorte, la grimace du *marmot* ou du singe ; elle *croque* comme le *marmot,* elle *croque... le marmot.* »

Moralité. — On demandait à d'Alembert pourquoi les caves étaient plus chaudes en hiver qu'en été. Il en donna plusieurs raisons plus ou moins admissibles, puis il ajouta : « C'est peut-être aussi parce que ce n'est pas vrai. »

GARDER LE MULET — s'emploie quelquefois pour *croquer le marmot,* mais avec un sens plus restreint ; celui qui *garde le mulet* n'attend jamais qu'on le reçoive, il attend celui qu'on reçoit ; il reste à la porte avec le mulet de son maître ou de son compagnon, en attendant que ce dernier sorte de la maison où il avait affaire. On con-

naît sur ce mot la petite anecdote des *Matinées sénonaises :* « Un babillard qui se promenait avec un de ses
amis, entra dans une maison où il n'avait, disait-il, qu'un
mot à dire. L'ami l'attend à la porte et assez longtemps
pour perdre patience. L'autre, revenu enfin, lui dit d'un
ton plaisant : « Vous gardiez donc là le *mulet* ? — Non,
reprit l'ami un peu piqué, mais je l'attendais. »

FAIRE LE PIED DE GRUE — ajoute à l'idée de *croquer
le marmot* celle d'attendre sur ses jambes, dans une position désagréable. C'est une allusion à l'habitude qu'ont
les grues de se tenir longtemps sur une seule patte.

RIFLARD.

Tout le monde a lu le roman si populaire de Daniel de
Foë, et, par conséquent, tout le monde sait pourquoi
Robinson a laissé son nom à ces parapluies de large en-
vergure qu'on appelle en style plus châtié *parapluies de
famille.* Mais on ne se souvient pas aussi généralement
des circonstances dans lesquelles le mot *Riflard* est venu
à son tour caractériser ces parapluies antiques et grotesques, dont on retrouve parfois de curieux échantillons
sous le bras de nos campagnards endimanchés.

Le nom de *Riflard* se donnait comme sobriquet et dans
une intention injurieuse aux sergents chargés d'arrêter
quelqu'un ou de faire payer les impôts [1]. Par suite, il
s'employait fréquemment au XVe siècle dans les comédies
et mystères d'une manière satirique et bouffonne, — et de
nos jours, Picard l'a donné à un personnage comique de
sa comédie *la Petite Ville.* Or, l'acteur chargé du rôle

---

1. Ce nom leur venait sans doute des mots *rifler*, *rafler* qui se disent
pour enlever, emporter. Le rabot de charpentier et le ciseau du maçon
que nous appelons *riflard* rappellent aussi cette signification.

de *Riflard*, lors de la création de cette pièce, parut sur la scène avec un énorme parapluie qui produisit si bien son effet, que l'on ne put voir, à partir de ce moment, de parapluie ridicule sans songer à celui de *François Riflard*. Ce nom ne tarda pas à devenir populaire, et les vieux parapluies furent baptisés.

NOUS DANSONS SUR UN VOLCAN.

On a prétendu que ce mot n'était pas de M. de Salvandy, qu'il appartenait à un rédacteur anonyme de l'ancien *Figaro*. Pour qu'il en fût ainsi, il faudrait que M. de Salvandy se fût attribué lui-même ce fameux volcan, car il le cite comme de lui dans les pages qu'il a consacrées au récit de cette fête du Palais-Royal donnée par le duc d'Orléans, en juin 1830, au roi et à la reine de Naples.

« Je venais, dit-il, de m'entretenir avec un des membres du cabinet des dangers de la lutte engagée par l'autorité royale. « Nous ne reculerons pas d'une semelle, » m'avait-il dit ; grave parole, que peu après j'ai entendu prononcer plus haut. « Eh bien ! lui répondis-je, le roi et vous reculerez d'une frontière. » Ce ministre, qui, du reste, ne voyait pas la situation des affaires sans alarmes est aujourd'hui en Angleterre, condamné à la mort civile et retiré près de son roi proscrit.

« Ce fut peu après que, passant près de monseigneur le duc d'Orléans, qui recevait de nombreux compliments sur les magnificences de sa fête, je lui adressai ces mots que les feuilles répétèrent le lendemain : « C'est une fête toute napolitaine, Monseigneur, nous dansons sur un volcan [1]. »

1. *Le Livre des cent et un.* Ladvocat. 1831.

` Des termes si précis ne nous permettent pas d'admettre que M. de Salvandy ait emprunté à quelqu'un son allusion napolitaine, et jusqu'à preuve contraire, nous nous refuserons à la lui contester. Les mots qu'on raconte ainsi soi-même, il faut au moins qu'on les ait dits.

CONTER FLEURETTES.

Il y a deux manières très-différentes d'expliquer cette expression ; elles correspondent assez bien aux deux manières de *conter fleurettes :* à chacun d'adopter celle qui caractérisera les moyens de persuasion qu'il emploie pour manifester ses sentiments.

La *fleurette* autrefois, dans le temps des monnaies de toutes les formes et de toutes les grandeurs, était une pièce d'une valeur de 20 deniers tournois ou 16 parisis ; elle devait son nom de *fleurette* aux petites fleurs dont elle était parsemée, comme l'écu devait le sien à l'écu des armoiries de nos rois. Qu'on admette maintenant que les fleurettes, malgré leur minime valeur, aient été assez puissantes pour tenir lieu d'éloquence, pour remplacer avec avantage les propos galants et les tendres discours, — et *conter fleurettes* se traduira littéralement par *compter de la monnaie.* Dans ce cas seulement, le verbe ne sera plus le même, et il faudra écrire *compter fleurettes.* Cette étymologie prosaïque est peu de notre goût ; elle ne répond pas à l'idée qu'on se fait des fleurettes et des amourettes ; elle empêcherait Molière et bien d'autres d'isoler le joli substantif *fleurettes* du vilain verbe *compter,*

....Et votre femme entendra les fleurettes.
École des Maris, acte I, sc. III.

elle est mesquine, désobligeante, et puis enfin, de nos jours, elle est trop invraisemblable. A supposer que les dames du temps de Charles VI fussent très-modestes dans leurs prétentions, il n'en est plus ainsi, et nous ne pourrions raisonnablement accepter cette explication monétaire, qu'en proposant à l'Académie de remplacer désormais *compter fleurettes* par les mots *compter napoléons*.

Conter fleurettes, ce n'est pas peindre la violence de sa passion, ce n'est pas non plus outrager ou corrompre, c'est encore moins faire un marché. — *Conter fleurettes,* c'est parler d'amour, avec la tête plutôt qu'avec le cœur, c'est faire des compliments gracieux, c'est dire des choses jolies, flatteuses, séduisantes, et cela dans un langage qui ne soit pas trop le langage de tout le monde ni de tous les jours ; c'est donc s'exprimer avec une certaine recherche et dans un style *fleuri*. J.-J. Rousseau pense que « le jargon fleuri de la galanterie est beaucoup plus éloigné du sentiment que le ton le plus simple qu'on puisse prendre, » — et c'est en cela que les petites fleurs du discours, c'est-à-dire les *fleurettes* représentent justement les propos amoureux et légers de celui qui *conte fleurettes*. Il ne veut pas être sincère, mais agréable ; il veut plaire un instant, il ne prétend pas se faire aimer. « Ne soyez pas la dupe des fleurettes que l'on ne vous débite que pour vous surprendre. » (Saint-Évremont.) — Comme on l'a fort bien remarqué, notre *conter fleurettes* équivaut au *rosas loqui* des Latins : dire des roses, c'était dire des choses aimables et flatteuses.

Si la locution *conter fleurettes* n'avait pour origine ni les pièces de vingt deniers, ni les petites fleurs de rhétorique, — ni la prose, ni la poésie, — d'où pourrait-elle venir ? — A cette question, voici ce que répondent les

auteurs du Dictionnaire étymologique : « *Conter fleurette*
ou *florette* ne viendrait-il pas de l'usage où on aurait été
d'écrire les billets doux sur du papier où des *fleurs*, de
petites fleurs étaient peintes ou découpées, tels qu'on en
voit aujourd'hui. On aurait d'abord dit *écrire, envoyer
des florettes*, et ensuite *dire, conter des florettes*, ou
fleurettes, c'est-à-dire conter des propos doux, semblables à ceux qu'on écrivait. » — A vrai dire, nous ne le
croyons pas.

HUGUENOTS.

Ce nom sous lequel on désignait autrefois les protestants
a été très-diversement expliqué. *Chacun en a devisé à
son appétit*, selon l'expression de Pasquier, et aujourd'hui
même on n'est pas d'accord sur sa véritable origine. Les
uns voulaient qu'il eût été emprunté à Jean Hus [1], l'héré-
siarque bohémien ; d'autres, remontant plus haut encore
dans l'histoire, prétendaient qu'il venait du temps de
Hugues Capet, parce que, disaient-ils, les huguenots, ennemis des Guises, ont protégé et défendu la maison de
Valois, issue de Hugues Capet. D'autres racontaient qu'un
jeune gentilhomme allemand, interrogé devant le cardinal
de Lorraine au sujet de la conspiration d'Amboise, dont
il faisait partie, avait commencé par ces mots : *Huc nos,
serenissime princeps, advenimus*, etc., et qu'on avait
depuis appelé du nom formé par ces deux premiers mots
tous les membres de la conjuration. Parmi ceux qui pen-
saient que ce nom était venu de la Suisse, quelques-uns
lui donnaient pour racine les *Heus quenaux*, qui signi-

---

1. « Les huguenots, dit Verdier dans sa *Prosopographie*, ont été ainsi
appelés de Jean Hus, duquel ils ont suivi la doctrine, comme qui dirait
les *Guenons de Hus*. »

fient, dit-on, gens séditieux. Mais Pasquier n'admet aucune de ces explications. Selon lui, quand le peuple fut moins *effarouché* contre les protestants, il commença à leur donner certains noms par forme de sobriquets : en Poitou, il les nomme *fribours,* par une méchante allusion à de fausses monnaies qu'on désignait ainsi, et, en Touraine, *huguenots,* du nom d'un lutin qui courait dans les rues de Tours pendant la nuit, et qu'on appelait le roi *Hugon.* « Pourquoi le peuple, ajoute Pasquier, entendant qu'il y avait quelques-uns qui faisaient des assemblées de nuit à leur mode, les appela *huguenots,* comme disciples de Hugon, qui ne se faisait ouïr que de nuit : chose dont je me crois; car je vous puis dire que huit ou neuf ans auparavant l'entreprise d'Amboise, je les avait ainsi ouï appeler par quelques miens amis tourangeaux.

Mais on ne s'est pas contenté des témoignages de Pasquier. Bien qu'il eût dit sa pensée « sans aucune flatterie, moquerie ou maltalent (ressentiment), » on alla chercher ailleurs des raisons un peu moins tourmentées que les précédentes. Voici l'explication qu'on a trouvée, et qui paraît assez généralement adoptée; nous l'empruntons à *l'Histoire de la formation de la langue française* de M. Ampère : « Faute de connaître l'origine historique d'un mot, on risque de tomber dans les suppositions étymologiques les plus absurdes. Le mot de *huguenot* vient certainement d'*eidgnoten,* confédérés, en bas allemand, pour *eidgenossen* [1].. Ne sachant pas cela, plusieurs auteurs, et Bèze lui-même, on fait dériver le mot Huguenot du roi Hugon, personnage mystérieux, qui jouait, aux environs de Tours, un rôle à peu près semblable à celui

___

1. Cette opinion, qui avait été celle de Mézeray, Maimbourg et Voltaire, a été confirmée récemment par M. Mignet.

du grand veneur de Fontainebleau, et qui n'a jamais rien eu à démêler avec les Huguenots. »

Il n'est pas inutile d'ajouter pour compléter cette explication, que le nom de *Eignot*, dérivé de *Eidgenossen*, avait été pris à Genève par les partisans de la liberté, qui avaient formé des alliances avec les confédérés suisses.

Parmi les nombreuses étymologies que cite M. Browning dans son *Histoire des huguenots depuis la fin de la ligue jusqu'en* 1838, nous avons particulièrement remarqué celle-ci : On appelle *huguenote* un grand vase de terre commun ou un poêle de fer ; et comme nombre des premiers *huguenots* ont péri dans les flammes, il serait encore possible que telle fût l'origine de leur nom ; on ne trouvera pas cette supposition dénuée de vraisemblance si l'on se rappelle que le dicton *sentir le fagot* était fort usité pour exprimer un penchant à la réforme, et se trouve très-fréquemment dans les écrits du XVIe siècle. — Mais Furetière a renversé la question : selon lui, ce sont les huguenots qui ont donné leur nom au vase, parce qu'ils s'en servaient les jours de jeûne, pour préparer en secret leurs repas.

CHAT ÉCHAUDÉ CRAINT L'EAU FROIDE.

Dans la forme, ce proverbe est presque une antithèse : on se demande au premier abord pourquoi le chaud a donné au chat la peur du froid. Mais le verbe *échauder* ne signifie pas *donner chaud,* il implique nécessairement l'idée d'eau : ceux-là ont été échaudés qu'on a trempés dans l'eau chaude, qu'on a fait passer par l'eau chaude. En se rappelant cette signification, le sens devient clair. Le chat qui a été arrosé d'eau chaude et qui s'en est mal trouvé, craint tout ce qui lui rappelle cette sensation désagréable, et l'eau froide même le fait fuir. C'est le sens du mot d'Ovide : « L'homme qui a fait naufrage redoute la mer, alors même qu'elle est calme. » Mais le chat ici vaut mieux que l'homme, parce que l'instinct, pour éviter un danger, vaux mieux que la raison. C'est pourquoi nous disons aussi proverbialement : *chien échaudé ne revient pas en cuisine.* — Les Arabes ont un proverbe qui exprime bien, et d'une manière générale, la peur qu'inspire tout ce qui a l'apparence du danger qu'on a déjà couru : « *qui a été mordu par le serpent se méfie des cordes.* »

LONGCHAMPS.

Il y avait autrefois à deux lieues de Paris, auprès de Boulogne, dans un petit village nommé *Longchamps,* une ancienne abbaye fondée par Isabelle, sœur de saint Louis, et restée célèbre par les concerts spirituels qu'on y exécutait pendant la semaine sainte. — Il était de mode d'aller entendre, le mercredi, le jeudi et le vendredi saints, l'office des ténèbres à Longchamps, et tout ce qu'il y avait de monde élégant à Paris s'y rendait en grand équipage. La semaine sainte coïncidant avec le renouvellement de la saison, les dames de Paris, dont l'existence, on l'a dit, consiste surtout à être regardées, profitaient de cette occasion pour exhiber les modes nouvelles et se montrer dans leurs plus brillants atours. Les hommes suivaient cet exemple en faisant voir leurs plus beaux chevaux, leurs voitures nouvelles, — et insensiblement la visite à Longchamps ne fut plus qu'un prétexte pour aller rivaliser de beauté, de luxe et de tapage. On pensait longtemps d'avance à Longchamps, mais l'office n'était pas pour grand'chose dans cette longue préoccupation : il s'agissait de savoir quelle toilette on y montrerait, quelle innovation on y porterait. L'archevêque de Paris crut mettre fin à ce désordre en supprimant les cérémonies religieuses de l'abbaye de Longchamps, mais on se soucia fort peu de l'interdit épiscopal : l'habitude était prise d'aller faire étalage de son luxe aux Champs-Élysées et au bois de Boulogne, et l'on continua, pendant les jours les plus saints de la sainte semaine, à prendre le chemin de Longchamps sans aller à Longchamps.

C'est ainsi que s'est établi l'usage de cette promenade où, pendant bien des années, le monde élégant de Paris est venu donner le ton et dicter les lois de chaque mode nouvelle. — Longchamps aujourd'hui n'est plus qu'un souvenir : le temps l'a usé d'abord, les fiacres et les dames de toutes les fractions de monde l'ont achevé.

FAIRE CHARLEMAGNE.

C'est se retirer du jeu, après avoir gagné, sans offrir de revanche à ses adversaires. Ces joueurs dont parle madame de Girardin, qui, lorsqu'ils gagnent, sont tout à coup saisis d'étourdissement, éprouvent le besoin de respirer un air plus frais, et profitent d'une discussion qui s'élève pour prendre leur chapeau et s'en aller, ont perfectionné à notre époque l'art de *faire Charlemagne,* cette honteuse action exprimée par un grand nom.

Il n'y a guère qu'une seule manière d'expliquer cette locution ; la voici telle que M. Génin l'a donnée dans ses *Notes sur le dictionnaire français :* « Je ne puis trouver à cette façon de parler d'autre origine qu'une allusion à la mort de Charlemagne, arrivée au moment de la plus grande puissance d'Occident. Charlemagne garda jusqu'à la fin toutes ses conquêtes, et quitta le jeu de la vie sans avoir rien rendu du fruit de ses victoires. Le joueur qui se retire les mains pleines fait comme Charlemagne, il *fait Charlemagne*. — Le fils du grand empereur n'eut pas autant de bonheur que son père. Louis le Pieux ne fit pas Charlemagne, et ses successeurs pas davantage. C'est justement ce contraste qui a dû donner naissance à cette expression assez poétique. Et elle se présentait naturellement, puisque l'un des quatre rois du jeu de cartes porte le nom de Charlemagne. »

VOUS ÊTES ORFÉVRE, MONSIEUR JOSSE.

Cette phrase, devenue proverbiale, est en usage dans notre langue pour caractériser ces donneurs de conseils, qui, au lieu de prendre part à votre position, ne considèrent que leur intérêt personnel. Elle est empruntée à *l'Amour médecin*, comédie de Molière. La fille de Sganarelle est plongée dans une profonde mélancolie, dans une tristesse dont rien ne la peut tirer, et le pauvre père, qui est à bout de moyens, aurait besoin, dit-il, d'un bon conseil sur cette matière. Il consulte donc sa nièce, sa voisine et ses amis sur ce qu'il doit faire. Chacun de ces personnages donne un conseil dicté par son propre intérêt, et l'orfévre, M. Josse, entre autres, pense qu'une belle garniture de diamants, ou de rubis, ou d'émeraudes, serait la chose la plus capable de réjouir Lucinde. — Malgré son chagrin, Sganarelle n'a pas perdu le sens, et il découvre aisément les secrètes intentions de ses conseilleurs : « Tous ces conseils sont admirables, assurément, mais je les tiens un peu intéressés, et trouve que vous me conseillez fort bien pour vous. — Vous êtes orfévre, monsieur Josse, et votre conseil sent son homme qui a envie de se défaire de sa marchandise. Vous vendez des tapisséries, monsieur Guillaume, et vous avez la mine d'avoir quelque tenture qui vous incommode, etc., etc. » Le mot : *vous êtes orfévre*, dit à lui seul toute la pensée de Sganarelle ; il venait là parfaitement à propos, et c'est parce qu'il tombait juste que le bon sens public l'a adopté.

La Fontaine nous a laissé un trait à peu près semblable dans sa fable *du Renard qui a la queue coupée*. Le croqueur de poulets, *pour avoir des pareils,* propose la suppression des queues.

> Que nous sert cette queue? Il faut qu'on se la coupe ;
>   Si l'on me croit, chacun s'y résoudra.
> Votre avis est fort bon, dit quelqu'un de la troupe ;
> Mais tournez-vous, de grâce, et l'on vous répondra.

COULEUR ISABELLE.

Couleur jaune clair, participant, comme il est dit dans Trévoux, du blanc, du jaune et de la couleur de chair. Ce mot s'emploie particulièrement en parlant du poil du cheval : *un cheval isabelle,* ou, absolument, *un isabelle.*

Cette couleur a, dit-on, pour origine une chemise de l'archiduchesse Isabelle d'Autriche, fille du roi d'Espagne, Philippe II, et d'Élisabeth de France, et date du siége d'Ostende, qui dura, comme on sait, trois ans trois mois et trois jours. — L'archiduchesse ayant accompagné Albert, son époux, dans ses guerres contre les Hollandais, fut témoin de ce siége fameux. Voyant les efforts infructueux des assiégeants, elle fit le vœu de ne changer de chemise que lorsque Ostende serait prise. Les assiégés résistèrent trois mois encore avant de livrer à Albert ce monceau de cendres qui devait lui coûter plus de cent mille hommes, et ils laissèrent ainsi à la chemise royale le temps de deve-

nir..... *couleur isabelle*. — Ce genre de jaune fut bientôt
à la mode, et l'on porta avec enthousiasme la couleur de
la chemise jaunie dans ces héroïques circonstances.

S'EN ALLER EN EAU DE BOUDIN.

Ou *l'eau* ici est véritablement de l'eau, et alors il s'agit
de celle dans laquelle on lave les boyaux qui doivent
former l'enveloppe du boudin, et qui, après, n'est bonne
qu'à jeter; ou bien ce mot doit être entendu pour *os*, qui,
au pluriel, a le même son, et le sens se retrouve encore
puisque les boudins n'ont point d'os; ou, enfin, *eau* est
une corruption de *aune*, et l'expression première aurait
été *s'en aller en aune de boudin*. Cette dernière version,
— la plus vulgaire, disent MM. les savants, — est à nos
yeux la meilleure. Seule, elle éveille bien l'idée d'une
chose qui aurait dû être magnifique et qui finalement se
réduit à rien.

> Pendant que nous avons une si bonne braise,
> Qu'une aune de boudin viendrait bien à propos!

Depuis bientôt deux siècles que les enfants sont bercés
avec les contes de Perault, les *souhaits ridicules* ont fait
leur chemin, et *l'aune de boudin*, qui *fournit la matière*
de ce conte, a pu aisément devenir proverbiale. Il nous
a semblé à tous, en effet, que si Jupiter nous avait promis comme au Bûcheron

> D'exaucer pleinement nos trois premiers souhaits,

nous aurions eu l'adresse de ne pas laisser une si belle
affaire *s'en aller en aune de boudin*.

LA CIGALE ET LA FOURMI.

Chamfort a dit dans ses notes : « Cette fable est une des plus faibles de La Fontaine. Elle n'est très-citée que parce qu'elle est la première. » — Rousseau s'est fâché tout rouge ; Voltaire et d'Alembert ont dit aussi leur mot, et quelques-uns enfin ont reproché à La Fontaine d'avoir copié, ou à peu près, ces vers de Baïf :

> Tout l'été chanta la cigale,
> Et l'hyver elle eut la faim râle ;
> Demande à manger au fourmi :
> — Que fais-tu tout l'été ? — Je chante.
> — Il est hyver, danse, fainéante.
> Apprends des bêtes, mon ami...

A ces reproches, nous demandons humblement la permission d'ajouter les nôtres, car nous avons aussi nos petits griefs contre *la cigale et la fourmi*. Ce sera, si l'on veut, le coup de pied de l'âne.

Commençons par les deux vers que d'Alembert n'a pas compris :

> La fourmi n'est pas prêteuse :
> C'est là son *moindre défaut.*

Évidemment, La Fontaine n'a pas voulu dire de la fourmi que l'avarice était le *moindre de ses défauts ;* c'eût été dire qu'elle en avait bien d'autres, de plus grands surtout, et sa pensée n'était pas là. C'est, croyons-nous, le contraire de ce qu'il a dit que La Fontaine a voulu dire : la fourmi est industrieuse, active, rangée, et son défaut capital, si c'en est un, est de tenir au bien qu'elle a laborieusement amassé. Disons donc que l'avarice est le *péché mignon* de la fourmi, et nous exprimerons l'idée que La Fontaine a rendue à contre-sens, en disant *son moindre défaut*. — L'erreur est venue de ce que La Fontaine, en cette occasion, a pris *moindre* pour *petit*, comme l'ont fait quelques-uns des vieux auteurs qui lui étaient si familiers. Avec l'adjectif *petit*, le vers subsistait, et l'expression répondait bien à la pensée. *C'est là son petit défaut* signifie, en effet, c'est son défaut ordinaire, celui qu'il faut lui reconnaître ; c'est le seul peut-être, mais enfin c'est par là qu'elle n'est pas parfaite.

En même temps que La Fontaine a porté atteinte, par cette expression inexacte, au caractère de la fourmi, il a un peu calomnié la cigale, en nous la représentant comme une péronnelle imprévoyante et frivole, qui ne sait rien faire que chanter tout l'été. La cigale, la femelle surtout, qui ne chante jamais, n'est pas dénuée de vertus domestiques ; elle s'occupe de son ménage et de ses enfants, autant que la fourmi de sa communauté, et elle fait, dans le silence de la retraite, une assez bonne maison pour n'avoir besoin des secours de personne. Ce n'est pas cette évaporée qui chante, chante sans cesse, sans songer au lendemain, et qui joint même l'impertinence à la frivolité :

Je chantais, *ne vous déplaise !*

Pour faire contraste avec la fourmi laborieuse et sérieuse, il eût fallu choisir une petite pécore, qui n'eût d'autre mérite que sa jolie voix ; il eût été naturel alors qu'elle chantât toujours et qu'elle prît plaisir à s'entendre. Or le chant de la cigale, si l'on peut appeler ainsi cette espèce de stridulation monotone qu'elle produit avec le ventre, est loin d'être agréable.

Au total, les deux acteurs de cette fable ne sont pas

pris sur le vif, et ne donnent point une idée juste de leur caractère et de leurs mœurs. Et puis, on ne sait lequel il faut donner en exemple, car on n'est content ni de l'un, ni de l'autre. On n'aime pas cette petite sotte qui va mendier quelques grains de mil en faisant ses embarras; on n'aime pas non plus cette voisine acariâtre, qui refuse un secours et qui le refuse en raillant. — Nous avons eu plus d'une fois l'occasion de constater que si la cigale est perdue de réputation dans l'esprit des enfants, la fourmi n'y est pas non plus en très-haute estime.

Parmi les nombreuses imitations de *la cigale et la fourmi*, on distingue particulièrement *l'écho* pour son extrême concision.

> J'ai tout mangé, dit Claude, accours, ô Providence.
> Providence se tut, mais l'Écho reprit : danse.
>
> **FUMARS.**

Nous citerons, à côté, une petite fable inspirée par les mœurs financières de notre époque. Elle est le mot à mot en quelque sorte de *la cigale et la fourmi*, mais le sujet se prête très-bien au ton adopté par La Fontaine :

La Coulisse et la Banque.

> La Coulisse ayant monté
>   Tout l'été
> Se trouva fort dépourvue
> Quand la baisse fut venue.
> Adieu primes, actions,
> Bonnes obligations !
> Elle alla crier famine
> Chez la Banque, sa voisine,
> La priant de lui prêter
> Quelque argent pour tripoter
> Jusqu'à la hausse nouvelle
> « Je vous paierai, lui dit-elle,

> Avec votre capital
> Un intérêt sans égal. »
> La Banque n'est pas prêteuse,
> C'est là son moindre défaut.
> « Que faisiez-vous au cours haut? »
> Dit-elle à cette emprunteuse.
> — « Toujours sans un sou vaillant,
> « J'achetais, ne vous déplaise. »
> — « Vous achetiez! j'en suis fort aise;
> « Eh bien! vendez maintenant. »
>
> H. FERRIER.

CAPE.

Espèce de manteau à capuchon. Des étymologistes trop savants ont été chercher bien loin l'origine de ce mot. Il vient, a dit l'un, de *capella* (petite chèvre), parce qu'on employait le poil de chèvre à la fabrication des étoffes servant à faire capes et capuchons ; — il vient, a dit un autre, de *capere,* contenir, couvrir entièrement, parce que la cape enveloppe tout le corps de celui qui la porte. Heureusement, un troisième, et quelques honnêtes gens à sa suite, ont pensé qu'il était plus simple de recourir au mot *caput* et cela nous a beaucoup tranquillisé. Nous aurions été bien contrarié si nous avions dû faire un choix entre ces deux premières étymologies. *Cape, capuchon, capuche,* et tous les mots qui éveillent l'idée des choses qui se rapportent à la tête, tels que *capitaine, chapitre, chapeau, chaperons, capon*[1]*, capot,* ne peuvent avoir d'autre origine raisonnable que le mot *caput.*

---

1. « Philippe le Hardi obligea les juifs de porter une corne sur la tête. Il leur était défendu de se baigner dans la Seine ; et quand on les pendait, c'était toujours entre deux chiens. Sous le règne de Philippe le Bel, leur société s'appelait *Societas caponum,* et la maison où ils s'assemblaient, *Domus societatis caponum,* d'où est venu, sans doute, le mot injurieux *capon.* » (HURTAUT, *Dict. hist. de la ville de Paris.*)

La cape, qu'on retrouve encore dans les Pyrénées, n'est plus guère en usage parmi nous, au moins avec son nom, car la mode nous apporte de temps en temps des vêtements qui la rappellent; mais ce nom est resté dans quelques-unes de nos locutions proverbiales, où il fait même assez bonne figure.

Rire sous cape, avec malice et en se cachant, comme on cacherait sa tête sous une cape. C'est dans le même sens qu'on dit plus familièrement *rire dans sa barbe.* — L'idée de se cacher attachée au mot *cape* a fait dire, par extension, *sous cape,* des choses qu'on exécute en cachette.

> Mais il n'est, comme on dit, pire eau que l'eau qui dort,
> Et vous menez, sous cape, un train que je hais fort.
>
> MOLIÈRE.

La cape a été autrefois un manteau de chevalier. C'est pour cela qu'on disait d'un gentilhomme sans fortune, et qu'on dit encore, selon l'Académie, d'un homme qui n'a qu'un mérite apparent et superficiel, *il n'a que la cape et l'épée.*

Les pièces qu'on appelle de *cape et d'épée* sont des comédies de genre et d'intrigues. Cette dénomination nous vient de l'Espagne. Dans le théâtre espagnol, et particulièrement depuis Lope de Vega, on distinguait les comédies en divines et humaines : les unes se subdivisaient en vie des saints et actes sacramentaux; les autres en comédies héroïques, historiques ou mythologiques, et en comédies de *cape et d'épée* qui représentaient les mœurs élégantes et les manières du jour.

11.

MON PETIT DOIGT ME L'A DIT.

Ce petit doigt si bavard qui raconte aux papas et aux mamans les grosses fautes de leurs enfants est en rapports habituels avec l'oreille; il a ses libres entrées dans le palais auditif; il y remplit des fonctions de confiance et profite de la faculté qu'il a de s'introduire facilement pour faire sournoisement aux parents ses confidences et ses révélations. — C'est là, au moins, ce que pourraient penser ces bons petits êtres qui n'essaient jamais de dissimuler leurs peccadilles sans qu'une mère ou un oncle vienne leur dire aussitôt : *mon petit doigt me l'a dit.* Importun et indiscret petit doigt qui est là toujours pour tout révéler à cette curieuse oreille, toujours prête à entendre.

Plus tard, l'enfant apprend que ce vilain petit doigt qu'il avait en horreur s'appelle *auriculaire,* et qu'il doit ce nom au mot latin *auricula,* parce qu'il est le seul de nos doigts qui puisse s'introduire dans l'oreille. Il comprend alors qu'on l'a trompé : le petit doigt est innocent de toutes les révélations qu'on lui prêtait, et s'il se mettait souvent en rapport avec l'oreille, ce n'était pas, comme on l'avait pretendu, pour médire sur autrui[1]. — C'est alors que l'enfant commence à s'étonner de sa crédulité et à se défier; car les premières lumières qui doivent se faire dans son intelligence sont destinées à chasser toutes les

1. Voici maintenant ce qu'ont dit des savants sur l'origine de ce proverbe : « Quelques-uns ont estimé qu'il falloit expliquer ce proverbe vulgaire *mon petit doigt me l'a dit* par *mon petit dé (de* pour *dex,* comme parloient nos ancêtres, *Dieu) me l'a dit,* faisant allusion au génie de Socrate, à la nymphe Égérie de Numa et autres démons familiers. Ces démons étoient présumés inspirer ceux qu'ils favorisoient et leur parler à l'oreille. » (Le P. LABRR, *Étymologies françoises.*)

erreurs, il faudrait dire toutes les sottises qu'on a trop souvent semées dans sa tête. S'il est des choses qu'il faut absolument cacher aux enfants, pourquoi ne pas leur dire la vérité sur tout le reste? A quoi bon les abuser à plaisir avec tant de niaiseries et d'absurdités? à quoi bon leur faire croire qu'un petit doigt peut parler, qu'il y a dans les montres une petite *bëbéte*, que *croquemitaine* va les manger, etc., etc.? On ne nous fera jamais admettre qu'il soit besoin de pareils moyens pour élever des enfants. Il en est qui ne se sont jamais guéris de la peur qu'on leur avait faite des cabinets noirs et des loups-garous. Quant au petit doigt, il est aussi absurde que possible. Dites aux enfants que vous lisez la vérité dans leurs yeux, et vous les mettrez bien plus sûrement en garde contre le mensonge, car vous vous attaquerez à un sentiment qu'ils éprouvent quand le rouge leur monte à la figure : c'est en sentant qu'ils se dénoncent eux-mêmes qu'ils s'habitueront à la sincérité.

FRAPPE, MAIS ÉCOUTE.

Lorsque Xerxès, roi de Perse, marcha contre Athènes, il fut décidé que les Lacédémoniens iraient défendre le passage des Thermopyles, et que les Athéniens conduiraient la flotte au détroit d'Artémise. Il s'éleva une contestation entre les Lacédémoniens et les Athéniens au sujet du commandement général de l'armée navale. Thémistocle, qui avait droit à cet honneur, persuada aux Athéniens de ne pas compromettre par ces débats le salut de la Grèce, et ce fut Eurybiade que la prépondérance de Sparte fit nommer. Mais quand Eurybiade voulut partir et se retirer vers l'isthme, où l'armée de terre des Péloponésiens était rassemblée, Thémistocle s'y opposa. —

« Thémistocle, lui dit Eurybiade, dans les jeux publics on châtie ceux qui se lèvent avant d'en avoir reçu l'ordre. — Cela est vrai, répondit Thémistocle, mais aussi on ne couronne jamais ceux qui restent derrière. » Eurybiade, ayant levé son bâton pour le frapper : — *Frappe,* lui dit Thémistocle, *mais écoute.* »

CHIEN DE JEAN DE NIVELLE.

De tous ceux, hommes ou bêtes, qui s'en vont ou se sauvent quand on les appelle, on dit communément : *C'est le chien de Jean de Nivelle, il s'enfuit quand on l'appelle.* Cette façon de parler donnerait à penser que Jean de Nivelle avait un chien révolutionnaire et mal élevé, qui se distinguait par une désobéissance tellement rare chez notre compagnon le plus fidèle, qu'elle avait dû faire événement, et, par suite, devenir proverbiale. — Il paraît cependant que la vérité n'est pas là. Ce fameux chien n'est pas un chien, c'est un homme, c'est Jean de Nivelle lui-même, un très-vilain homme qui, d'après les renseignements que nous avons recueillis sur son compte, a bien mérité l'épithète injurieuse accolée à son nom. On ne s'entend pas toujours sur les reproches qu'on lui adresse, mais on est généralement d'accord pour le traiter de chien. Les uns disent : Jean II, duc de Montmorency, voyant que la guerre allait se rallumer entre Louis XI et le duc de Bourgogne, fit sommer Jean de Nivelle et Louis de Fosseuse de quitter la Flandre, où ils avaient des biens considérables, et de venir servir le roi. Ni l'un ni l'autre ne comparurent. Leur père irrité les appela *chiens* et les déshérita. — Cette version ne satisfait pas complétement : on y voit bien que Jean de Nivelle a été appelé, mais on ne voit pas précisément qu'il ait fui ; et puis, il y a là son

frère, Louis de Fosseuse, que nous avons laissé totalement de côté, bien qu'il ait été fait chien aussi par l'indignation paternelle. — Voici maintenant l'opinion la plus
accréditée : Jean de Montmorency, seigneur de Nivelle,
était d'un caractère très-violent; dans une querelle qu'il
eut avec son père, il lui donna un soufflet. Cité pour ce
fait devant le parlement, il ne comparut point ; en vain, il
fut sommé, selon l'usage, à son de trompe, « tant plus on
l'appelait, dit un conteur, tant plus il se hastoit de courir
et de fuir du costé de la Flandre. » C'est alors, dit-on,
que le peuple l'appela *chien de Jean de Nivelle, qui s'enfuit quand on l'appelle.* — Quelques-uns, c'est le petit
nombre, vont encore plus loin : ils prétendent que Jean
de Nivelle aurait tué son père, et que le remords de son
crime lui ayant fait fuir tout le monde, on aurait dit de
lui : *Ce chien de Jean de Nivelle, il s'enfuit quand on
l'appelle.*

Les personnes pour lesquelles la question du chien
n'existe pas, et qui disent simplement : *Il ressemble à
Jean de Nivelle, il s'enfuit quand on l'appelle,* expliquent
ainsi leur comparaison : en Belgique il y a dans la petite
ville de Nivelle, sur l'une des tours latérales de l'église de
Sainte-Gertrude, une statue en bronze qui frappe les heures
avec un marteau, et qu'on a appelée Jean de Nivelle. Faisant allusion aux heures qui s'enfuient à mesure que Jean
semble les appeler avec son marteau, on a dit d'abord :
Il ressemble aux heures de Jean de Nivelle, qui s'enfuient
quand on les appelle ; et le peuple, qui abrége volontiers
les phrases aux dépens du sens, a fini par dire : *Il ressemble à Jean de Nivelle qui s'enfuit quand on l'appelle.*

Ceux enfin qui veulent que le chien de Jean de Nivelle
soit un vrai chien racontent l'histoire suivante : Dans le

douzième siècle, le couvent d'Oignies (Pas-de-Calais) comptait au nombre de ses membres un nommé Jean de Nivelles, chanoine de l'ordre de Saint-Augustin, et ancien doyen de l'église de Saint-Lambert, à Liége. La goutte lui ayant paralysé une jambe, on fit venir de France un médecin renommé qui lui promit sa guérison s'il voulait s'imposer un repos rigoureux de quatre mois. Jean de Nivelles, ne voulant pas rester pendant un temps aussi long sans travailler au salut de son prochain, poursuivit sa pieuse mission en bravant les plus horribles douleurs. Mais bientôt il fut vaincu. « Le bienheureux Jean de Nivelles, dit la légende, était fort malade et s'en allait mourir. L'extrême fatigue et les austérités l'avaient tellement endolori que tout bruit un peu vif, tout mouvement imprévu redoublait son agonie. Ce cruel état durait depuis huit jours lorsqu'on se décida d'écarter de lui son chien qu'il aimait beaucoup, mais qui, par ses jappements et sa vivacité, lui causait de fréquents gémissements.—D'abord on crut qu'il suffirait de le chasser ; mais l'animal était si importun à revenir (car il était très-attaché à son maître) qu'il fallait le mettre hors de la maison et le battre de verges, à toutes les heures du jour et de la nuit, pour le tenir éloigné. La première journée, le saint vieillard ne dit rien, mais le lendemain il demanda son chien ; on lui dit qu'on l'avait éloigné afin de hâter sa guérison ; et comme il soupirait, on ajouta qu'il devait supporter cette privation, si c'en était une pour lui, en esprit de pénitence. Jean garda le silence, mais on voyait qu'il en était affligé. Le troisième jour il demanda encore son chien ; on lui fit la même réponse, et il se tut tristement encore. Cependant, la maladie faisait de rapides progrès ; on vit bien que Jean allait mourir. Le matin du quatrième jour il ne parla plus, mais il étendit la main pour caresser une der-

nière fois son chien fidèle. Un des frères fut touché de
compassion, et on alla appeler le chien. Ce fut peine inutile ; on avait battu tant de fois la pauvre bête pendant
trois jours, que, bien qu'il rôdât encore autour de la
maison, il n'osa plus approcher, et, comme s'il se fût
fait en lui une révolution, il s'enfuyait au contraire à mesure qu'on l'appelait. Ce·manége dura deux jours, autant
que la dernière agonie du malheureux Jean de Nivelles.
A l'heure où le maître trépassa, le chien, s'élançant au
loin, s'enfuit et ne reparut jamais. »

Cette explication justifie le sens dans lequel La Fontaine
paraît avoir entendu le proverbe :

> « Une traîtresse voix bien souvent nous appelle ;
> Ne vous pressez donc nullement.
> Ce n'était pas un sot, non, non, et croyez-m'en,
> Que le chien de Jean de Nivelle. »
> (*Le Faucon et le Chapon.*)

C'est aussi dans ce sens qu'était formulé le proverbe
dès le seizième siècle :

> « Le chien de maistre Jean de Nivelle
> S'enfuit toujours quand on l'appelle. »

Si l'on se demandait pourquoi *Jean de Nivelle*, fils, il
est vrai d'un grand chambellan de France, mais personnage peu important par lui-même, est venu jusqu'à nous,
enchâssé ainsi dans une locution proverbiale qui n'a pas
encore vieilli, il faudrait, croyons-nous, en chercher le
motif dans la rime. Nous avons, et nos pères avaient
plus que nous encore, un grand faible pour la rime. *Nivelle* rimait avec *appelle,* il n'en fallait pas davantage
pour que la phrase fût consacrée. C'est la rime qui a
sauvé de l'oubli un très-grand nombre de nos proverbes :

mais si elle a contribué à les fixer plus aisément dans les mémoires, elle a eu l'inconvénient aussi de leur donner parfois de bien étranges allures :

« Qui art a
Partout part a. »

Souvent la rime a fait négliger un peu la raison et l'on s'est laissé entraîner à donner force de loi à des préceptes qui n'étaient tout au plus que des demi-vérités ; souvent aussi, pour sacrifier à cette rime indispensable, on a altéré l'idée ou contourné la phrase d'une façon obscure et bizarre, et le sens n'y a pas toujours gagné. La grammaire elle-même a été sacrifiée quelquefois sur l'autel de la rime.

L'amour, la toux et la fumée
On ne peut pas tenir cachée.

MALLE-POSTE.

Le mot *malle*, employé pour désigner spécialement la voiture qui fait le service de la poste aux lettres, est assez singulier. Il semble d'autant plus étrange, que dans la plupart des cas on l'emploie seul : *la malle est arrivée, le courrier de la malle*. Pour se rendre compte de ces expressions, il faut se rappeler qu'autrefois, avant Louis XIV, et même du temps de ce roi, il n'existait guère en France de routes praticables pour les chevaux de poste qu'aux environs de Paris ; ailleurs, les chemins étaient à peine tracés, et le transport des lettres ne pouvait se faire que dans une malle attachée sur le dos d'un cheval. Cette malle a laissé son nom à la voiture qui l'a remplacée ; on appelle même encore *mallier* le cheval d'une chaise de poste.

LA CROIX ET LA BANNIÈRE.

Quand on veut exprimer qu'une personne ne se détermine qu'avec peine à se rendre à son devoir ou à une invitation, on dit proverbialement qu'il faut l'aller chercher avec *la croix et la bannière.* — La croix et la bannière constituant l'appareil des processions religieuses, la comparaison est assez naturelle et semble n'avoir besoin d'aucun commentaire : *il faut la croix et la bannière,* c'est-à-dire, il faut toutes sortes de pompes, de cérémonies. — On rattache cependant cette expression à un usage normand que nous consignerons ici par respect pour les traditions. Autrefois, les chanoines de l'église de Bayeux se levaient au milieu de la nuit pour chanter les matines. C'était un devoir pour tous, et ceux qui y manquaient, surtout dans les grandes fêtes, devaient être punis de leur peu de vigilance. On les punissait donc, aussitôt après l'office, en allant en procession à leur logis, avec la croix, la bannière et le bénitier, pour les faire rougir de leur paresse. Ils n'étaient pas venus à la croix, c'était la croix qui venait à eux. — C'est à cette façon de mercuriale que nous devons, assure-t-on, l'habitude de dire des personnes qui se font tirer l'oreille qu'on ira les chercher avec *la croix et la bannière.*

A cette locution, nous en ajouterons quelques autres où le mot *croix* figure avec des acceptions différentes.

Quand nous serons à dix, nous ferons une croix, — c'est-à-dire nous marquerons, car l'usage de compter par dizaine est très-ancien; il y a longtemps que dix est le nombre parfait.[1] La croix s'explique aisément, puisque

—————————

1. Un fameux prédicateur de Louis XIII a soutenu en chaire que le nombre dix était le plus parfait. « Le nombre de dix est le plus par-

c'est par une croix (la lettre X) semblable à celle sur laquelle saint André souffrit le martyre qu'on représentait autrefois le nombre dix. — Ce proverbe s'adresse ironiquement à ceux qui font une longue et ennuyeuse énumération. En leur disant comme Mascarille : Quand nous serons à dix, nous ferons une croix, on fait entendre que leurs motifs sont tellement nombreux qu'il faut les compter dix par dix.

On dit aussi qu'*il faut faire une croix à la cheminée* pour exprimer qu'il arrive dans une maison quelque chose d'heureux et d'inattendu. Suivant l'Académie, ce proverbe ne s'appliquerait que dans une seule circonstance, « quand on voit une personne entrer dans une maison où il y avait longtemps qu'elle n'était venue. » Ce sens est peut-être bien restreint : l'usage va plus loin, et les Romains faisaient une croix blanche à la cheminée pour signaler sans distinction les jours fastes et les événements dont on se réjouissait.

> Je marquerai de blanc cette journée heureuse.
> PONSARD, *Lucrèce*, acte I, scène 2.

Après avoir fait remarquer que les anciens marquaient d'une pierre blanche les jours heureux, et d'une noire les malheureux, ou, comme dit Horace, avec de la craie ce qui était plus louable, et avec du charbon les objets de haine, — l'abbé Tuet ajoute : « Les Romains ont pu nous transmettre cet usage dont il ne nous est resté ensuite que l'expression. Cela est d'autant plus probable qu'autrefois on écrivait *croye* pour *craie*. L'équivoque de *croye* pour *croix* aura pu corrompre le proverbe, qui était peut-

---

fait, disoit-il, et représente la perfection où tout nombre aboutit, car étant parvenu au nombre de dix, on recommence à compter, do sorte que ce nombre de dix est le nombre de perfection. » (Dr MATHANASIUS.)

être énoncé ainsi : *Il faut mettre la croye à la cheminée.*
Ou, si l'on veut, nos pères, en suivant l'usage de leurs
vainqueurs, auraient préféré, en qualité de chrétiens, la
marque d'une croix à toute autre figure. Cette croix devant être blanche, comme signe d'un événement heureux,
on ne pouvait la tracer que sur un endroit noir ; ce qui
a fait choisir la cheminée. »

Chacun porte sa croix.—Chacun a ses peines, ses tour-
ments. « Les croix sont partout ; quand on les fuit on les
trouve. Les plus heureux sont ceux qui les embrassent. »
(de Ravignan). — La croix se prenait déjà au figuré chez
les Romains, car le gibet sur lequel ils attachaient et faisaient mourir les esclaves se nommait *crux ;* mais notre
expression proverbiale est surtout une allusion au Christ
qui porta lui-même l'instrument de son supplice.

Croix ou pile.—Nous disons aujourd'hui *pile ou face.*
D'où venait cette croix et que veut dire cette pile qui nous
est restée ? La croix venait des chrétiens qui l'avaient sub-
stituée au navire des Romains. « Sous le règne de saint
Louis, dit Hénault, on comptait encore en France plus de
quatre-vingt-seize seigneurs qui avaient le droit de faire
battre monnaie ; mais il n'y avait que le roi qui eût le
droit de faire battre d'or ou d'argent. D'un des côtés de
la monnaie royale, il y avait une *croix,* et de l'autre des
piliers, ce qui a fait que longtemps les différents côtés
des monnaies se sont nommés *croix* ou *pile.* » Il y a
d'autres manières encore d'expliquer ce mot *pile* qui a
donné lieu à des opinions très-variées ; les voici résumées
dans ce passage de Borel : « Le mot *pile* vient, selon aucuns,
d'un ancien mot semblable qui signifie *prince.* D'autres
disent que *pile* vouloit dire un tas, et encore en Languedoc une pile signifie un tas ; ou bien de *pileus,*
bonnet, parce que le *pileus* étant la marque de la liberté.

on l'avoit mis en certaines monnoies ; d'autres encore le tirent de *pyle* qui en ancien gaulois signifioit un navire... Or en la première monnoie, qui fut celle de Janus et de Noé, étoit représenté le navire ou arche. » (*Antiquités Gauloises.*) C'est la version du navire qui paraît avoir prévalu ; c'est aussi la mieux fondée. Il y avait en effet, nous l'avons dit, un navire sur les anciennes monnaies romaines ; en jouant à *croix ou pile,* les enfants disaient *capita aut navim.* On disait aussi autrefois *chef ou nef* pour demander de même : tête ou pile.

D'après cela, l'expression *n'avoir ni croix ni pile* semble dépourvue de sens : la croix et la pile étant les deux côtés d'une même pièce, elles ne se séparent pas, et l'on ne pouvait avoir l'une si l'on n'avait pas l'autre. Pour se rendre compte de cette locution, il faut se rappeler qu'il y eut une différence entre les louis d'or et les louis d'argent : dans les louis d'or, la *pile* était la tête ou l'effigie du prince, parce que la croix était de l'autre côté ; dans les louis blancs, au contraire, on appelait la tête du prince la *croix,* et ses armoiries qui étaient de l'autre côté, la *pile. N'avoir ni croix ni pile* signifiait donc exactement n'avoir ni or, ni argent.

Le mot *croix* employé dans le sens d'argent explique le proverbe *avoir le diable dans sa bourse,* n'avoir point d'argent. La croix et le diable se repoussant toujours et partout, ce dernier ne peut se loger dans notre bourse que quand il n'y a plus de croix, c'est-à-dire d'argent, et, par conséquent, lorsqu'elle est vide.

MOURIR DE LA MORT DE ROLAND.

Les historiens n'ont parlé qu'une seule fois de Roland, ce prétendu neveu de Charlemagne que les romans du moyen âge ont rendu si fameux ; c'est pour dire qu'il périt dans le combat où l'arrière-garde de l'armée de Charlemagne fut attaquée par les Vascons d'Espagne dans les défilés de Roncevaux. « Les Vascons s'embusquèrent sur la crête de la montagne qui, par le nombre et l'épaisseur de ses bois, favorisait leurs artifices ; de là, se précipitant sur la queue des bagages et sur l'arrière-garde destinée à protéger ce qui la précédait, il les rejetèrent dans le fond de la vallée, tuèrent, après un combat opiniâtre, tous les hommes jusqu'au dernier, pillèrent les bagages, et, protégés par les ombres de la nuit, qui déjà s'épaississaient, s'éparpillèrent en divers lieux avec une extrême célérité. Les Vascons avaient pour eux dans cet engagement la légèreté de leurs armes ; la pesanteur des armes et la difficulté du terrain rendaient, au contraire, les Francs inférieurs en tout à leurs ennemis. Eghiard, maître d'hôtel du roi, Anselme, comte du palais, Roland, commandant des frontières de Bretagne, et plusieurs autres périrent dans cette affaire. » (Éginhard.)

La tradition populaire prétend que Roland sonna du cor avec tant de force, pour appeler à son aide la première moitié de l'armée franque, qu'il se rompit les veines du cou, et que, pour ne pas voir tomber sa bonne épée entre les mains des ennemis, il la lança dans les rochers de la vallée de Roncevaux où elle alla percer la montagne et ouvrir le passage appelé *brèche de Roland*.

Mais au dire de Fleury de Bellingen, Roland, s'étant extrêmement échauffé à la bataille de Roncevaux, aurait été forcé de se retirer de la mêlée pour chercher de l'eau, et, n'en ayant pas trouvé, serait mort de soif. C'est ce qui aurait donné lieu au proverbe : *Mourir de la mort de Roland,* mourir de soif. — D'après les relations qu'on nous a laissées sur le carnage de la journée de Roncevaux, il est difficile d'admettre que Roland ait eu le loisir d'aller chercher à boire, et nous n'oserions pas garantir cette étymologie.

REVENIR A SES MOUTONS.

> Or, laissant tout cecy, retourne à nos moutons,
> Muse, et sans varier dy nous quelques sornettes.

Retourne à nos moutons, c'est-à-dire reviens à la question, à l'objet qui nous intéresse. Ce proverbe, « si juste et si utile à rappeler parfois aux orateurs, aux professeurs, à tous ceux qui parlent[1], » est pris de la farce de Pathelin. Le drapier Guillaume a été volé, par l'avocat Pathelin, de six aunes de drap, et par Agnelet, son berger, de six-vingts moutons. Guillaume veut faire pendre son berger; mais au moment où il l'accuse devant le juge, il croit reconnaître Pathelin, son voleur de drap, dans l'avocat d'Agnelet. — Préoccupé alors de son drap en même temps que de ses moutons, il fait une confusion plaisante dans ses réponses.

LE JUGE.

> Sus, revenons à nos moutons,
> Qu'en fut-il?

LE DRAPIER.

> Il en prit six aunes
> De neuf francs.

Le juge se creuse la tête pour comprendre, et il répète toujours à Guillaume de laisser là ce drap et de *revenir à ses moutons.*

---

1. VILLEMAIN. *Tableau de la littérature au moyen âge.*

CHANTER POUILLE.

Chanter pouille à quelqu'un signifie, d'après l'Académie, lui dire des injures, des choses offensantes. — D'où vient cette expression ? Nous nous le demanderions encore si M. Génin ne nous avait donné le choix entre les deux explications suivantes.

« *Pouille,* dit-il, était d'abord la machine que nous écrivons et appelons encore *poulie. Chanter pouille* à quelqu'un serait donc l'injurier d'une voix aigre comme le chant d'une poulie qui grince dans sa chape rouillée : Cette harengère a chanté pouille à son mari.

« *Pouille* signifiait aussi une écurie à mettre des chevaux. Nous appelons encore *pouliche* une jeune cavale, ce que nos pères nommaient *poultre,* et un *poulain* ce qu'ils nommaient un *poultrain.*

« Alors *chanter pouille* signifierait chanter écurie, c'est-à-dire gourmander brutalement, grossièrement, en style d'écurie ou de palefrenier. »

L'une et l'autre de ces explications paraissent plausibles : cependant, puisque M. Génin nous laisse le choix, nous optons pour la dernière. Elle a, selon nous, le mérite d'aller plus au fond des choses. La poulie ne rend compte que du ton ; l'écurie explique aussi la chanson. On peut dire des choses très-agréables avec la voix aigre d'une innocente poulie ; on dit grossièrement des choses grossières quand on chante la gamme des palefreniers.

TOUT LE MONDE NE PEUT PAS ALLER A CORINTHE.

Pourquoi ? Parce que Corinthe, dans le temps où ce proverbe a pris naissance, était habité par Laïs et d'autres célèbres courtisanes qui mettaient à haut prix leurs faveurs. — Est-ce que ces dames siégeaient aux portes de la ville et exigeaient un impôt de tous les voyageurs qui venaient à Corinthe ? — Non, mais on ne pouvait être reçu auprès d'elles sans faire de folles dépenses. — A la bonne heure ; mais pourquoi tout le monde aurait-il rendu visite à ces ruineuses personnes ? Ne pouvait-on pas s'écrier avec le philosophe Démosthène : *Ma philosophie ne m'a pas encore procuré une fortune assez considérable pour pouvoir acheter si cher un repentir ?* Est-ce à dire enfin qu'il fallût, pour avoir le droit de respirer à Corinthe, présenter ses hommages à la belle Laïs, ou prétend-on insinuer que personne n'était assez sage pour résister à la puissance de ses charmes ? Non, la raison n'est pas sérieuse, et pour qu'elle fût soutenable il faudrait dire : *Tout le monde ne peut pas aller chez la courtisane Laïs.* — Phryné, qui avait amassé des richesses assez grandes pour pouvoir faire reconstruire la ville de Thèbes, n'empêcha jamais personne d'aller à Athènes, et si tout le monde n'y alla pas, non plus qu'à Corinthe, ce ne fut ni la faute de l'une, ni la faute de l'autre.

La ville de Corinthe était située au pied d'une citadelle très-forte et très-élevée que ni les Romains ni les Turcs n'ont détruite. Cette citadelle qu'on appelait *Acrocorinthus* et qui commande toujours l'entrée du Péloponèse est un rocher très-haut à deux pointes, sur lequel se trouve une forteresse d'un accès extrêmement difficile. « Plusieurs parties de murailles de la vieille forteresse de Corinthe, dit Malte-Brun, sont de construction cyclopéenne. » C'est donc à l'*Acrocorinthe*, nom sous lequel la ville même a été quelquefois désignée, qu'on a fait allusion en disant des choses réputées très-difficiles : *Non omnibus licet adire Corinthum,* il n'est pas permis à tous d'aller ou d'aborder à Corinthe.

RÉJOUISSANCE.

L'ordonnance de police du 1er octobre 1855, concernant la taxe de la viande de boucherie, porte, art. 7 : « Défenses sont faites aux bouchers de mettre dans la balance et de livrer aux acheteurs des os décharnés, ni ce qu'on appelle vulgairement de la *réjouissance.* » — Ce mot *réjouissance,* que l'on regarde depuis longtemps comme une amère ironie, a eu sa raison d'être.

En attendant que le rêve de la *poule au pot* pût se réaliser, Henri IV avait voulu que le peuple pût au moins manger du bœuf, et pour cela, il avait décidé, sur la proposition du prévôt des marchands, Miron[1], que, vu le prix extraordinaire de la viande, les morceaux de qualité inférieure seraient vendus sans os. On stipula en même temps, pour que les marchands n'eussent point à souffrir de cette mesure, que ces os seraient ajoutés dans la vente à tous les morceaux de qualité supérieure, à ceux qu'on appellerait aujourd'hui de première catégorie. Ces fameux os devenaient donc ainsi une charge de moins pour les pauvres et une charge de plus pour les riches; à ce double titre, ils devaient être pour le peuple un motif de *réjouissance.* C'est de là que le nom leur est venu.

DE CHARYBDE EN SCYLLA.

C'est en traversant le détroit qui sépare l'Italie de la Sicile que les anciens s'exposaient à *tomber de Charybde*

---

1. Miron qui a si bien mérité que Montesquieu ait dit de lui : son âme était celle de tout le peuple.

en Scylla. — *Charybde* est un gouffre situé sur la côte de Sicile près du port de Messine, et en face duquel se trouve, sur la côte d'Italie, un autre écueil appelé *Scylla.* Ce passage, où Ulysse perdit une partie de sa flotte, n'est plus dangereux depuis longtemps, mais on a conservé le souvenir des craintes qu'il inspirait aux navigateurs d'autrefois dans ce proverbe par lequel on exprime que pour éviter un mal on tombe dans un pire.

> Pensant fuir un écueil souvent vous vous noyez.
>
> Boileau.

Darius, qui fuyait Alexandre après la bataille d'Arbèles, tomba dans les mains du satrape Bessus qui le fit périr pour prendre le titre de roi :

> *Incidit in Scyllam cupiens vitare Charybdim.*
>
> Gautier de Chatillon. — *Alexandriana.*

Ces deux écueils ont été trop célèbres dans l'antiquité pour n'avoir pas leur origine mythologique. *Charybde* était une vieille femme qui fut frappée de la foudre et changée en gouffre pour avoir dérobé les bœufs d'Hercule. — *Scylla* était une belle nymphe dont le triton Glaucus devint amoureux. Jalouse, la magicienne Circé jeta dans la fontaine où se baignait Scylla un poison qui la changea en un monstre à six têtes. Les hurlements affreux que poussaient une foule de chiens qui lui sortaient du corps sont une allusion au bruit que font les vagues en se brisant sur les rochers du détroit de Messine.

A la rigueur, on pourrait expliquer notre proverbe en remontant à ces récits fabuleux. S'éloigner de la vieille Charybde pour rencontrer la jeune Scylla, n'est-ce pas échapper à un danger pour tomber dans un plus grand encore ?

TURLUPINADE.

Cette expression sert à caractériser ces sottes plaisanteries, ces quolibets insipides qui ont rendu ridicules tant de gens peut-être spirituels, et qui défrayent depuis trop longtemps les conversations à la mode. « Mais, à propos d'extravagants, ne voulez-vous pas me défaire de votre marquis incommode? Pensez-vous me le laisser toujours sur les bras, et que je puisse durer à ses turlupinades perpétuelles? » (Molière.)

Turlupinade doit son origine au nom de *Turlupin* sous lequel était connu Henri Legrand, acteur du seizième siècle, qui s'était fait une renommée dans les rôles plaisants et facétieux. Il s'appelait *Belleville* dans le haut comique et *Turlupin* dans la farce. — Faire une plaisanterie à la façon de *Turlupin,* c'est faire une *turlupinade.*

Le mot *Turlupin* n'était pas nouveau à cette époque ; il avait servi à désigner, au XIIIe et au XIVe siècle, les hérétiques de la fraternité des pauvres, et c'est probablement au souvenir laissé par ces misérables que Legrand aura dû son surnom. On a dit que *Turlupin* était venu de *tire-lupins*, les lupins étant des pois chiches, nourriture ordinaire des pauvres. « Rabelais, dit Le Duchat, écrivait beaucoup de mots suivant l'origine qu'il leur donnait. Persuadé que les *turlupins* de l'an 1372 avaient été ainsi nommés parce que, à la manière des cyniques auxquels on les comparait, il semblait qu'ils vécussent de *lupins* tirés par ci par là, il prit droit d'écrire *tire-lupins* pour *turlupins.* »

A LA QUEUE LEU LEU.

Leu est un vieux mot français qui se disait pour *loup*. « Le mot *leu* se dit encore en Picardie et en d'autres lieux au même sens. On dit encore populairement, c'est un vieux *leu*, pour signifier un maitre-homme, un homme fin, rusé. C'est encore de là qu'on surnomma autrefois *Pel de leu* un noble nommé Raoul, parce qu'il portait une veste de peau de loup. » *(Dict. de Trévoux.)* Les loups marchent à la suite les uns des autres; *Marcher à la queue leu leu* signifie donc marcher à la file, l'un derrière l'autre. Les petites filles qui jouent *à la queue leu leu* défilent en se tenant par la robe.

Le loup figure dans un grand nombre de nos expressions proverbiales. Nous citerons parmi les plus usitées :

Entre chien et loup. — Le loup ressemble beaucoup au chien; il a la même forme, la même silhouette; dans l'ombre, on ne les distinguerait pas. C'est pour cela que cette locution sert à désigner le moment du crépuscule, le moment où l'on n'aperçoit pas assez bien les objets pour pouvoir distinguer un chien d'un loup.

Brebis comptées, le loup les mange. — Les précautions excessives ne nous mettent pas à l'abri du danger. Selon nous, ce proverbe dit même quelque chose de plus : il exprime qu'on est trompé dans le moment même où l'on vient de prendre ses précautions pour ne l'être pas : c'est quand l'avare vient de compter son or qu'on le lui vole; c'est quand la ronde vient de passer que les malfaiteurs font leurs coups.

Les loups ne se mangent pas. — Les méchants s'entendent, ils ne s'attaquent pas entre eux. Si le loup n'était pas de tous les animaux celui qui mérite le mieux d'être comparé au méchant, on ne s'expliquerait pas pourquoi, dans cette phrase, on a donné les loups pour exemple. Il est acquis à la science, en effet, que les loups se dévorent entre eux plus volontiers que tous les autres animaux. Écoutez plutôt Buffon : « Il (le chien) l'abandonne pour servir de pâture au corbeau et même aux autres loups ; car ils s'entre-dévorent, et lorsqu'un loup est grièvement blessé, les autres le suivent au sang et s'attroupent pour l'achever. » Et plus loin : « Plusieurs mâles suivent la même femelle, et cet attroupement est encore plus sanguinaire que le premier ; car ils se la disputent cruellement ; ils grondent, ils frémissent, ils se battent, ils se déchirent, et il arrive souvent qu'ils mettent en pièces celui d'entre eux qu'elle a préféré. Ordinairement elle fuit longtemps, lasse tous ses soupirants, et se dérobe, pendant qu'ils dorment, avec le plus alerte ou le mieux aimé[1]. » Et plus loin encore : « Sa chair est si mauvaise qu'elle répugne à tous les animaux, et il n'y a que le loup qui mange volontiers du loup. »

Buffon ne dit pas, il est vrai, que les loups pressés par la faim s'attaquent entre eux ; ils cherchent d'ordinaire d'autres proies, de meilleures, sans doute, et une victoire

---

1. Ces lignes semblent avoir été inspirées à Buffon par ce passage de Pasquier : « Phébus, comte de Foix, dans le livre qu'il a fait de la chasse, remarque que quand la louve devient amoureuse, elle est aussitôt accompagnée du premier loup qui la rencontre, lequel la suit. Le second qui y vient se tient derrière le premier, et ainsi tous ceux qui y accourent, tellement que de queue en queue ils font une grande traînée de loups. La louve les meine sans s'arrester, jusqu'à ce qu'étant tous las elle commence à se reposer, et à son exemple les autres loups aussy qui s'endorment. Pendant leur sommeil la louve s'adresse au pire de la troupe qui est celui qui le premier l'a suivie ; après elle s'en va laissant ce loup qui s'endort aussitôt ; les autres à leur réveil, estonnez de l'absence de la louve, reconnaissant au nez celuy qui leur a été préféré, se jettent sur lui et le dévorent. »

12.

plus facile. Ils ont peur de leurs pareils et en cela ils ressemblent fort bien aux méchants. Dans ce sens, le proverbe est exact, mais alors il eût fallu l'expliquer autrement qu'on ne l'a fait : les méchants s'épargnent entre eux. Ce n'est pas pour s'épargner qu'ils ne s'attaquent point, c'est parce qu'ils n'osent pas.

COLONNES D'HERCULE.

Le détroit de Gibraltar se nommait autrefois détroit d'Hercule (*Heracleum fretum*) parce que, selon la Fable, ce héros ayant pénétré dans ses expéditions jusqu'à Cadix [1] et croyant avoir atteint les bornes du monde, voulut mettre en communication l'Océan et la Méditerranée. Il sépara à cet effet les montagnes de Calpé (en Espagne) et d'Abyla (en Afrique) et y éleva deux colonnes destinées à perpétuer sa gloire, sur lesquelles il grava l'inscription : *Nec plus ultrà* , on ne peut aller au delà. Ce sont ces deux colonnes ou plutôt ces deux montagnes qu'on appelle aujourd'hui *les Colonnes d'Hercule*.

FAIRE LE RODOMONT.

Faire le brave, se vanter de ses exploits pour en imposer aux autres. *Rodomont* est synonyme de fanfaron, homme qui chante lui-même ses louanges et célèbre sa propre gloire. Fanfaron vient de fanfare, bruit ou concert d'instruments militaires. « Le mot, dit Ménage, est pur espagnol et il est originairement arabe, où il signifie un homme léger et hâbleur qui promet plus qu'il ne peut

---

1. L'antique *Gaddis*, dont Strabon attribue la fondation aux Phéniciens, et qui fut appelée *Gadès* par les Grecs et les Romains.

tenir. » — Quant à *Rodomont*, il est aussi d'origine arabe. C'est un roi d'Alger, « brave mais altier et insolent, » que le comte de Boiardo dans *Roland l'Amoureux*, et l'Arioste dans *Roland le Furieux*, ont rendu populaire. — C'est le personnage de ces deux romans qui a fait appeler *rodomonts* les hommes qui veulent se faire valoir et se faire craindre.

Le comte de Boiardo cherchait depuis longtemps un nom qui caractérisàt un guerrier redoutable, lorsque, pendant une partie de chasse, celui de Rodomont lui vint à la pensée. Il en fut si satisfait que, retournant aussitôt à son château, il fit sonner les cloches et tirer le canon en signe de réjouissance, comme pour la fête d'un saint, « au grand étonnement de ses paysans, dit Sismondi, auquel ce nouveau saint n'était point encore connu. » — Presque tous les noms de son roman *Orlando innamorato*, tels que Gradasse, Sacripan, Agramant, Mondricard, sont empruntés aux guerriers maures ou chrétiens dont les noms sont devenus célèbres. Boiardo avait retrouvé ces noms dans son fief de Scandiano où les familles s'étaient conservées.

CHERCHER MIDI A QUATORZE HEURES.

Chercher les choses où elles ne sont pas, aller au delà, se créer des difficultés, se donner plus de peine qu'il ne faut. Les mots *quatorze heures*, qui ne s'expliquent pas d'eux-mêmes dans ce proverbe, puisque notre cadran n'a pas de chiffre plus élevé que douze, nous viennent de l'Italie où l'usage est de compter par vingt-quatre heures, d'un soleil à un autre, au lieu de séparer en deux séries de douze heures, comme nous le faisons, l'espace de chaque jour.

> Vous qui vivez dans ces demeures,
> Êtes-vous bien ! tenez vous y,
> Et n'allez pas chercher midi
> A quatorze heures.
>
>   VOLTAIRE. — *Poésies mêlées.*

La rue du Cherche-Midi doit son nom à un cadran près duquel on avait peint des gens qui cherchaient midi à quatorze heures.

QUE DIABLE ALLAIT-IL FAIRE DANS CETTE GALÈRE?

Parlez d'un homme qui s'est mis dans un mauvais cas par une fausse démarche ou qui s'est mal trouvé d'avoir été là où il n'avait rien à faire, et vous entendrez dire sur-le-champ : *Mais que diable allait-il faire dans cette galère?* ou plus simplement, si la situation n'est pas trop grave et qu'elle comporte une réflexion plutôt qu'une critique : *Qu'allait-il faire dans cette galère ?*— S'il était possible qu'on n'eût pas lu Molière, cette exclamation aurait à peine un sens; mais il n'arrive jamais qu'elle soit prononcée sans rappeler à l'esprit de ceux qui l'entendent une des plus charmantes scènes des *Fourberies de Scapin.* Géronte est avare, il n'a rien de plus précieux au monde que son argent, et Scapin veut lui arracher cinq cents écus pour lui racheter son fils Léandre qui, à l'entendre, a été pris sur une galère turque. Le malheureux Géronte est au supplice, il ne peut comprendre qu'on aille se promener sur une galère; possédé de cette idée, il répète huit fois de suite ces mots dont l'effet comique va toujours en augmentant : « *Mais que diable allait-il faire dans cette galère?* » Rien de plus amusant et de plus caractéristique à la fois que cette exclamation toujours si bien amenée et si heureusement dite. Cyrano de Bergerac avait déjà fait une scène analogue dans le *Pédant joué* (acte II, scène 4), mais il ne lui avait pas donné cette allure vive et naturelle qui en fait, dans les *Fourberies,* un trait de caractère.

SE DONNER DES GANTS.

Il était d'usage, autrefois, de donner des gants, ou plutôt pour des gants (*paraguantes*), à ceux qui apportaient les premiers une bonne nouvelle. Cet usage s'est conservé chez nous jusqu'au XVIIIe siècle, et nous avions même adopté le mot espagnol : « En un mot, il se regarde comme le collègue du duc de Lerme; et, dans le fond, on dirait qu'il partage avec lui l'autorité de premier ministre, puisqu'il fait donner des charges et des gouvernements à qui bon lui semble. Le public en murmure souvent, mais c'est de quoi il ne se met guère en peine : pourvu qu'il tire des paraguantes d'une affaire, il se soucie fort peu des épilogueurs. » (Lesage. — *Gil Blas.*) — On le voit par cet exemple, la *paraguante* avait pris aussi de l'extension; elle était devenue synonyme de gratification, de profit, et elle ne s'appliquait plus exclusivement aux porteurs de bonnes nouvelles.

> Dessus l'avide espoir de quelque paraguante,
> Il n'est rien que leur art aveuglément ne tente.
>
> MOLIÈRE.

La *paraguante* a disparu, les gants sont restés, au moins comme image : on n'en donne plus, mais on en parle toujours. *Vous n'en aurez pas les gants* se dit à ceux qui apportent une nouvelle déjà connue, ou qui trouvent, pour résoudre une difficulté, des moyens, des expédients qu'on avait proposés avant eux. Les expressions figurées *se donner les gants de quelque chose, se donner des gants*, qui s'emploient dans le sens de s'attribuer le mérite ou la gloire d'une chose qu'on n'a pas faite, veulent dire littéralement et ironiquement que personne ne nous ayant récompensés, nous nous sommes sans doute donné à nous-mêmes ces gants que nous prétendons avoir mérités.

CHIC.

Un de nos amis d'Allemagne a été frappé pendant son séjour en France de l'emploi fréquent et varié de ce mot, et il nous a écrit à ce sujet une lettre dont nous extrairons les passages suivants :

« Les dictionnaires ne connaissent ce mot que comme substantif et le traduisent par subtilité, finesse, ou, comme terme de peinture, dans le sens de facilité, de rapidité d'exécution ; mais dans les ateliers le chic s'est tellement niché que bientôt il n'a plus suffi comme substantif, et que dans ces hautes régions il est maintenant très-chic d'en faire un adjectif, même un adverbe.

« Quant à son étymologie, ceux qui se servent du mot ne sont pas assez sérieux pour s'en occuper, et ceux qui ne s'en servent point ne le trouvent pas assez sérieux pour la chercher. Les personnes que nous avons interrogées sur ce point nous ont dit ou qu'elles ne savaient pas ; ou que le mot *chic* devait venir de *Chicard,* ce danseur immortel, le plus chic du monde. Mais une plus ample information nous a appris que *chicard* est un nom de guerre qui, tout au contraire, doit être formé avec le substantif en question.

« Faute d'une meilleure explication, nous croyons donc

ne pas être trop vaniteux en prétendant que le *mot* est d'origine allemande, et pour effacer le sentiment pénible que cette assertion pourrait causer à tout Français fier de son chic, nous nous hâtons d'ajouter que, quant à la *chose,* nous reconnaissons humblement avoir reçu de la France le peu de chic qui pourrait se trouver en Allemagne.

« Il nous reste à constater que, si le substantif allemand *schick* se prononce comme le substantif français et dit à peu près la même chose, notre adjectif *schicklich* est au contraire bien loin d'avoir la même signification que *chic* employé comme adjectif, car un homme *chic* est tout plutôt que *schicklich,* c'est-à-dire convenable, séant, décent, de bon ton. »

Cette lettre, qui assurément valait bien une réponse, nous a fourni l'occasion de dire aussi notre mot sur le *chic*.

Peut-être bien qu'autrefois comme aujourd'hui, le mot *chic* était du style familier; mais enfin il avait cours, et n'appartenait pas spécialement au vocabulaire des artistes : il répondait à l'idée de subtilité, et comme la subtilité se dit des choses délicates, fines, menues, on le faisait venir du celtique *chic* ou de l'espagnol *chico*, qui signifie petit [1]. L'idée de finesse attachée alors à ce mot en avait fait un terme de palais beaucoup plus qu'une expression d'atelier, et c'est ainsi qu'il a donné naissance à la *chicane* et aux *chicaneurs,* gens ergoteurs et pointilleux qui trouvent matière à discussion ou à procès dans les plus futiles prétextes. « On dit qu'un homme entend le chic, pour dire qu'il est versé dans les détours de la chicane, et qu'il est fin, rusé, adroit. » (*Dictionnaire* de Trévoux.)

---

1. Et les Espagnols avaient fait *chico* du latin *cicum*, qui signifie la pellicule qui sépare les grains d'une grenade.

> J'use des mots de l'art, je mets en marge hic;
> J'espère avec le temps que j'entendrai le chic.
> *Les Satyres de* Du Lorrens.

Depuis, le sens s'est étendu, et le *chic* aujourd'hui joue un rôle important dans le domaine des arts et de la fantaisie. Le chic n'est plus simplement le talent des hommes retors, c'est l'habileté, le savoir-faire, le cachet particulier, c'est quelque chose en un mot d'à peu près indéfinissable qui s'applique également bien à tout et à tous : un artiste habile a du chic, une esquisse faite de verve a du chic, et tous ceux qui se montrent originaux ou heureux dans leurs manières, l'avocat, l'écrivain, l'ouvrier ou le dandy, tous peuvent avoir le chic. — Du chic, pris dans ces acceptions nouvelles et multiples, sont dérivés chiqué, chicard, et les augmentatifs. Le tout est familier, les dictionnaires nous recommandent soigneusement de ne pas l'oublier, mais le tout est consacré par la drôlerie, sinon par le bon goût, et ce qui a déjà valu au chic l'honneur de s'insinuer, sous la forme plaisante, dans le langage usuel, c'est qu'il n'a vraiment pas d'équivalent dans le vocabulaire de la bonne compagnie.

PRENDRE LA MOUCHE.

Le mot *mouche* rappelant ici l'idée de *piquer,* on comprend très-bien le rôle qu'il joue dans cette expression proverbiale. Ceux qui prennent la mouche, se *piquent,* se fâchent aisément. — Pour expliquer le mot *prendre* qui ne semble pas aussi bien à sa place, M. Génin fait remarquer avec raison que ce verbe est souvent employé dans le sens de *être pris, de contracter.* Il cite pour exemples les locutions : *Il a pris un rhume, il a pris froid, il a pris la fièvre.* « De même, dit-il, celui qui prend la mouche, la reçoit, est pris, piqué par elle. »

ORTHOGRAPHE DE VOLTAIRE.

On nomme ainsi la substitution de *ai* à *oi* dans un certain nombre de substantifs et dans l'imparfait et le conditionnel des verbes. C'est Voltaire, en effet, qui, en adoptant cette orthographe, l'a popularisée et l'a fait passer dans notre langue. Il pensait que l'orthographe doit se rapprocher autant que possible de la prononciation ; à ses yeux, c'est une incongruité d'écrire *emploiroient, octroieroient* quand on prononce *emploiraient, octroiraient.* « L'écriture, dit-il, est la peinture de la voix ; plus elle est ressemblante, meilleure elle est. » Autrefois, les mots en *oi* se prononçaient comme ils s'écrivaient, et alors l'incongruité que signale Voltaire n'existait pas. Plus tard, à la cour de Médicis, notre langue s'est italianisée : on a voulu adoucir les sons qui paraissaient trop rudes à l'oreille, et c'est de là en réalité que date cette transformation qui se fit dans la prononciation d'abord,

> Quand l'argent est meslé on ne peut reconnoistre
> Celui du serviteur d'avec celui du maistre.
>
> REGNIER.

et ensuite dans l'orthographe.

Laurent Joubert, le fameux médecin de Henri III, et l'auteur d'un *Dialogue sur la cacographie française,* est l'inventeur de la nouvelle orthographe. « Laurent Joubert, dit Charles Nodier dans ses *Notions élémentaires de linguistique,* est, en effet, le premier néographe qui se soit avisé de substituer le diagramme *ai* à la diphthongue *oi* dans l'orthographe de notre nom national.

13

Certains princes d'Allemagne lui ayant donné charge d'essayer à leur faire comprendre exactement le langage fransais (je prie le lecteur d'être bien persuadé que c'est Laurent Joubert qui parle et écrit) : « Pour ce, continue-« t-il, j'ay méprisé tous livres écris en fransais, et me « suis contraint d'apprandre le langage an conversant « familièrement avec ceus qui parlet mieus, observant « trac soigneusement la vraye prolacion. De laquelle m'é-« tant bien assuré, j'ai commencé d'exprimer par écrit le « naïf parler du Fransais. » Cette prononciation niaisement italianisée, née de l'impuissance à la cour italienne des Valois, et propagée dans la province par un sot esprit d'imitation, n'avait pas encore gagné les grammairiens. Il appartenait au médecin du roi d'en faire les honneurs, qui étaient réservés, en dernier ressort, à un de ses gentilshommes. »

On cite, après Laurent Joubert, le grammairien Honorat Rambaut et l'avocat Bérain, qui ont aussi tenté d'introduire dans l'orthographe le changement dont nous nous occupons.

Racine paraît être le premier, parmi les grands écrivains, qui ait substitué *ai* à *oi* dans les personnes des verbes : « La catastrophe de ma pièce, dit-il en parlant de *la Thébaïde,* est peut-être un peu trop sanglante ; en effet, il n'y *paraît* presque pas un acteur qui ne meure à la fin. »

Ainsi, l'orthographe dite de Voltaire n'a pas été inventée par lui ; elle remonte au xvie siècle et elle a fait un pas dans le xviie sous l'autorité de Racine ; mais si Voltaire n'en est que l'Améric Vespuce, c'est lui incontestablement qui l'a fait prévaloir sur l'ancienne orthographe.

Il est à remarquer que, par horreur sans doute de tout

ce qui vient de Voltaire, la plupart des membres du haut clergé ont conservé l'usage de la diphthongue *oi* dans l'imparfait et le conditionnel des verbes. Quelques-uns de nos écrivains ont fait de même : Chateaubriand et Nodier sont de ce nombre.

GUELFES ET GIBELINS.

Ces deux mots, qui ont servi à désigner tant d'agitations et de querelles [1], sont restés particulièrement attachés dans l'histoire aux partisans du Pape (les Guelfes), et aux partisans de l'Empereur (les Gibelins), pendant les luttes intestines de l'Italie au xiiie siècle. Les dénominations de *Guelfes* et de *Gibelins* sont les noms, « modifiés par une traduction conforme aux analogies de la langue italienne » de *Welf* et de *Weibling*, les deux puissantes maisons qui divisaient l'Allemagne au xiie siècle, et qui prirent parti, l'une pour le sacerdoce et l'autre pour l'empire, quand Welf II eut épousé la comtesse Mathilde, bienfaitrice de l'Église, et que le mariage de Henri VI avec Constance eut fait entrer dans la maison des Hohenstaufen ou *Weiblingen* la couronne de Sicile.

Il arrive quelquefois qu'on se demande, dans cette complication d'événements où se trouvent mêlés les Guelfes et les Gibelins, quels sont les partisans du Saint-

1. « Ces deux mots magiques, Guelfes et Gibelins, passèrent par quatre significations successives. L'Italie les emprunta aux querelles domestiques de l'Allemagne. Ils s'attachèrent aux défenseurs du sacerdoce et de l'empire, se réduisirent ensuite à un rôle plus humble dans la lutte des communes contre le système féodal, et descendirent enfin jusqu'à désigner les imprudents alliés de la domination étrangère. Malheureusement pour la Péninsule, cette dernière acception fut la plus durable. » (OZANAM. *Dante et la philosophie catholique du* xiiie *siècle.*)

Siége, et quels sont ceux de l'Empire. Aux personnes qui auraient éprouvé ces hésitations, nous rappellerons qu'il existe un moyen mnémonique de fixer les souvenirs à cet égard : *les Guelfes,* comme le *Pape* dont ils étaient les défenseurs, ont deux syllabes; les *Gibelins* et *l'Empereur* en ont trois.

LA COUR DU ROI PÉTAUD.

Oui, je sors de chez vous fort mal édifiée :
Dans toutes mes leçons j'y suis contrariée;
On n'y respecte rien, chacun y parle haut,
Et c'est tout justement *la cour du roi Pétaud.*
         MOLIÈRE. — *Le Tartuffe*, acte I, scène I.

Le mot *Pétaud* nous vient, selon toute apparence, des anciennes corporations de gueux dont le chef ou roi[1] était désigné par dérision sous le nom de *Peto,* qui signifie : je demande. Ce gueux, le plus gueux de tous peut-être, devait, en qualité de roi, commander dans sa cour, présider dans le conseil, et le peu de pouvoir qu'il avait sur ses sujets a fait comparer à *la cour du roi Pétaud* les maisons et les assemblées où tout le monde commande. Ce pauvre roi n'avait ni sonnette, ni chapeau sans doute pour se faire respecter dans ces réunions indisciplinées; en se rappelant combien il a été parfois difficile à certains présidents de maintenir l'ordre dans de graves assemblées, on s'explique ce que pouvait être, au milieu de ces gueux, l'autorité du roi Pétaud.

---

1. Autrefois, le mot roi ne se disait pas exclusivement du souverain; il signifiait aussi le premier, le principal; ainsi les chefs des corporations étaient appelés rois. Il y avait le roi des merciers, le roi des ménétriers, le roi de la basoche, etc.; il y avait aussi le roi des arbalétriers, le roi de l'arquebuse et beaucoup d'autres de ce genre. C'est depuis Henri III que cette dénomination n'est plus en usage ; il défendit, par un édit, qu'aucun de ses sujets prît la qualité de roi.

Parmi les diverses origines qu'on a cherchées à ce mot, celle-ci nous paraît la plus vraisemblable. On lui a reproché de n'être pas satisfaisante pour l'orthographe ; mais c'est un tort si fréquent en pareille occasion, qu'il ne faudrait croire qu'à bien peu d'étymologies si l'on voulait se montrer rigoureux sur ce point. On sait ce que le temps et l'usage ont fait subir de transformations à un grand nombre de mots.

Nous consignerons cependant une opinion assez accréditée et qu'ont adoptée les auteurs du *Magasin pittoresque* et ceux de la *Bibliothèque de poche* : « Les Pétauds, disent-ils, étaient autrefois une certaine espèce de soldats, de fantassins dont le nom venait probablement du mot latin *pes,* pied. Il en est question dans Froissard. Or comme il y avait en France, à cette époque, force *routiers et grandes compagnies,* c'est-à-dire force troupes de brigands, composées sans doute en grande partie de ces fantassins, qui, à la paix, n'avaient plus rien à faire ni à manger, pétaud et brigand devinrent synonymes. »

De pétaud on a fait *pétaudière* pour signifier une assemblée confuse, en désordre, où chacun fait le maître.

CERCLE DE POPILIUS.

Tracer le cercle de Popilius veut dire mettre quelqu'un en demeure de répondre d'une manière positive, de prendre un parti, de se prononcer catégoriquement. — C'est une allusion au fameux cercle du consul Caïus Popilius. Antiochus Épiphane, roi de Syrie, faisait le siége d'Alexandrie ; les Romains, alliés des Égyptiens, députèrent auprès de lui le consul Popilius. Comme Antiochus ne répondait que d'une manière évasive à l'envoyé des Romains, ce dernier traça un cercle autour du roi, et lui défendit d'en sortir avant d'avoir donné une réponse décisive ou de paix ou de guerre. Cette action hardie intimida Antiochus et le siége fut levé.

Ainsi fit Charles le Téméraire à Péronne en apprenant la révolte excitée à Liége par les agents de Louis XI : il enferma le roi dans le château de Péronne, et ne lui rendit la liberté que lorsque celui-ci eut accepté la condition humiliante de se joindre à Charles pour réprimer la sédition des Liégeois.

Le honteux traité de Madrid que signa François Ier est sorti du cercle de Popilius dans lequel Charles-Quint avait enfermé son rival après la défaite de Pavie.

L'amiral Duquesne mit aussi les Génois dans le cercle de Popilius lorsqu'il les menaça de détruire leur ville, si le doge et les principaux sénateurs n'allaient se jeter aux pieds de Louis XIV.

Le roi du grand siècle eut aussi son tour. Les conditions que lui imposèrent Eugène, Marlborough et Heinsius après les désastres de Hochstedt, de Ramillies, de Turin et d'Oudenarde, l'obligeaient à faire lui-même la guerre à son petit-fils, et il dut, pour échapper à cette clause humiliante, continuer une guerre qui ruinait et désolait la France.

Mais nous n'en finirions pas, l'histoire est une chaîne dont presque tous les anneaux sont des cercles de Popilius.

ANGUILLES DE MELUN.

On dit proverbialement de quelqu'un qui s'épouvante sans raison ou qui crie avant d'avoir aucun mal : *Il ressemble aux anguilles de Melun, il crie avant qu'on l'écorche.*

Dieu a accordé la parole, manifestée d'une manière plus ou moins intelligible, à presque tous les animaux, il l'a refusée aux poissons. Les poissons souffrent et sont heureux en silence. Quand on les torture, soit à la pêche, soit à la cuisine, ils expriment leurs douleurs par des contractions parfois très-violentes, mais ils restent muets. L'oiseau chante, le lion rugit, le serpent siffle, le poisson s'agite et se tait. L'anguille donc ne crie pas, même à Melun, même quand on l'écorche, et à plus forte raison quand on ne l'écorche pas. L'anguille de notre proverbe n'est donc pas une anguille. On prétend que c'est un habitant de Melun, chargé, dans le temps des *Mystères,* de représenter le personnage de saint Barthélemy, qui, comme on sait, fut écorché vif. Soit qu'il n'eût pas toute la force d'âme nécessaire pour jouer un pareil rôle, soit qu'il ne fût pas à la réplique, ce Melunois, nommé Languille, se serait mis à crier bien avant qu'il fût question de lui faire subir son supplice. C'est ainsi qu'il aurait laissé son nom aux gens qui crient d'avance, qui se plaignent avant de souffrir ou s'effraient avant le danger.

CABOTIN.

Il y a un chien courant à longues oreilles qu'on appelle *clabaud,* et cela, au dire des savants, parce que un mot hébreu qui ressemble très-peu à *clabaud* signifie *chien.* — Ce *clabaud* est un aboyeur malavisé qui doit à sa mauvaise habitude de ne point parler à propos d'être le radical de *clabauder, clabaudage, clabaudeur, clabauderie,* mots qui, au propre comme au figuré, se rattachent à l'idée d'aboiements désagréables, de bavardages insipides, de criailleries incommodes et sans motifs. En argot, *clabaud* se dit *cabot,* et dans la pensée de

M. Francisque Michel, c'est ce dernier mot qui a fait naître *cabotin,* parce que, dit-il, « le débit des mauvais acteurs est assimilé aux aboiements d'un chien. » Quoique .'épithète de *cabotin,* appliquée aux comédiens, entraîne nécessairement avec elle l'idée de médiocrité et de vaga- .bondage, nous ne pouvons nous empêcher de trouver cette étymologie tant soit peu choquante. M. Joachim Du-flot, qui sera sans doute de cet avis, déclare que le nom de *cabotin* vient d'un personnage dépenaillé de la comé-die italienne. Il ne dit ni quel personnage ni quelle co-médie; mais il ajoute, comme consolation, qu'aux yeux d'un de ses amis, *cabotin* est fait de chat botté, chat bot-tiné. — Ce chat nous plaît davantage que le chien de M. Francisque Michel, mais nous n'osons prendre au sé- rieux, dans cette circonstance, ni l'un ni l'autre de ces quadrupèdes.

Ce que *cabotin* veut dire surtout et plus que tout, c'est comédien ambulant. Or si, comme nous le pensons, cette idée a présidé à la formation du mot, *cabotin* vient de *cabotage.* De même que le caboteur, en naviguant le long des côtes, va de cap en cap et de port en port, le *cabotin* court de ville en ville, souvent même de foiré en foire, et ne fait nulle part d'installation.

LES DÉLICES DE CAPOUE.

De l'ancienne, bien entendu. Cette capitale de la Cam-panie qui fut fondée, dit-on, par Capys, compagnon d'Énée, et détruite par les Lombards dans le septième siècle, était la seconde ville de l'Italie. — Annibal devait-il, après la victoire de Cannes, profiter de la déroute des Romains pour marcher droit à Rome? Voilà une question que l'on a beaucoup agitée. Qu'on se rassure, nous ne la

reprendrons pas. Nous nous bornerons à constater que si
Annibal était parti avec l'espoir de déjeuner quelques
jours après au Capitole, il aurait pu être trompé dans son
attente. Capoue, elle, ne faisait aucune résistance, elle
ouvrait ses portes au vainqueur, et il était plus sûr de
déjeuner là. Annibal passa l'hiver entier dans cette ville,
pleine alors d'opulence et de séductions ; son armée s'y
amollit, se laissa corrompre par les vins fameux et les
jouissances faciles, et c'est ainsi que nous avons eu les
délices de Capoue.

LORETTE.

Le mot *lorette* éveille tout à la fois l'idée d'une des célèbres églises de l'Italie et celle d'une femme qui se nour-
rit de truffes, de crevettes et de champagne, et qui né-
gocie son cœur pour du papier. Explication : il y a dans
les États romains, à cinq lieues d'Ancône, sur une montagne et non loin des bords de la mer Adriatique, une
ville de 6,000 habitants environ qui a nom *Lorette*. Cette
ville renferme une riche et magnifique église dédiée à la
Vierge ; cette église renferme une chapelle de Nazareth,
objet des pèlerinages de toutes les parties de la chrétienté,
et, à son tour, cette chapelle renferme une statue de la
Vierge ornée de pierreries. De 1824 à 1836, une nouvelle
église a été construite dans le faubourg Montmartre à
Paris, et en souvenir des saintes choses de la *Santa-Casa*
des Italiens, elle a été appelée *Notre-Dame de Lorette*.
Un quartier nouveau qui s'est formé autour de cette
église a reçu le nom de quartier *Lorette* ; une population
presque exclusivement composée de femmes belles, jeunes
et faciles est venue s'y grouper, et les élégantes du quartier Notre-Dame de Lorette ont été bientôt désignées, par

abréviation, sous le nom de *lorettes*. C'est ainsi que
d'une église dédiée à la Vierge ces dames ont reçu le
baptême. Le mot de *lorette* est si bien aujourd'hui un
mot de notre langue, il sert à représenter si clairement
une classe toute particulière de notre société, que les
idées sont entièrement déplacées. Ce nom, célèbre dans
l'histoire de la chrétienté, ne rappelle plus qu'à l'esprit
d'un petit nombre la Vierge, la chapelle de Nazareth et
les pieux pèlerinages. Si dans quelque cent ans, quand
les lorettes auront porté leur réputation et leur industrie
sur tous les points du globe, des curieux s'avisent de rechercher l'origine première de leur nom, ils ne seront pas
médiocrement surpris du rapprochement.

Est-il permis de parler des lorettes sans citer Gavarni,
leur spirituel historien ? Avec son intelligente habileté et
sa rare finesse d'observation, il a peint leur splendeur
et leur misère, comme Balzac avait fait des courtisanes,
et, certes, le crayon de l'artiste n'est pas resté au-dessous
de la plume de l'écrivain.

FAIRE LA NIQUE.

Se moquer de quelqu'un, de quelque chose, comme
dans le proverbe : *Les mots terminés en ique font aux
médecins la nique.*

> Son esprit ulcéré juge en sa passion
> Que son teint fait la nique à la perfection.
>
> REGNIER.

Il est bien vrai, comme on l'a dit, que *nicken* signifie
faire un mouvement de tête, mais ce n'est pas un mouvement moqueur : le verbe allemand n'exprime rien de plus
que faire un signe de tête affirmatif ou un salut amical.

Il semble donc assez difficile de rattacher à ce mot une locution qui signifie exclusivement narguer, se moquer. — Si *nique* est d'origine allemande, il doit dériver, non pas de *nicken*, mais de *necken,* taquiner. Dans la plupart des anciens contes allemands, il y a partout un esprit malicieux, sorte de lutin qui cherche toujours à jouer quelques tours aux hommes, et qui se nomme *neck*. C'est à ce malin esprit, croyons-nous, qu'il faut demander compte de l'expression *faire la nique*. Nous disons aussi *faire une niche,* pour faire une malice, une petite méchanceté, et *niche* ou *nique* dans ce sens, c'est le même mot.

BUCÉPHALE.

Le cheval d'Alexandre, dont le nom nous sert à désigner les chevaux de parade, et aussi, par ironie, ceux qu'on appelle vulgairement des rosses, occupe une des première places dans l'histoire des chevaux célèbres.

« Un Thessalien, nommé Philonicus, amena un jour à Philippe un cheval qu'il voulait vendre treize talents : on descendit dans la plaine pour l'essayer, mais on le trouva difficile, farouche et impossible à manier; il ne souffrait pas que personne le montât; il ne pouvait supporter la voix d'aucun des écuyers de Philippe, et se cabrait contre tous ceux qui voulaient l'approcher. Philippe, mécontent et croyant qu'un cheval si sauvage ne pourrait jamais être dompté, ordonna qu'on l'emmenât. Alexandre, qui était présent, ne put s'empêcher de dire : « Quel cheval ils perdent là par leur inexpérience et leur timidité ! » Philippe, qui l'entendit, ne dit rien d'abord; mais Alexandre ayant répété plusieurs fois la même chose et témoigné sa peine de ce qu'on renvoyait le cheval, Philippe lui dit enfin : « Tu blâmes des gens plus âgés que toi, comme si tu étais plus habile qu'eux et que tu fusses plus capable de conduire ce cheval. — Sans doute, reprit Alexandre, je le conduirais mieux qu'eux. — Mais si tu n'en viens pas à bout, quelle sera la peine de ta présomption ? — Je paierai le prix du cheval, » repartit Alexandre. Cette réponse fit rire tout le monde, et Philippe convint avec son fils que celui qui perdrait paierait les treize talents. — Alexandre s'approche du cheval, prend les rênes, et lui tourne la tête en face du soleil, parce qu'il avait apparemment observé qu'il était effarouché par son ombre, qui tombait devant lui et suivait tous ses mouvements. Tant qu'il le vit souffler de colère, il le flatta doucement de la voix et de la main ; ensuite, laissant couler son manteau à terre, d'un saut léger il s'élança sur le cheval avec la plus grande facilité. D'abord il lui tint la bride serrée sans le frapper ni le harceler ; mais quand il vit que sa férocité était diminuée et qu'il ne demandait plus qu'à courir, il baissa la main, lui parla d'une voix plus rude, et, lui appuyant les talons, il poussa à toute bride. Philippe et toute sa cour, saisis d'une frayeur mortelle, gardaient un profond silence ; mais quand on le vit tourner bride, et ramener le cheval avec autant de joie que d'assurance, tous les spectateurs le couvrirent de leurs applaudissements. Philippe en versa des larmes de joie, et lorsque Alexandre fut descendu de cheval, il le serra étroitement dans ses bras : « Mon fils, lui dit-il, cherche ailleurs un royaume qui soit digne de toi ; la Macédoine ne peut te suffire[1]. »

S'il faut en croire les auteurs latins, Bucéphale se laissait conduire sans difficulté, lorsqu'il n'avait point de selle, par l'écuyer qui en prenait soin ; mais une fois revêtu

---

1. PLUTARQUE. *Vies des hommes illustres*. Trad. Ricard.

de son harnais, il ne souffrait pas qu'un autre qu'Alexandre le montât, et aussitôt qu'il voyait ce prince il pliait le genou pour le recevoir.

Alexandre ne quitta plus Bucéphale. Lorsque les Barbares de l'Hyrcanie l'eurent enlevé à ceux qui le conduisaient, Alexandre leur envoya un héraut et les fit menacer, s'ils ne lui rendaient pas son cheval, de les passer tous au fil de l'épée, avec leurs femmes et leurs enfants. Les Barbares, en le lui ramenant, lui livrèrent toutes leurs villes; Alexandre les traita avec beaucoup de douceur et paya la rançon de son cheval à ceux qui l'avaient pris.

Selon les uns, Bucéphale mourut après la bataille contre Porus, à la suite des blessures qu'il avait reçues. Selon d'autres, il serait mort de vieillesse; il avait alors trente ans. — Quelques-uns prétendent même qu'il fut tué sur le champ de bataille par le fils de Porus; on ajoute qu'il emporta son maître hors de la mêlée, et qu'il tomba mort après l'avoir mis en sûreté. Quoi qu'il en soit, Alexandre le regretta vivement. En mémoire de ce fidèle compagnon, il bâtit sur les bords de l'Hydaspe, et dans le même lieu où il fut enterré, une ville qu'il appela de son nom *Bucéphalie* et que l'on croit être aujourd'hui celle de Lahore.

Le cheval de César n'était pas, comme celui d'Alexandre, marqué de la tête d'un bœuf; mais, si l'on en croit Suétone, il se distinguait aussi par des particularités très-remarquables : il avait des pieds qui rappelaient la forme humaine, et dont le sabot fendu offrait l'apparence de doigts. Ce cheval était né dans la maison de César, et les aruspices avaient promis l'empire du monde à son maître; aussi l'éleva-t-il avec grand soin. Il fut le premier, le seul qui dompta la fierté rebelle de ce coursier. César ne donna pas une ville à son cheval pour mausolée, mais il lui érigea une statue devant le temple de Vénus Génitrix.

On ne saurait parler des chevaux célèbres sans citer Incitatus, l'heureux favori de Caligula. On sait que la veille des courses du Cirque Caligula envoyait des soldats commander le silence dans tout le voisinage, afin que le repos de son cheval ne fût point troublé. Il lui fit faire une écurie de marbre, une auge d'ivoire, des couvertures de pourpre, des colliers de perles; il lui donna une maison complète, des esclaves, des meubles, enfin tout ce qu'il fallait pour que ceux qu'on invitait, en son nom, à venir manger chez lui fussent traités magnifiquement. On dit même que Caligula lui destinait le consulat.

LE BON BILLET QU'A LA CHATRE!

Mesdames, quand M. Legouvé, dans une épître à votre adresse, ose vous dire

> Que vous prenez parfois pour tracer vos serments
> La plume dont Ninon écrivait à La Châtre,

il vous calomnie d'abord, et il fait ensuite allusion à un mot devenu proverbe dont on a peut-être trop abusé dans ces derniers temps.

Nous revenons aux proverbes avec une véritable rage; nous n'avons pas tort; seulement, nous ferions bien de choisir les bons. « Les beaux proverbes bien appliqués, dit Henri Estienne, ornent le langage de ceux qui, d'ailleurs, sont bien emparlés. » Qu'on répète donc tous les jours, si l'on veut, ceux qui donnent un bon conseil ou qui rappellent une parole utile, mais qu'on ne dise pas à chaque instant : *Le bon billet qu'a La Châtre.* — C'est quelquefois offensant pour vous, Mesdames, et c'est toujours de mauvais goût.

Vous connaissez, sans doute, l'anecdote qui a donné naissance à cette expression tant répétée. Pour le cas cependant où elle ne serait pas venue jusqu'à vous, la voici en deux mots : — Le marquis de La Châtre aimait tendrement Ninon. Obligé, par un voyage, de la quitter pendant quelque temps, il s'était demandé si, pendant l'absence, Ninon l'aimerait toujours. Nous ne savons quelle idée le marquis se faisait de l'amour et de la fidélité d'une fille d'Ève, mais il voulut, pour mettre fin à ses anxiétés, que Ninon s'engageât par écrit à lui rester fidèle. Ninon signa, le marquis partit, et... Ninon, qui n'aimait pas les entr'actes[1], oublia bientôt promesse et signature. Comme il était un peu tard quand son billet lui revint en mémoire, elle ne put s'empêcher de s'écrier : *Ah! le bon billet qu'a La Châtre!*

C'est depuis ce temps ou plutôt depuis cette histoire, que le mot est passé dans la langue. Ayez dans les mains un billet sans valeur, un engagement peu sérieux, et l'on dira pour caractériser votre situation : *Le bon billet qu'a la Châtre!*

GALIMATIAS.

Nous écrivons ce mot comme l'indique le Dictionnaire de l'Académie ; mais pour bien faire ou pour bien écrire, il faudrait doubler la consonne *l,* et introduire un *h* entre le *t* et l'*i.* C'est au moins ainsi que le mot a dû s'écrire lorsqu'il s'est formé si, comme l'affirme l'évêque d'Avranches, il est venu de l'historiette que voici : — Un avocat qui plaidait en latin, c'était l'usage autrefois, avait à soutenir les droits d'un certain *Mathias* sur un *coq* en

---

1. Une liaison de cœur est la pièce où les actes sont les plus courts et les entr'actes les plus longs. (NINON DE LENCLOS.)

litige ; il répéta si souvent *gallus Mathiæ* (le coq de Mathias), qu'il s'embrouilla et finit par dire *galli Mathias* (Mathias du coq). Cette transposition de génitif produisit son effet, et à dater de ce moment les deux mots réunis en un seul servirent à caractériser les discours embrouillés et confus.

> Souvent quoiqu'on s'y trompe,
> Le galimatias est voisin de la pompe.
>
> BOURSAULT.

Les savants, qui n'aiment pas voir les étymologies reposer sur de frivoles anecdotes, ont fait naître *galimatias* de *polymathie* qui signifie diversité de science : ceux, disent-ils, qui ont la mémoire chargée de plusieurs sortes de sciences sont d'ordinaire confus et s'expliquent mal.

Boileau et Voltaire ont beaucoup contribué à répandre ce mot : le premier, en distinguant le galimatias simple du galimatias double, celui que ne comprennent ni le lecteur ni l'auteur ; — le second, en critiquant l'enflure du style de Thomas. Voltaire appelait l'*Ode sur le temps* du *Galithomas*.

OTE-TOI DE MON SOLEIL.

C'était à Corinthe ; Alexandre venait d'être nommé chef de l'expédition contre les Perses, et un grand nombre d'hommes d'État et de philosophes étant venus le féliciter de cette élection, Alexandre se flattait que Diogène viendrait aussi le visiter. Diogène, qui se souciait fort peu d'Alexandre, ne se dérangea pas, et ce fut le roi qui alla voir le cynique. Alexandre le trouva couché au soleil ; après l'avoir salué, il lui demanda s'il désirait quelque chose : « Oui, lui répondit Diogène, *ôte-toi un peu de mon soleil.* » Alexandre, frappé de cette réponse et du mépris que Diogène lui témoignait, admira sa grandeur d'âme, et comme ses officiers, en s'en retournant, se moquaient de Diogène : « Pour moi, leur dit-il, si je n'étais pas Alexandre, je voudrais être Diogène. »

FAIRE RIPAILLE.

On pense généralement que ce mot est venu du singulier genre de macérations que s'imposa Amédée VIII, surnommé le Pacifique et le Salomon de son siècle, lorsqu'il se retira au prieuré de Ripaille après avoir fait ériger la Savoie en duché. Lui et ceux des seigneurs de sa cour qui l'avaient suivi étaient venus là pour se faire ermites, mais ils n'en avaient guère que le nom, car ils négligèrent complétement, pendant tout le temps de leur résidence, de se livrer aux austérités du cloître. « Tous ceux qui étaient admis dans ce séjour de plaisirs, disent les biographes, étaient logés avec magnificence ; les mets les plus exquis couvraient leur table : ils vivaient plus en honnêtes épicuriens qu'en véritables ermites. Ils portaient néanmoins ce nom, parce qu'ils avaient exclu les femmes de leur société et qu'ils laissaient croître leur barbe comme les capucins. Leur habit était moins rude que celui de ces religieux ; c'était un drap gris très-fin, un bonnet d'écarlate, une ceinture d'or et une croix au cou de la même matière. Amédée jouissait d'un repos voluptueux dans cette maison de délices, lorsque les Pères du concile de Bâle lui donnèrent la tiare l'an 1439, et l'opposèrent à Eugène IV. Le cardinal d'Arles fut député pour lui apprendre son élection. Amédée vint au-devant de lui avec ses ermites et ses domestiques, et consentit à être pape après avoir témoigné quelques regrets de quitter son ermitage. » — C'est ainsi que les repas trop peu frugals du prieuré où s'était retiré le duc de Savoie auraient donné naissance à l'expression *faire ripaille,* vivre à la façon des ermites de Ripaille, faire bonne chère, mener joyeuse vie.

CONTER DES FAGOTS.

Conter des choses invraisemblables, des bourdes, des mensonges : « N'est-ce point abuser du loisir d'une dame de votre qualité que de lui conter de tels fagots. » (Mme de Sévigné). — On a dit d'abord *compter des fagots pour des cotrets,* et cela signifiait tromper, car si le fagot et le cotret ont même aspect, ils n'ont pas même valeur : un fagot n'est qu'un faisceau de branchages, tandis qu'un cotret se compose de morceaux de bois. — C'est cette phrase abrégée qui nous est restée avec un changement d'orthographe, insignifiant autrefois où les deux verbes se prenaient fréquemment l'un pour l'autre [1].

Le fagot a été rapproché de la femme pour servir de terme de comparaison entre deux choses très-dissemblables : *Il y a bien de la différence entre une femme et un fagot.* Le Roux ne conteste pas cette différence, mais la plus grande qu'il trouve, « c'est qu'une femme parle toujours et qu'un fagot ne dit mot. »

---

1. En général, comme je l'ai dit, et comme on doit s'y attendre, l'orthographe du moyen âge est plus rationnelle et plus étymologique que la nôtre. Cependant, par ignorance, elle s'est quelquefois écartée de l'étymologie dans des cas où la langue moderne l'a heureusement redressée. On trouve au moyen âge, et encore au xvi° siècle, *tans* pour *temps, conter* pour *compter*. (J.-J. Ampère. *Histoire de la formation de la langue frança.se.*)

ROI D'YVETOT.

Pour qu'il ait été question du roi et même du royaume
d'Yvetot dès Louis XI ; pour que Jean Baucher ait été
qualifié de roi sous Charles VIII ; pour que François Ier
ait appelé *reine* la dame du lieu ; pour que Henri IV ait
dit le mot connu : Ventre-saint-gris ! si je perds le
royaume de France, je veux être au moins roi d'Yvetot ;
enfin, pour que Béranger ait fait sa jolie chanson, il faut
absolument qu'il y ait eu un roi d'Yvetot. Cependant, si
l'on retrouve un peu partout des traces, nulle part on ne
découvre d'origine : on paraît ne savoir ni quand ni comment s'est formée cette petite royauté. On se borne à répéter, en attendant mieux, une histoire qui n'a aucune
apparence de vérité, et qui, de plus, remonte aux temps
mérovingiens. Nous la recommandons aux personnes qui
croient aux remords de Clotaire. — Le seigneur d'Yvetot,
Waltier (aujourd'hui Gauthier), était très-aimé de Clotaire. On réussit à le perdre dans l'esprit du roi et il fut
obligé de fuir. Lorsqu'il revint à Soissons dans l'espoir de
rentrer en grâce auprès de son maître, il était muni de
lettres du pape ; il profita, pour se présenter, du moment
où le roi était dans la cathédrale, le vendredi saint. Mais
Clotaire, en le voyant, oublia l'exemple du Sauveur : il
tira son épée et la lui plongea dans le cœur. On ajoute
que les remords et le pape Agapet obligèrent le roi à
expier son crime ; c'est alors qu'il aurait érigé la seigneu-
rie d'Yvetot en royaume pour les héritiers et les successeurs de Gauthier.

POINT DE QUARTIER.

Point de quartier et les expressions analogues : *ne point donner de quartier, se battre sans quartier* ont pour origine la convention qui existait autrefois dans les armées de payer la rançon d'un officier ou d'un soldat d'un quartier de sa solde. Quand on voulait retenir un prisonnier ou le mettre à mort, on refusait la rançon qui devait payer sa délivrance, on le traitait *sans quartier*. C'est ainsi que la locution *ne point faire de quartier* a voulu dire ne faire aucune concession, agir avec la plus extrême rigueur.

COMME EN REVENANT DE PONTOISE.

Voilà une phrase qui est depuis bien longtemps dans la bouche de tout le monde. A quelle époque a-t-elle pris naissance ? Comment s'est-elle glissée dans notre langage familier ? Est-ce à la faveur d'un événement historique ou d'un dicton purement local ? Telles sont les questions que nous nous sommes adressées et auxquelles il ne nous est pas possible de répondre avec certitude. L'opinion la plus accréditée, celle qui se retrouve partout, fait remonter à la féodalité l'origine de cette expression. Il y avait, dit-on, dans la ville de Pontoise, un seigneur farouche et soupçonneux qui soumettait à un interrogatoire sévère les voyageurs égarés sur son territoire. Ceux d'entre eux qui n'étaient point retenus prisonniers revenaient très-effrayés des menaces qui leur avaient été faites ; on reconnaissait à leur consternation qu'ils revenaient de Pontoise, et c'est de là que serait venue l'habitude de dire des gens à la mine piteuse : *Ils ont l'air de revenir de Pon-*

toise. Cette explication ne rend pas exactement compte de l'emploi que l'on fait de la même locution pour exprimer qu'on a l'air niais, qu'on n'est au courant de rien ; elle ne donne pas raison non plus de la phrase *faire une chose comme en revenant de Pontoise,* phrase usitée fréquemment pour indiquer faire mal, sans énergie ou sans goût. Peut-être, au reste, le sens s'est-il étendu ou un peu détourné et les deux expressions doivent-elles réellement leur origine à l'histoire du tyran de Pontoise. Il est à regretter, dans ce cas, qu'on ne nous ait transmis ni le nom de ce tyran, ni l'époque exacte où il vivait. — A ceux que cette origine féodale ne satisferait pas, nous offrirons l'histoire de la prise de Pontoise par les Anglais (le 29 juillet 1419). Les pauvres habitants de Pontoise furent mis alors dans le plus piteux état, et il ne serait pas impossible qu'ils eussent donné lieu, dans cette circonstance, aux expressions qui nous occupent. « Les habitants de tout sexe, de tout état, dans le plus grand désordre, pleurant sur la ruine et le pillage de leurs maisons, sur la mort violente de leurs amis, de leurs parents s'enfuirent du côté de Paris, et se présentèrent à la porte de Saint-Denis. De cette troupe de fugitifs, les uns étaient blessés et les autres dépouillés ; on voyait des femmes porter leurs enfants dans leurs bras ou dans des hottes, la plupart étaient sans chaperon ou n'avaient qu'un simple corset ; quelques-uns étaient en chemise. On y remarquait des prêtres qui n'étaient vêtus que d'une chemise et d'un surplis par-dessus. Tous se lamentaient et criaient : *Nous sommes de Pontoise ! cette ville a été prise ce matin par les Anglais, et à midi nous avons été réduits au désespoir ; nous sommes comme gens exilés et demandant notre pain.* La chaleur étant excessive, ces malheureux en étaient accablés et de plus pressés par la faim. Plusieurs femmes grosses accouchèrent dans le chemin et moururent misérablement. Les Parisiens, quoique manquant de vivres, accueillirent ces malheureux. Ils s'étonnèrent de ce que le roi et le duc de Bourgogne, étant à Saint-Denis avec une bonne troupe de gens d'armes, lors de la prise de Pontoise, s'enfuyaient du côté opposé, vers Charenton et Lagny [1]. »

COLIN-TAMPON.

Ce mot est l'onomatopée du bruit du tambour battant la marche des Suisses. Les Français, toujours prodigues de sobriquets, ont été frappés de ce bruit qui annonçait la présence ou l'arrivée des Suisses, et en manière de dérision il les ont appelés comme ils les entendaient, c'est-à-dire *Colins-Tampons*. On fait dater ce surnom de la victoire de Marignan. C'est à cette victoire qu'il faut sans doute rapporter aussi l'expression proverbiale, car l'occasion était belle pour nos soldats de faire fi des Suisses et de dire dédaigneusement : *Je m'en moque comme de Colin-Tampon.*

On dit aussi : *Je m'en moque comme du Grand-Turc et je m'en moque comme de l'an quarante.* « Les chrétiens, dit Le Duchat, qualifièrent de *Grand-Turc* Mahomet II, non par rapport à ses grandes actions, mais eu égard à l'étendue de sa domination, en comparaison du sultan de Cappadoce, son contemporain, que Monstrelet désigne sous le nom de *Petit-Turc.* Après la prise de Constantinople, celui-ci eut sur les bras Mahomet II qui, s'étant emparé de ses États, conserva le titre de *Grand-Turc*, quoiqu'il n'y eût plus de *Petit-Turc.* » — Quant

1. DULAURE. *Histoire des environs de Paris.*

à l'an quarante, il remonte au xie siècle, ainsi que nous l'apprend **M.** Quitard. On croyait beaucoup à la fin du monde, dans le commencement du xie siècle. C'était une opinion alors universellement répandue que les *mille ans et plus* qu'on prétendait assignés par Jésus-Christ lui-même comme terme à son Église et à la société entière devaient expirer en l'an quarante de ce siècle. La peur avait gagné tous les esprits. Les pécheurs se convertissaient en foule, et chacun parlait de se faire ermite. Mais lorsque cette époque si redoutable fut passée, on changea de langage, et l'on dit : *Je m'en moque comme de l'an quarante,* expression qui est encore usitée en parlant d'une chose qui ne doit inspirer aucune crainte.

BONNE RENOMMÉE VAUT MIEUX QUE CEINTURE DORÉE.

La ceinture, ce ruban qui semble destiné à fermer la robe des femmes, a dû être autrefois le signe de la pudeur, la gardienne de la chasteté. Nous en trouvons une preuve dans cette *ceinture de vierge* que portaient les jeunes filles en Grèce et à Rome et que le mari dénouait lui-même le jour de ses noces. En devenant un objet de toilette, un élément essentiel du costume féminin, la ceinture perdit insensiblement sa signification morale; les femmes qui avaient conservé intact l'antique *nœud d'Hercule* n'eurent plus de marque distinctive. C'est alors, sans doute, que s'introduisit la mode des ceintures d'orfévrerie. En adoptant ce bouclier plus expressif de leur vertu, les femmes de bien voulaient rétablir, par un signe visible, la distance qui existait entre elles et une certaine classe de la société. Mais la mode devint bientôt générale, tout le monde porta des ceintures dorées, et il ne fallut rien moins qu'un arrêt du parlement [1] pour les interdire aux femmes de mauvaise vie ; ce qui a fait dire depuis à Étienne Pasquier : « La défense de porter la ceinture était autrefois une tache d'ignominie. » — Pour faire exécuter de tels arrêts, il faut mieux qu'un parlement, il faut une police, et sous Charles VI il y en avait peu. La défense ne fut donc pas observée. A cette époque, les filles folles n'étaient pas encore des filles soumises. Malgré les réclamations de la vertu, malgré les foudres d'un nouvel arrêt (1446), la ceinture dorée reparut partout. On finit par en prendre son parti en se disant sagement qu'une bonne réputation vaut mieux que ce signe apparent et souvent menteur de la vertu, et que « peu était, comme dit Pasquier, la ceinture dorée qui ne l'accompagnait d'un bon bruit. » C'est de ce raisonnement qu'est sorti le proverbe : *Bonne renommée vaut mieux que ceinture dorée.*

Cette explication nous éloigne un peu de notre proverbe, dans le sens où on l'entend aujourd'hui. Selon l'Académie, il signifie : il vaut mieux avoir l'estime publique que d'être riche. C'est en l'interprétant ainsi qu'on a prétendu qu'il était textuellement dans les proverbes de

---

1. « Cet arrêt, daté de juin 1420, défendait aussi à ces femmes de porter la robe à collet renversé, la queue et les boutonnières à leurs chaperons.—Selon quelques-uns, cette défense remonterait au commencement du xiiie siècle, c'est-à-dire deux siècles plus haut, et elle aurait pour point de départ l'anecdote suivante : «C'était, dit-on, la coutume de se donner mutuellement à l'église le baiser de paix, quand le prêtre qui disait la messe avait prononcé ces paroles : Que la paix du Seigneur soit toujours avec vous ! — La reine Blanche, épouse de Louis VIII, ayant reçu ce baiser de paix, le rendit à une fille publique, dont l'habillement annonçait qu'elle était mariée et d'une condition honnête. La reine, offensée de la méprise, obtint une ordonnance qui défendait à ces sortes de personnes, dont le nombre était alors très-considérable, de porter des robes à queue, à collets renversés, et avec une ceinture dorée. »

Salomon, où l'on trouve cette maxime aussi vieille que la morale : « La bonne réputation vaut mieux que la richesse, » mais où il n'est fait aucune allusion à la ceinture et surtout à la ceinture dorée.

Ceux qui pensent que *ceinture dorée* veut dire *richesse* donnent pour origine au proverbe cette large ceinture qui autrefois servait de bourse et qui, par suite, était le symbole des biens.

Il y a enfin la version de Fleury de Bellingen : « Nos premiers rois, dit-il, donnoient à leurs sujets de haute qualité un baudrier, c'est-à-dire une ceinture d'or qui estoit une des marques de chevalerie. » Grégoire de Tours rapporte plusieurs exemples sur ce sujet,... d'où notre ancien proverbe tire son origine :

> Bonne et commune renommée
> Vaut mieux que ceinture dorée.

DENIER A DIEU.

Le denier a été d'abord une monnaie romaine ; il était d'argent et marqué d'un X comme valant dix as (un peu plus de huit sous de notre monnaie). C'est de cette marque et de cette valeur qu'il a reçu le nom de denier (*denarius*).

Nous avons eu aussi en France le denier d'argent pesant à peu près un quart de franc ; mais le denier traditionnel, celui dont se souviennent nos pères, est une petite pièce de cuivre qui valait le douzième d'un sou. — Pourquoi douzième, puisque denier veut dire dix ? ou pourquoi denier, puisque cette pièce valait un douzième ? — Qu'on pose la question comme on voudra, elle est également insoluble. Pour remettre en circulation le mot denier avec une aussi mince valeur, il ne parut pas nécessaire de ménager les susceptibilités des philologues.

Quoi qu'il en soit, ce mot, plus ou moins bien appliqué, a fait fortune dans notre langue, et s'est associé à des idées dont il semble que son peu d'importance aurait dû l'exclure : il est devenu synonyme de biens, de sommes quelconques, et les expressions : les deniers de l'État, c'est un beau denier, payer de ses propres deniers, ne sont pas surannées.—Il y a aussi dans l'histoire, le *denier de Saint-Pierre*, établi en Angleterre sous le nom de *Romescat* (écot ou tribut de Rome), et qui fut introduit en France par Charlemagne ; c'était un impôt payé, le jour de la Saint-Pierre, pour les besoins de l'église de Rome ; — puis le *denier de César*, autre contribution qui assujettissait les chefs de famille à payer chacun trois deniers au roi par année.

Vient enfin le *denier à Dieu*, somme que l'on donne au concierge de la maison dans laquelle on a loué un appartement. — Ce *denier à Dieu*, les mots le disent de reste, a une plus noble origine. C'était la petite pièce que l'on donnait au vendeur, à la personne avec laquelle on faisait un marché, comme pour prendre Dieu à témoin de l'engagement que l'on contractait et promettre de ne pas manquer à sa parole. Ces sommes données ainsi à Dieu étaient destinées à faire des aumônes aux pauvres, et n'étaient pas, comme les arrhes, un à-compte sur ce qu'on devait au marchand ou au locateur.

On voit combien nous sommes loin maintenant de notre point de départ : nous ne donnons plus de *deniers à Dieu* qu'aux portiers, et ceux-ci, qui ont fait prendre à ce denier des proportions formidables, se gardent bien de le donner aux pauvres.

FRUITS SECS.

Nous pensions être amené logiquement, naturellement même à l'explication des *fruits secs* ainsi entendus par les idées qui se rattachent aux phrases consacrées : —*Travailler sans fruit; fruits mûrs, desséchés ; ne porter aucun fruit,* et les proverbes qui en dépendent; mais les apparences nous auraient trompé. Ces mots, nés au sein de l'École polytechnique, ont eu pour berceau l'histoire suivante qui a été racontée à M. Genin par un ancien élève de cette école : « Il y avait alors à l'école (il s'agit d'une des premières promotions) un élève venu d'une des provinces du Midi, où son père faisait en grand le commerce des fruits secs. Ce jeune homme, dont la vocation n'était pas du côté des mathématiques, travaillait peu ou ne travaillait pas du tout. Et quand ses camarades essayaient de le stimuler par la crainte de manquer ses examens et de perdre sa carrière, il répondait d'un ton insouciant et avec un accent provençal : « Eh! qu'est-ce que cela me fait? Eh bien! je serai dans les fruits secs, comme mon père! » Ce mot, obstinément répété, fit fortune; le jeune homme fut effectivement dans les fruits secs, et depuis on a dit par allusion et par euphémisme. un tel sera dans les fruits secs; — il a été *fruits secs :* — c'est un *fruits secs* de l'École polytechnique (et non *fruit sec* au singulier)[1]. »

Cette expression, qui s'est d'abord appliquée exclusivement aux élèves de l'École polytechnique et de l'École normale qui avaient manqué leurs examens de sortie, s'est bientôt étendue aux élèves de toutes les écoles, et elle sert à qualifier aujourd'hui tous ceux qui échouent.

---

1. *Notes sur le Dictionnaire français.*

CORDON BLEU.

L'ordre du Saint-Esprit, institué par Henri III en 1578 [1] et réuni par ce roi à l'ordre de Saint-Michel que Louis XI avait créé en 1469, n'était pas, comme tant d'autres qui sont venus depuis, un ordre banal auquel chacun pouvait prétendre. Il ne comptait que cent membres (87 chevaliers, 9 commandeurs et 4 grands officiers du royaume). Le roi était le grand maître de l'Ordre; le Dauphin, les fils et petits-fils de France, chevaliers de droit, étaient reçus à l'époque de leur première communion, ainsi que les princes du sang; les princes étrangers devaient avoir 25 ans, les ducs et les gentilshommes, 35, et l'on n'était admissible en tout cas, que si l'on avait au moins trois générations de noblesse paternelle. Le cordon auquel était attachée la croix de l'Ordre était bleu; il se portait en sautoir de l'épaule gauche au côté droit, et les chevaliers étaient communément désignés sous le nom de *cordons bleus* [2]. On appelait de même *cordons rouges* les commandeurs de l'ordre de Saint-Louis. *Le cordon bleu* étant

---

1. Henri III avait établi cet ordre en mémoire de trois grands événements arrivés le jour de la Pentecôte, et qui le touchaient personnellement : sa naissance, son élection à la couronne de Pologne, et son avénement à celle de France.

2. Nous nous rappelons à ce propos une anecdote que raconte madame de Bawr dans ses *Souvenirs* en parlant de l'aristarque Martin : « Il était d'une grande force aux échecs, dit-elle, et regardait jouer quand il ne jouait pas lui-même. Il arriva une fois qu'une vive discussion s'étant élevée entre deux joueurs sur la prise d'une pièce, la galerie appela M. Martin pour qu'il jugeât le coup. Un des adversaires, voyant s'approcher le petit homme dont il ne pensait pas être connu, crut devoir entr'ouvrir négligemment sa redingote pour laisser voir un cordon bleu. La chose expliquée, Martin regarde le grand seigneur : « Vous avez tort, monsieur le duc, dit-il, reboutonnez-vous. »

une distinction toute particulière réservée à un petit
nombre parmi ceux qui occupaient un rang très-élevé dans
la société, on prit l'habitude de donner, par comparaison,
le nom de *cordon bleu* aux personnes d'un mérite supérieur : *le cordon bleu d'une communauté ; c'est notre
cordon bleu.*

> L'argent d'un cordon bleu n'est pas d'autre façon
> Que celui d'un fripier ou d'un aide à maçon.
>
> REGNIER.

Cette comparaison fit si bien son chemin qu'elle alla
sans encombre jusqu'à la cuisine ; les célébrités dans l'art
de Vatel et de Carême étaient aussi des *cordons bleus*. Ce
qu'il y a de plaisant, c'est que cette dernière comparaison
est la seule qui soit restée dans la langue. L'ordre du
Saint-Esprit a été aboli à la révolution, rétabli par la restauration et aboli de nouveau en 1830 ; toutes les dignités
comme toutes les idées qui se rattachaient à cet Ordre
ont disparu avec lui ; le cordon bleu, relégué dans la dé-
froque des illustres aïeux, appartient à l'histoire, et il ne
sert plus dans notre langage figuré à rappeler un grand
mérite ou un grand nom ; il n'y a plus maintenant d'autre
cordon bleu qu'une bonne cuisinière. Seule, la cuisinière
a résisté ; elle est demeurée seule debout au milieu des
caprices et des fluctuations de la politique. Rien de plus
juste, au reste : on peut abolir selon les temps ou le bon
plaisir des hommes les hochets de la vanité, on n'abolit
pas la cuisine.

Voilà d'où descendent les grands noms en passant par
les grands hommes pour aboutir aux petites choses. Il y
a trois siècles, le grand maître des cordons bleus était Sa
Majesté le roi de France Henri III ; aujourd'hui, c'est mademoiselle Marguerite. C'est un trait à ajouter à l'histoire

14.

de nos grandes puérilités et de l'instabilité des choses de ce monde.

LA FOI DU CHARBONNIER.

La foi simple et naïve qui croit sans discuter. Le charbonnier dont il s'agit ici, c'est celui qui travaille à faire le charbon, c'est-à-dire celui qui passe une bonne partie de sa vie au milieu des bois. Continuellement en présence du spectacle de la nature où tout parle de la grandeur et de la bonté de Dieu, cet homme n'a pas besoin, pour croire, des enseignements et des discussions de la théologie ; il croit simplement, avec son cœur, et il apprend ainsi à ne pas douter.

Selon Fleury de Bellingen, ce proverbe aurait pour origine le conte suivant. « Un charbonnier estant enquis par le diable de ce qu'il croyoit, luy respondit : Toujours je crois ce que l'Église croit. » — « Et, ajoutent les auteurs de Trévoux, étant pressé par le même esprit de lui dire ce que croyait l'Église, il répliqua : Elle croit ce que je crois. Et ayant toujours persévéré dans les mêmes réponses, il rendit le diable confus. — M. Drelincourt a dit là-dessus que c'était quelque pauvre jeune diable qui n'était pas des plus fins ; parce qu'autrement il aurait demandé au charbonnier : Qu'est-ce que toi et l'Église croyez ? Et alors le charbonnier n'aurait su que répondre. La raillerie de ce ministre calviniste est fade ; car en supposant que l'histoire qui a fondé le proverbe soit véritable, *le charbonnier* était très-sage de ne répondre qu'en général au diable qui voulait l'embarrasser et lui faire perdre sa foi. »

DEVENIR D'ÉVÊQUE MEUNIER.

On comprendrait qu'on devînt de maître valet, d'agent de change courtier, ou d'architecte maçon, parce que ces comparaisons, prises dans le même ordre de choses, éveillent bien clairement l'idée de descendre, de reculer au lieu d'avancer. Mais on ne voit pas par quelles transitions il faudrait faire passer un évêque pour l'amener tant soit peu logiquement à la condition de meunier [1]. Il n'y a là aucun rapport, et l'allusion, si elle est quelque part, échappe à notre pénétration. On a prétendu que ce proverbe devait avoir pris sa source dans l'histoire de Spifame, évêque de Nevers ; mais c'est gratuitement et pour les besoins de la cause qu'on a supposé que Spifame avait été réduit à se faire meunier. Ce fait n'est pas acquis à l'histoire. On sait qu'il devint d'évêque calviniste, ce qui n'est pas précisément la même chose ; mais comme il était très-ambitieux, et qu'il n'a rempli que des postes élevés jusqu'au moment où il eut la tête tranchée, on est en droit de croire qu'il ne s'est jamais résigné à moudre du blé. — Il faut donc se contenter, pour ne pas se perdre dans l'abîme des hypothèses, de la version de Cotgrave : on a dit dans l'origine *devenir d'évêque aumônier,* et la corruption a fait le reste. Les sourds ou les irréfléchis auront dit *un meunier* au lieu de *aumônier,* et dans la

---

1. Il ne faut rien moins qu'une circonstance aussi exceptionnelle que celle qui nous est rapportée par M. G. Duplessis : « J'ai connu autrefois, dit-il, dans une ville du centre de la France, la justification vivante de ce dicton, dont on ne croirait guère qu'il pût exister un exemple. En 1791, un meunier, qui se sentit probablement tout à coup la vocation religieuse, fut élu évêque du département ; peu de temps après, les évêques ayant été supprimés, en même temps que toutes les cérémonies extérieures du culte, notre homme reprit son ancien état, et devint littéralement, comme on voit, d'*évêque meunier.*

rapidité du discours, ce *un* malencontreux n'aura pas eu de peine à disparaître.

LE DIAMANT LE RÉGENT.

Le *Régent* est le nom d'un diamant de la couronne qui vaut, dit-on, cinq millions. Le duc de Saint-Simon nous a donné, dans ses *Mémoires,* des détails sur les circonstances dans lesquelles ce diamant est parvenu, après quelques passes assez difficiles, à monter sur le trône de France : « Un employé aux mines de diamants dans le Mogol en prit un d'une grosseur prodigieuse, qu'il vint à bout de cacher en se l'introduisant dans le fondement. Il arriva en Europe avec le vol précieux qu'il avait fait. Il le fit voir à plusieurs princes de différentes cours, qui tous l'admirèrent, mais le trouvèrent en même temps au-dessus de leurs facultés pécuniaires. Le régent de France fut lui-même effrayé du prix, lorsque Law, à qui le propriétaire l'avait présenté, le présenta à son tour à S. A. R... Le régent opposait la fâcheuse situation des finances. Mais ce qui encourageait le directeur général, c'était l'impossibilité où se trouvait le propriétaire de le vendre sa valeur. C'est ce qu'il lui représenta pour le déterminer à en baisser le prix, et ce qu'il représenta au régent pour l'engager à faire une offre. On se rapprocha. On offrit deux millions et les rognures qui sortiraient de la taille. Les conditions furent acceptées; et ce diamant qui, après la taille, pesait encore plus de 500 grains, fut acquis à la France. C'est de là qu'il fut appelé le *Régent*. »

FOURCHES CAUDINES.

Cette expression doit son origine à un épisode des guerres sanglantes entre les Romains et les Samnites. —

Vers l'an de Rome 433, les Samnites ayant été vaincus, demandèrent la paix. On la leur refusa. Irrités de ce refus, ils résolurent de mourir ou de se venger. Ils eurent recours à un stratagème pour attirer les Romains dans un chemin étroit, passant entre des rocs à pic des Apennins, couronné de forêts sombres et situé dans la Campanie, près de l'ancienne *Caudium* (ce lieu s'appelle aujourd'hui *Valle Caudina* ou *Stretta di Arpaia*). Dès que les Romains furent engagés dans ce défilé, les Samnites fermèrent les issues, et, occupant toutes les hauteurs, ils raillèrent l'armée romaine sur l'inutilité de ses efforts pour se livrer passage. Les Romains furent obligés de se rendre à discrétion et de passer sous le joug, sorte de gibet qu'on appelait *Fourche*. C'est en souvenir du lieu où les Romains éprouvèrent cet affront qu'on a dit que les Samnites les avaient fait passer sous les *Fourches caudines,* et que l'expression a pris place dans la langue pour caractériser toute concession onéreuse ou humiliante arrachée au vaincu. Le général, obligé de faire une capitulation peu honorable, et le souverain qui accepte un traité honteux passent sous les *Fourches caudines.*

PORTER QUELQU'UN SUR LES ÉPAULES.

Nous portons, ainsi les importuns, les gens qui nous sont à charge par leurs actions ou leurs discours. L'image est sensible : l'homme qui nous déplaît et nous pèse nous est aussi désagréable que s'il était littéralement sur nos épaules. — Cependant, cette expression a dû autrefois se prendre en bonne part : *porter sur les épaules* s'est dit chez les anciens pour rendre les honneurs, porter en triomphe, et d'après le Dictionnaire de Trévoux on voit que, chez nous, elle n'avait pas entièrement perdu cette signification : « On dit d'un homme pour qui on compatit, qu'on le porte sur ses épaules; et d'un importun qu'il semble qu'on l'a toujours sur ses épaules. » Prise ainsi dans un sens favorable, la figure peut avoir pour origine l'usage où l'on était autrefois de porter sur les épaules les corps des morts auxquels on voulait rendre les derniers honneurs : « Si Priam eût fini sa carrière, dit Juvénal, avant que Pâris eût construit une flotte, son ombre, laissant Troie florissante, serait solennellement descendue vers les mânes de son aïeul Assaracus; Hector, aidé de ses frères, aurait porté son corps à travers la foule des Troyennes gémissantes. »

Ainsi que l'a remarqué l'auteur des *Matinées sénonaises*, cet usage existait autrefois en France. « Le fils aîné de saint Louis mourut jeune. Son corps fut conduit à Saint-Denis, et de là à Royaumont où on l'enterra. Le roi d'Angleterre accompagna le convoi, et voulut porter quelque temps la bière *sur ses épaules*. Tous les barons français et anglais la portèrent à son exemple, les uns après les autres. A la mort du poëte Belleau, arrivée en 1557, les amis du défunt portèrent son corps *sur leurs épaules*, depuis l'hôtel d'Elbeuf, où il mourut, jusqu'à l'église des Grands-Augustins où il fut enterré. Cette cérémonie qui se faisait pour honorer les morts, se réduit aujourd'hui à tenir les quatre coins du poêle. La bière est portée sur un brancard par des gens du commun, et ce n'est plus que chez le peuple que le défunt est porté par ses pairs. »

Rappelons ici, à propos d'épaules, la singulière explication que Pasquier a donnée de la locution *par-dessus l'épaule* [1]. « Nous disons *un homme estre riche ou ver-*

---

1. *Faire quelque chose par-dessus l'épaul'*, ne point la faire du tout. *Pensez-vous qu'il veuille acquitter sa dette? Il vous payera par-dessus l'épaule.* (*Dict. de l'Académie.*)

tueux par-dessus l'épaule, nous mocquans de lui, et voulans signifier n'y avoir pas grands traicts de vertu, ou richesse en luy. Duquel dire appris-je l'origine et derivaison par quelques joueurs de flux : car comme ainsi fut qu'en ce jeu, l'as soit la principale carte (qui est celle en laquelle il y a unité au milieu), il advint qu'un quidam en se riant, dist qu'il avoit deux as en son jeu, et, les exhibant sur la table, fut trouvé que c'estoient deux varlets, chacun desquels, comme l'on sçait, porte une unité sur l'épaule : à quoi ayant appresté par un mensonge à rire à la compagnie, il respondit véritablement qu'il en avoit deux, mais que c'estoit *par-dessus l'espaule*. Qui est prendre ce propos (dont nous faisons un proverbe) en sa vraye signification : car, comme je disois maintenant, chaque teste, soit cœurs, carreaux, trèfle et picque, a un as dessus l'espaule, pour faire connoître de quel jeu ils sont roys, roynes ou varlets, et toutesfois cette unité ne represente pas un as : parquoy si nous voulons rapporter ce commun proverbe à ce jeu, nous le trouverons estre dit avec quelque fondement de raison, combien qu'autrement il semble avoir esté inventé à credit, et par une temerité populaire. »

Voyez ce qu'il vous plaira d'en croire. Pour nous, ce que l'histoire de Pasquier nous démontre de plus clair, c'est que l'expression proverbiale existait déjà quand le joueur aux faux as se permit sa plaisanterie; car s'il n'avait pas fait allusion à ce dicton, il serait difficile de saisir l'intention, et la malice manquerait totalement de sel. — Il y a encore, au surplus, la version de Le Duchat : « Anciennement, dit-il, lorsque quelcun vouloit faire faillite, il ramassoit la poussière des quatre coins de sa maison ; puis, de dessus le seuil de sa porte, il jettoit cette poussière de dessus son épaule, et tiroit chemin. »

LA COQUELUCHE DU QUARTIER.

Être engoué de quelqu'un ou très-prévenu en sa faveur, c'est, en style familier, en être entêté, coiffé, embéguiné [1]. — L'expression *être la coqueluche de la cour, de la ville, du quartier,* qui signifie être en vogue, très-à la mode, doit s'entendre dans le même sens. « *Il est la coqueluche de toutes les Femmes,* toutes les femmes sont coiffées de lui. » (Académie.) — « Si à votre âge vous êtes si vif et si impétueux, quel nom, Théobald, fallait-il vous donner dans votre jeunesse et lorsque vous étiez *la coqueluche ou l'entêtement* de certaines femmes qui ne juraient que par vous et sur votre parole, qui disaient : Cela est délicieux, qu'a-t-il dit ? » (La Bruyère.)

Le *coqueluchon* ou la *coqueluche* était une sorte de capuchon que tout le monde a porté à une certaine époque, et qui paraît avoir donné son nom à la maladie que nous désignons encore ainsi, car ceux qui en étaient attaqués portaient une *coqueluche* ou capuchon de moine pour se tenir chaudement.

A l'époque où la maladie fut générale [2], l'usage de la

1. De béguin, petite coiffe de toile.
2. « Nous vîmes en l'an 1557, en plein été, s'élever, par quatre jours entiers, un rhume qui fut presque commun à tous, par le moyen duquel le nez distilloit sans cesse comme une fontaine, avec un grand mal de tête et une fièvre qui duroit aux uns douze et aux autres quinze heures, que plus, que moins : puis soudain, sans œuvre de médecin, on étoit guéri ; laquelle maladie fut depuis, par un nouveau terme, appelée par nous *coqueluche.* Il me souvient, il est vrai, que lorsque MM. Mangot, de Montelon, Béchet, avocats, et moi, ayant sous divers personnages à plaider une cause aux généraux des aides, concernant le diocèse d'Autun, nous fûmes inopinément surpris de cette fluxion et toux, de telle façon que, pour ce jour et deux ensuivants, nous eûmes surséances d'armes. » (ÉTIENNE PASQUIER. *Recherches de la France.*) Cette maladie avait déjà régné en 1510, et reparut avec les mêmes symptômes en 1577.

coqueluche se répandit beaucoup. Le capuchon devint une sorte de mode, surtout pour les femmes, et c'est ainsi qu'on a été amené à appeler *la coqueluche du quartier* l'homme que toutes les femmes ont en tête.

MANGER DE LA VACHE ENRAGÉE.

Éprouver de grandes privations, une grande misère, se procurer péniblement les ressources les plus indispensables à la vie. Les jeunes gens qui se laissent nourrir par leur famille et qui, peu soucieux du lendemain, s'abandonnent à la mollesse, auraient souvent besoin de *manger de la vache enragée.*

Il est défendu de manger de la chair des animaux atteints d'épizootie ou mordus par un chien enragé. Les pauvres, privés de tout, ne tiennent pas toujours compte de cette défense, et pour manger de la viande, ils mangent même de la *vache enragée.* — Ce n'est pas sans raison que dans ce proverbe on a dit *vache* et non pas *bœuf :* les pauvres et les gens de la campagne ne mangent presque jamais autre chose que de la vache.

Ce proverbe se dit aussi, par extension, des épreuves de tout genre qui, dans le cours de la vie, doivent fortifier l'esprit ou grandir le courage. « O tendres mères! défiez-vous des méthodes faciles; les méthodes faciles font les cerveaux paresseux, les cerveaux paresseux font les sots; aimez vos enfants, accablez-les de caresses, gâtez-les, donnez-leur mille douces jouissances, mais ne supprimez point pour eux les difficultés de la vie; surveillez-les beaucoup, ne les aidez pas trop, empêchez-les de se casser le cou, mais laissez-les se casser la tête contre tous les obstacles de l'étude; laissez-les se tourmenter, se décourager, se tromper, s'interroger, se juger, se tromper en-

core, s'exercer enfin ; épargnez-leur tous les chagrins du
cœur, si vous le voulez, si vous le pouvez, mais ne leur
épargnez jamais les angoisses de l'intelligence; bourrez-
les de friandises, de gâteaux, de dragées, de confitures,
mais ne supprimez jamais de leur ordinaire ce mets gé-
néreux qui donne la force et le courage, ce plat merveilleux qui change les ingénus en Ulysses, et les poltrons en
Achilles, cette ambroisie amère qui fait les demi-dieux,
cet aliment suprême dont se nourrissent dès l'enfance les
grands industriels, les grands guerriers et les grands
génies : la vache enragée.

« Si vous interrogiez l'histoire gastronomique des
hommes célèbres de notre époque... vous seriez étonnés
de la consommation effrayante que ces illustres personnages ont faite de ce bétail privilégié. Un vieux professeur disait qu'un homme qui n'avait point mangé de la
vache enragée n'était qu'une poule mouillée. L'image est
un peu tourmentée : un homme qui ne sera jamais qu'une
poule, parce qu'il n'a pas mangé une vache, c'est assez
mauvais comme style, mais comme pensée, c'est bien
profond.

« Servez souvent ce méchant plat sur la table de la
famille, ou, si quelqu'un vient l'y poser malgré vous,
ayez du moins le courage de ne pas le faire emporter. »
(Mme Émile de Girardin.)

SAINT FRUSQUIN.

Saint Crépin est le patron des cordonniers; lui et son
frère *saint Crépinien* faisaient des souliers, occupation
tranquille, comme il est dit dans la vie des saints, propre
à les entretenir dans l'humilité qui convient à des ouvriers

évangéliques, et qui leur donnait occasion de parler de Jésus-Christ à ceux qui les employaient.

Les garçons cordonniers qui courent dans les rues d'une ville, ou qui vont de village en village pour travailler, portent leurs outils et leur cuir dans un sac; ce petit bagage qui représente tout leur avoir, ils l'appellent *saint crépin*, du nom de leur patron. Ce sont des Bias à leur manière, — nous n'osons pas dire au petit pied, — qui portent avec eux tout leur bonheur et toute leur richesse, *omnia mecum porto*. De là sont nées les expressions *c'est tout son saint crépin, perdre tout son saint crépin, le saint crépin* signifiant au figuré tout le bien d'un pauvre homme.

Pour donner à l'idée plus de généralité, on a substitué à *Crépin* le mot *Frusquin* qui s'est dit d'abord du vêtement :

> Il vise à ta déconfiture,
> A la perte de ta fressure,
> De ton bandeau, de ton frusquin,
> Du moule de ton casaquin.
>
> *Le Virgile travesti.*

et qui s'est étendu ensuite à tout ce qu'un homme a de nippes et d'argent, à tout ce qu'il possède : *Mamselle Javotte et sa mère furent un bout de temps sur mes crochets, que mon saint frusquin s'en allait petit à petit.* (Comte de Caylus. *Œuvres badines.*)

MALHEUR AUX VAINCUS! — LES OIES DU CAPITOLE.

Les Gaulois avaient vaincu les Romains dans la fameuse journée d'Allia. Ils étaient entrés dans Rome abandonnée; ils avaient pillé, saccagé, incendié la ville; ils avaient tout massacré sans distinction d'âge ni de sexe, et n'avaient trouvé de résistance qu'au Capitole où les Romains s'étaient fortifiés. Les Gaulois firent donc le blocus du Capitole. Mais le siége traînait en longueur ; depuis plus de six mois les assiégeants étaient immobiles au pied de la forteresse, et pendant ce temps une violente épidémie s'était déclarée. Les Romains, de leur côté, pressés de plus en plus par la faim, commençaient à perdre courage. On fit des propositions d'accommodement ; Sulpicius, l'un des tribuns militaires, s'aboucha avec Brennus, le général des Gaulois. Ils convinrent que les Romains payeraient mille livres d'or, et que les Gaulois sortiraient de Rome. Ces conditions acceptées, les Gaulois usèrent de tous les moyens pour tromper leurs ennemis : ils se servirent de faux poids, ils firent ouvertement pencher la balance, et Brennus enfin jeta dans le plateau son épée et son baudrier. Quand Sulpicius demanda ce que cela voulait dire, le général gaulois répondit : « Eh ! quelle autre chose, sinon *malheur aux vaincus ?* — C'est alors que survint le dictateur Camille. Il reprit l'or et ordonna aux Gaulois de se retirer en leur disant : « La coutume des Romains est de racheter leur patrie avec le fer et non pas avec l'or. »

Un mot, à propos de ce siége fameux, sur

L'aquatique animal sauveur du Capitole.

Camille qui avait été choisi par les Romains pour prendre le commandement ne voulait l'accepter qu'autant que leur choix aurait été ratifié par les citoyens renfermés dans le Capitole. Mais comment arriver au Capitole tant que les ennemis occuperaient la ville ? — Pontius Cominius s'offrit pour cette mission périlleuse. Ce jeune Romain, à force de prudence et d'énergie, parvint à tromper la vigilance des ennemis, et fut assez heureux pour rapporter la nomination de Camille comme dictateur. Mais Pontius, qui avait dû gravir un rocher très-escarpé, avait laissé des traces de son passage. Les herbes couchées et la terre éboulée en plusieurs endroits montrèrent aux Gaulois qu'il y avait un chemin accessible pour conduire au Capitole. Ils se mirent en devoir au milieu de la nuit de profiter de cette découverte. Ils étaient sur le point de se rendre maîtres des retranchements, car personne ne les avait entendus, lorsque les oies sacrées qu'on entretenait dans le Capitole, près du temple de Junon, coururent aux Gaulois avec de grands cris et en un instant réveillèrent tous les Romains. — Plutarque fait remarquer que les oies ont l'ouïe très-fine, que celles du Capitole étaient assez mal nourries depuis le siége, et qu'elles s'effrayèrent d'autant plus facilement à l'approche des Gaulois, que la faim les tenait éveillées.

C'est en mémoire de cette action mémorable que les oies étaient promenées en triomphe tous les ans dans la ville de Rome.

SE METTRE EN RANG D'OIGNON.

Nous avions vu, à la halle et chez les marchands, des oignons rangés par ordre de grandeur, soit en ligne, soit en tas ou en torches; cette observation nous avait suffi pour comprendre pourquoi l'on disait figurément *se mettre en rang d'oignons,* et alors nous écrivions ce dernier mot au pluriel. Notre erreur était grande; nous venons la confesser humblement. L'*Allium cepa* est complétement étranger à cette locution : ce que nous avions pris pour une vulgaire comparaison n'est rien moins, l'Académie elle-même veut bien nous l'apprendre, que le souvenir d'un grand maître des cérémonies. Et d'abord, citons le texte de l'illustre compagnie : « Locution adverbiale et familière dont on se sert en parlant de plusieurs personnes qui sont rangées sur une même ligne. — *Se mettre en rang d'oignon* signifie aussi prendre place dans une réunion où l'on n'est pas invité, dans une assemblée à laquelle on n'a pas le droit d'assister. D'Oignon était le nom d'un maître des cérémonies. »

Ce maître des cérémonies, Artus de La Fontaine Solaro, baron d'Oignon et seigneur de Vaumoise, exerça ses importantes fonctions sous quatre rois à partir de Henri II ; il était chargé aux États de Blois d'assigner leurs places aux députés des trois ordres ; il se signala enfin par la conscience avec laquelle il fit serrer les rangs ou respecter les droits de chacun en fait de préséance, et cette belle conduite valut à son nom l'honneur que nous savons.

Si telle est l'origine de notre expression, et il n'est guère permis d'en douter quand l'Académie l'affirme, l'Académie ferait peut-être bien de conserver au mot Oignon sa majuscule historique.

POISSON D'AVRIL.

L'origine de l'attrape, du *piège innocent* connu sous ce nom, est assez souvent attribuée à l'histoire suivante : François, duc de Lorraine, que Louis XIII retenait prisonnier au château de Nancy, parvint à se sauver, le 1er avril, en traversant la rivière à la nage ; — ce qui fit dire aux Lorrains que c'était un poisson qu'on leur avait donné à garder [1].

1. Suivant quelques-uns, le duc de Lorraine n'aurait pas fait naître le poisson d'avril, il en aurait profité. Il se serait échappé déguisé en

Il faut beaucoup de bonne volonté pour admettre cette origine. Ce duc de Lorraine, prisonnier de Louis XIII, n'est guère connu dans l'histoire : le roi d'Yvetot, sous ce rapport, lui rendrait des points. On n'a jamais parlé de sa singulière évasion que pour expliquer le *poisson d'avril,* et il est difficile de croire que la facétie fût devenue populaire dans presque toute l'Europe si elle n'avait eu d'autre cause que cette fuite à travers la Meurthe.

Ceux qui ont ainsi pensé ont été demander des raisons à une source beaucoup plus généralement connue. Ils ont prétendu que les plaisanteries du 1er avril étaient une allusion aux démarches ironiques que l'on fit faire à Jésus-Christ, au commencement d'avril, en le renvoyant d'Anne à Caïphe, de Caïphe à Pilate, de Pilate à Hérode, et d'Hérode à Pilate. On a complété cette explication en ajoutant que le mot *poisson,* dont on ne voit pas encore la signification, était une corruption du mot *Passion.*

Ainsi le *poisson d'avril* serait une parodie de la Passion de Jésus-Christ. Si cette origine est la vraie, ce que rien ne nous autorise à garantir, nous ne comprenons pas comment les sottes plaisanteries du 1er avril ont pu s'établir parmi les chrétiens.

Reste donc, comme seule raisonnable et décente, l'explication donnée par M. Quitard. — Quand Charles VI voulut, en 1564, faire commencer l'année au 1er avril, cette modification fut assez mal accueillie; on continua, par habitude, à donner et à recevoir les étrennes au 1er janvier; mais au nouveau jour fixé pour le nouvel an, on

paysan à la faveur de cette plaisanterie. Une personne aurait prévenu le factionnaire, le factionnaire l'officier, l'officier le gouverneur, mais la crainte du poisson d'avril aurait fait hésiter chacun, et le prince aurait eu le temps d'échapper aux recherches.

se donnait de fausses étrennes, des étrennes d'attrape ;
« et comme au mois d'avril le soleil vient de quitter le
signe zodiacal des poissons, on donna à ces simulacres
le nom de *poisson d'avril.* »

RIRE SARDONIQUE.

Rire convulsif, mortel, et, au figuré, rire forcé, rire
de Satan. — Il y a en Sardaigne une espèce de renon-
cule appelée *sardonie* qui contracte de telle sorte les
muscles de ceux qui en ont mangé que les lèvres se reti-
rent et que les malades semblent rire en mourant. — Cette
explication, généralement admise, n'est pas celle qu'a
donnée madame Dacier dans sa traduction de l'*Odyssée* :
« On appelait ris sardonien, dit-elle, un rire forcé qui
cachait une douleur intérieure, et l'on donne plusieurs
raisons de ce nom. La plus vraisemblable est celle que
l'on tire de l'ancienne coutume des habitants de l'île de
Sardaigne. On prétend qu'il y avait une certaine fête de
l'année où ils immolaient non-seulement leurs prisonniers
de guerre, mais aussi les vieillards qui passaient soixante
ans, et ces malheureux étaient obligés de rire à cette horrible cérémonie ; d'où l'on a appelé ris sardonien tout ris
qui ne passe pas le bout des lèvres, et qui cache une
douleur véritable. »

O ATHÉNIENS, QUE VOUS ÊTES BÉOTIENS !

C'est-à-dire : O gens d'esprits, combien parfois vous
êtes stupides ! — On revient volontiers de nos jours sur
les idées préconçues que faisait naître le terroir, et
nous ne prétendons plus sur un ton absolu que tous les

Lorrains soient vilains, les Picards entêtés, les Normands processifs et les Gascons menteurs. — Il n'en était pas ainsi en Grèce : les Athéniens étaient les plus polis, les plus spirituels, les plus délicats, et les Béotiens, les plus épais de tous les Grecs. D'un côté, le bon goût, la grâce, la finesse; de l'autre, la lourdeur et la stupidité. — Il avait fallu le secours des joueurs de flûte pour adoucir l'humeur sauvage des Béotiens; ils ne l'emportaient sur les autres peuples de la Grèce que dans les exercices du corps, et l'esprit chez eux n'existait pas. On appelait un ignorant, *Bœotica sus*, cochon de Béotie, et un homme sans jugement et sans goût, *auris Bœotica*. Anaxagore lisant la Thébaïde en présence de Thébains qui ne l'écoutaient pas, ferma son livre et leur dit : « On a bien raison de vous appeler Béotiens, car vous avez des oreilles de bœuf. » Enfin Horace a dit d'Alexandre, qui goûtait peu la poésie : « Vous auriez juré que ce prince avait respiré en naissant l'air épais de la Béotie. » — Nous ne pouvions que conserver des traditions ainsi transmises et, aujourd'hui comme autrefois, l'Attique et la Béotie représentent, quand on les oppose l'une à l'autre, l'esprit et la bétise.

Voltaire a dit : « Il se pourrait que la nature eût donné aux Athéniens un terrain et un ciel plus propres que la Westphalie et que le Limousin à former certains génies. » Cette réflexion, qu'un Limousin pourrait trouver désobligeante, ne nous semble pas très-juste : s'il ne s'agissait que de personnages exceptionnels, la Béotie n'aurait pas tort, car on cite parmi ses enfants les noms les plus retentissants : Hésiode, Pindare, Plutarque, Pélopidas, Épaminondas, Corinne. Le ciel et la nature n'exercent pas leur influence sur quelques hommes, mais sur les masses, sur les peuples entiers, et c'est pourquoi les re-

15.

proches adressés à certains pays peuvent être fondés d'une manière générale.

PANIERS.

Les paniers, on le sait, sont des jupons auxquels étaient fixés plusieurs étages de cercles en fer d'abord, puis en bois et enfin en baleine. — Destinés à suppléer à l'insuffisance bien constatée des jupons ordinaires, les paniers avaient le double mérite de donner aux dames du dix-huitième siècle de fortes hanches, et par opposition, des tailles extrêmement fines. Dans ce bienheureux temps des paniers, c'était comme aujourd'hui : toutes les femmes étaient bien faites, car toutes étaient dans le cas des femmes qui écrivent leurs mémoires, et qui, comme mademoiselle de Launay, ne se montrent qu'en buste.

Nous avons dit *bien faites* pour parler avec les mots de tout le monde, mais nous ferons nos réserves. On a beaucoup exagéré le mérite des tailles de guêpe ; avoir quelques centimètres de circonférence à la taille et plusieurs mètres un peu plus bas, c'est une beauté que nous apprécions peu. Une femme dont le buste ne tient que par un fil au reste du corps nous inspire un sentiment pénible, et elle s'éloigne trop de la nature pour être à nos yeux une femme bien faite. Mais... « Pourquoi madame de ***, qui est jeune et belle, s'environne-t-elle d'ombre comme une vieille coquette fanée ? — Pour vous paraître toujours blonde. — Elle n'est donc pas blonde ? — Non, elle est rousse. — Mais il y a des cheveux roux d'une teinte superbe que les peintres estiment beaucoup. — Les peintres, mais pas les coiffeurs, et vous savez bien qu'en fait de beauté ce ne sont pas les artistes qui doinent la mode, ce sont les couturières et les coiffeurs [1]. »

Cette vérité était du temps de Louis XV comme elle est du nôtre, et mademoiselle Clairon a dû paraître singulièrement hardie quand elle a osé, en pleine vogue de paniers, se montrer sur la scène avec les simples hanches que Dieu lui avaient données. — Supposez que madame Doche fasse brusquement, au Vaudeville, son entrée sans crinoline !

La crinoline, qui occupe une place si importante dans notre société, sur les trottoirs et dans les voitures publiques, n'est autre chose que le panier en progrès. Le besoin de s'élargir qui s'est emparé des femmes depuis le jour où elles ont échappé aux fourreaux de parapluie du premier empire, les aurait inévitablement ramenées aux paniers du dernier siècle si les progrès de l'industrie n'avaient permis de substituer le crin à la baleine. Avec les grâces naturelles à son sexe, mademoiselle *Crinoline* devait, sans rien perdre de son ampleur, être moins lourde, moins empruntée, plus souple que M. *Panier*, son père; mais elle devait conserver aussi cet air de famille et cet esprit d'envahissement auxquels nous l'avons tout d'abord reconnue.

Si les dames qui vivent presque toutes aujourd'hui dans l'intimité de cette ample demoiselle, désirent connaître ses nobles ancêtres, nous leur citerons, d'après un critique célèbre, un dialogue entre un auteur et une modiste de 1724.

L'AUTEUR. Vous plairait-il, Mademoiselle, de me dire exactement ce que vous autres, jolies femmes, qui en portez et qui en faites, vous entendez par ce mot *les paniers* ?

1. Mme Émile de Girardin.

LA DAME. Monsieur l'auteur, ce sont des cloches de toile soutenues par des cercles de baleine que les femmes portent sous leurs jupes et dont les pieds semblent être les battants.

L'AUTEUR. Quelle est l'origine des paniers?

LA DAME. Cette origine se perd dans les ténèbres de la soie et du velours. Les premiers paniers furent d'abord, il y a longtemps... il·y a huit jours, des cercles en fer, en bois et en baleine, garnis d'étoffes qui servaient à relever les robes; ils s'appelaient en ce temps-là des vertugadins. La première dame qui en a porté, c'est dame Radegonde, la femme légitime de Polichinelle; cette dame avait beaucoup d'enfants, et pour les cacher dans son giron, elle imagina cette espèce de cage à poulets.

L'AUTEUR. Madame, pourriez-vous me dire tout bas à quoi peuvent servir ces sortes de paniers?

LA DAME. Je vous dirai en confidence que rien n'est plus incommode. Dans nos logis, les appartements sont trop petits, les sofas suffisent à peine à asseoir une femme en paniers; il faut élargir les portes des maisons et couper les bras aux fauteuils. Deux paniers remplissent la rue, deux paniers remplissent un carrosse à deux fonds; à l'Opéra, pour chaque panier il faut une loge; à l'église, vingt paniers ‘remplissent le chœur; la dame en paniers ne peut ni entrer, ni sortir, ni monter, ni descendre; petite, elle rappelle un tonneau; de grande taille, on dirait un cône en équilibre sur sa pointe; a-t-elle un genou cagneux, le pied vilain, la jambe tordue, le panier, dans son indécent va-et-vient, laisse entrevoir ces difformités détestables; mais qu'y faire, Monsieur? c'est la mode, et l'instant n'est pas venu d'en changer.

L'AUTEUR. Madame, pourriez-vous me dire combien il y a de sortes de paniers? Je n'ignore pas que vous avez *la gourgandine, le bout-en-train, le tâtez-y, la cul-bute, les bêtises, le laisse-tout-faire* et *les mensonges de Paris;* cependant, depuis qu'on invente, on a dû trouver quelque chose de nouveau, ne fût-ce que *les paniers percés?*

LA DAME. Vous avez raison, Monsieur, nous avons *la gondole,* espèce de panier plus large par le bas que par le haut; avec la gondole une femme a l'air d'un porteur d'eau dans son tonneau; nous avons *les cadets,* ainsi nommés parce qu'ils s'arrêtent deux doigts au-dessous des genoux; les paniers-*bourrelets,* ces bourrelets servent à faire évaser la jupe; les paniers *fourrés* sur les hanches et autre part; enfin mille sortes de paniers selon la taille et l'âge des femmes à la mode, qui rougiraient d'une taille mince et mignonne; hier tout était svelte, aujourd'hui tout est gros; un *gros* équipage, un *gros* bien, une *grosse* table, une *grosse* femme, et même les gens grossiers pourvu qu'ils aient un *gros* argent. Quant au *laisse-tout-faire,* permettez-moi, Monsieur, de vous dire que vous êtes dans une grosse erreur, le laisse-tout-faire n'est pas un panier.

> L'homme le plus grossier et l'esprit le plus lourd
> Sait qu'un *laisse-tout-faire* est un tablier court.

L'AUTEUR. Je vous remercie, Madame, de ces renseignements, je vais me hâter de faire ma comédie, et je vous prierai d'y venir en petite loge avec moi, et en petits paniers.

VILAIN XIIII.

Quand Louis XIV fit son entrée triomphale à Gand, l'un des députés qui vinrent lui présenter les clefs de la ville se nommait Grand Vilain. Il descendait, assure-t-on,

d'un bâtard de la maison des princes d'Isenghien dont
un des membres, qui devint plus tard maréchal (1741),
était au service de la France. Grand Vilain, que la confiance de ses concitoyens venait d'appeler pour la quatorzième fois à siéger parmi les membres du conseil mu-
nicipal de Gand, demanda à Louis XIV la faveur d'ajouter
à son nom le chiffre XIIII. Le roi vainqueur la lui accorda, et c'est depuis ce temps qu'une des principales
familles de Belgique porte le nom de Vilain XIIII. — Ce
chiffre écrit par un X et quatre I n'a rien qui doive
étonner : sous Louis XIV on l'écrivait ainsi; les actes et
les monnaies de l'époque en font foi, et les héritiers de
Vilain XIIII ont conservé le nom tel qu'ils l'avaient reçu.

LES BATTUS PAYENT L'AMENDE.

Nous avons dans les mains un dictionnaire de proverbes
français avec *l'explication et les étymologies les plus
avérées*, où l'on trouve au mot *amende* : « On dit, c'est
la coutume de Lorris, où le battu paye l'amende, ou qu'on
blâme, ou que l'on condamne celui qui a raison. — Ce
proverbe vient d'une équivoque : La loi s'adressant au
coupable, lui dit : « Le *bas-tu? paye l'amende.* » —
Cette explication ingénieuse n'est peut-être pas assez avé-
rée. Il y a eu un temps où la raison était bien réellement la
raison du plus fort; c'est alors que *les battus payaient
l'amende et que les morts avaient tort.* Nous voulons
parler de l'époque où se pratiquait *le combat judiciaire*,
cette épreuve ordonnée par la justice pour mettre fin à
un procès dans les cas douteux. Là où le serment était
insuffisant, c'est le combat qui décidait : l'événement de
la lutte était considéré comme un décret de la Providence,
et l'innocence où le bon droit devait être inévitablement

du côté du vainqueur. Ce jugement de Dieu, comme on l'appelait improprement, décidait de votre sort : si vous étiez battu, c'est que Dieu l'avait voulu ; vous étiez coupable, et partant vous deviez payer l'amende ou subir la peine. — C'est vraisemblablement de ce singulier genre de procédure que vient notre expression proverbiale.

FAIRE DES CHATEAUX EN ESPAGNE.

Transportez-vous dans le pays des rêves, laissez aller à son gré votre imagination vagabonde, fondez sur de vagues espoirs les projets les plus insensés, demandez à l'avenir de réaliser vos chimères, et, comme la laitière et le curé de La Fontaine, *vous ferez des châteaux en Espagne.* « Une rêverie sans corps et sans sujet régente notre âme et l'agite ; que je me mette à faire des chasteaux en Espaigne, mon imagination m'y forge des commodités et des plaisirs desquels mon âme est réellement chatouillée et réjouie. » (Montaigne).

Rêver une fortune, une position brillante, un rang élevé, de la gloire même, c'est plus ou moins rêver des châteaux, et jusque-là on s'explique la comparaison. Mais pourquoi en Espagne ? Serait-ce que dans la Péninsule un château est plus agréable et plus délicieux que partout ailleurs ? Non, c'est qu'il n'y a pas de château dans ce pays, et que vouloir les honneurs ou la fortune qu'on n'a pas, c'est vouloir des châteaux en Espagne. On ajoute, pour ne laisser aucune incertitude et pour rendre plus exactement compte des mots *faire* ou *bâtir des châteaux,* que dans le temps où les Maures faisaient de fréquentes excursions en Espagne, il était défendu de bâtir dans la campagne des châteaux dont les ennemis auraient pu s'emparer et où ils se seraient fortifiés. Nous ne savons si autrefois les châteaux étaient rares aussi en Asie, mais on disait dans le même sens, *faire des châteaux en Asie*. On dit encore, de nos jours, *bâtir des châteaux en l'air*, expression qui s'explique d'elle-même : vouloir faire une chose impossible, c'est bâtir des châteaux en l'air.

On rit souvent des fous qui rêvent tout éveillés; mais ceux même qui se moquent rêvent aussi, à leur insu, et les plus sages ont dû parfois aux divagations de leur esprit des instants de bonheur. Tous, à certains jours de la vie, nous avons eu nos joies imaginaires, car on en fait partout des châteaux en Espagne :

> On en fait à la ville ainsi qu'à la campagne ;
> On en fait en dormant, on en fait éveillé.
> Le pauvre paysan, sur sa bêche appuyé,
> Peut se croire un moment seigneur de son village.
> Le vieillard, oubliant les glaces de son âge,
> Se figure aux genoux d'une jeune beauté,
> Et sourit; son neveu sourit de son côté,
> En songeant qu'un matin du bonhomme il hérite.
> Telle femme se croit sultane favorite ;
> Un commis est ministre, un jeune abbé, prélat;
> Le prélat..... Il n'est pas jusqu'au simple soldat,
> Qui ne se soit un jour cru maréchal de France ;
> Et le pauvre lui-même est riche en espérance.
>
> Collin-d'Harleville. — *Les Châteaux en Espagne,*
> acte III, scène vii.

Lorsque madame de Villars était à Madrid, en qualité de dame d'honneur de la reine, elle désirait beaucoup revenir dans son pays pour y faire des châteaux en Espagne : — « Il n'y a qu'en France, disait-elle, qu'on bâtit des châteaux en Espagne ; mais quand on est en Espagne, on n'a pas envie d'y bâtir des châteaux. »

BAGUETTE DE CIRCÉ.

Parmi les allusions mythologiques qui ont survécu aux orateurs de la grande révolution, il faut remarquer Circé et sa baguette qu'on retrouve souvent encore chez nos écrivains modernes. On lit dans *l'Amour* de M. Michelet : « *A la mauvaise Circé qui change les hommes en bêtes, il faut opposer la bonne qui changerait les bêtes en hommes,* » et M. Émile Augier a dit à l'Académie, le jour de sa réception : « *Un peuple semblable à ces nations récentes que l'industrie, la magicienne du* XIXe *siècle, semble avoir frappées avec la baguette de Circé.* »

Que Circé soit fille du Jour et de la Nuit, ou du Soleil et de la nymphe Persa, c'est un point qui pour nous est secondaire. Ce qu'il importe de rappeler, c'est que Circé est la grande magicienne de la fable. Elle a, sa baguette aidant, fait descendre les étoiles du ciel ; elle a, par jalousie, changé en monstre la jeune Scylla, et en pivert le roi Picus qui avait eu le mauvais goût de préférer sa femme à la belle enchanteresse ; elle a enfin, par la vertu de ses poisons, fait passer l'onde noire à son mari, le roi des Sarmates. — Forcée de prendre la fuite, la fille du Soleil se réfugia sur la côte d'Étrurie, nommée depuis le cap de Circé. C'est là qu'elle exerça ses talents sur les compagnons d'Ulysse en leur faisant boire une liqueur magique qui les transforma en pourceaux. Ulysse échappa, grâce aux dieux protecteurs, à cette humiliante métamorphose, mais il n'obtint le retour de ses compagnons à la forme humaine qu'à la condition d'aimer, et pendant un an il se résigna.

TIRER LE DIABLE PAR LA QUEUE.

« Il faut que la queue du diable lui soit soudée, chevillée et vissée à l'échine d'une façon bien triomphante pour qu'elle résiste à l'innombrable multitude de gens qui la tirent perpétuellement. » (Victor Hugo, *Lucrèce Borgia*.)

Tirer le diable par la queue, c'est se procurer péniblement le nécessaire pour vivre, c'est être réduit aux expédients. On a prétendu qu'il s'agissait « *du diable d'argent* que tout le monde voudrait attirer à soi. » Mais cette explication laisse beaucoup à désirer. Nous préférons prendre le diable plus au sérieux et le considérer ici comme une image représentant toutes les choses auxquelles on n'a recours qu'à la dernière extrémité, et qu'on s'estime encore heureux de trouver, d'obtenir même par la prière, quand on n'a plus d'autre moyen d'échapper à une situation misérable. Le mont-de-piété, par exemple, c'est le diable, et lorsque nous lui portons notre linge en le priant de nous prêter de l'argent à neuf pour cent, nous tirons le diable par la queue. Pour expliquer l'image, on peut se figurer un homme qui, à bout de ressource et ne sachant plus à qui s'adresser, finit par recourir à l'assistance de ce diable dont il avait d'abord refusé le secours. Le diable à son tour fait le difficile, il se souvient des rebuffades qu'il a essuyées, il tourne le dos à celui qui l'a d'abord méprisé, — et c'est alors qu'il faut, pour le ramener, le tirer par la queue. Les jeunes gens qui ont escompté leur avenir à de ruineuses conditions ont plus d'une fois ramené ainsi par le pan de l'habit cette monstruosité sociale qu'on appelle un usurier, et ils savent par expérience ce que veut dire : *Tirer le diable par la queue*.

ROCHE TARPÉIENNE.

C'était sous Romulus (l'an 746 avant J.-C.). On était en guerre avec les Sabins, et Tarpéius était gouverneur du Capitole. Tarpéia, sa fille, promit à Tatius, général des Sabins, de lui livrer la citadelle, à condition que ses soldats lui donneraient ce qu'ils portaient à leur bras gauche ; elle entendait désigner par là leurs bracelets d'or. Lorsque Tatius fut maître du Capitole, il jeta sur Tarpéia ses bracelets et son bouclier qu'il portait aussi au bras gauche ; ses soldats l'imitèrent, et Tarpéia fut écrasée sous le prix de sa trahison. — Les Romains qui savaient perpétuer les souvenirs donnèrent à la colline où Tarpéia fut ensevelie le nom de mont Tarpéien ou roche Tarpéienne, et il fut décidé qu'on précipiterait du haut de cette colline ceux qui se seraient rendus coupables de trahison ou de faux témoignage. — Les locutions : *Trouver sa roche Tarpéienne ; Être précipité de la roche Tarpéienne* ont été fréquemment employées pour exprimer la perte de la popularité. « Et moi aussi, on voulait, il y a peu de jours, me porter en triomphe : et l'on crie maintenant dans les rues : *La grande trahison du comte de Mirabeau...* Je n'avais pas besoin de cette leçon pour savoir qu'il est peu de distance du Capitole à la roche Tarpéienne ; mais l'homme qui combat pour la patrie ne se tient pas si aisément pour vaincu. » (Mirabeau.)

COUP DE JARNAC.

Donner à quelqu'un le coup de Jarnac, c'est, dit l'Académie, « lui faire un mauvais tour auquel il ne s'attendait pas, et qui le met en très-mauvais état, qui le ruine. qui

détruit sa fortune. Cela se dit toujours en mauvaise part. »
— Cette expression rappelle le duel qui eut lieu, à Saint-
Germain, avec tout l'appareil des combats juridiques, entre
Jarnac et La Châteigneraie, favori de Henri II. Quoique La
Châteigneraie fût très-lié avec Guy de Chabot, seigneur de
Jarnac, il se permit contre son ami une grosse médisance : il
dit à François Ier que Jarnac s'était vanté d'être en de très-
bons termes avec Magdeleine de Puiguyon, sa belle-mère.
Le roi voulut plaisanter Jarnac, mais ce jeune seigneur
lui répondit : Sauf le respect dû à Votre Majesté, La Châteigneraie a menti. Sur ce démenti, devenu public, on
demanda à François Ier la permission de combattre en
champ clos ; mais ce prince ne voulut pas l'accorder, et
c'est seulement la première année du règne de Henri II
que le duel put avoir lieu. Les deux adversaires ayant
employé à s'exercer dans les armes les délais exigés alors
par les formalités du combat judiciaire, Jarnac avait appris
un coup extraordinaire, qu'il ne manquait jamais, et il fit
à La Châteigneraie le jour du combat (10 juillet 1547) une
blessure au jarret, à la suite de laquelle ce dernier mourut.
Ce coup était d'autant plus inattendu que La Châteigneraie,
comptant sur la faiblesse de son adversaire, avait fait préparer, au dire de Brantôme, un repas splendide, pour ré-
galer ses amis le jour même du combat. Ce sont les circonstances de ce duel fameux qui ont fait appeler *coup
de Jarnac* un coup violent et imprévu.

GRISETTE.

« Les savants (foin des savants !) qui expliquent toutes
choses, qui trouvent nécessairement une étymologie à
toute chose, se sont donné bien de la peine pour imaginer
l'étymologie de ce mot-là, la *grisette*. Ils nous ont dit,

les insensés! qu'ainsi se nommait une mince étoffe de
bure à l'usage des filles du peuple, et ils en ont tiré cette
conclusion : « Dis-moi l'habit que tu portes, et je te dirai
qui tu es! » (Jules Janin.)

Nous qui ne sommes pas des savants, mais qui croyons
un peu à l'existence des causes, nous ne voyons pas pourquoi l'on n'accepterait pas cette explication qui, à tout
prendre, en vaut bien une autre [1].

Que les ouvrières, ces jeunes filles qui naguère sup-
pléaient à l'élégance par la bonne grâce de leurs allures,
aient porté presque toutes des robes en grisette; qu'elles
aient su, à force d'art, faire des merveilles avec cette
étoffe; qu'on se soit habitué à les voir ainsi vêtues, simples et proprettes, et qu'on ait fini, sans à peine y prendre
garde, par les appeler *grisettes,* du nom même de leurs
robes, c'est là un petit enchaînement de circonstances qui
ne nous paraît pas absolument saugrenu. Nous nous ran-
geons d'autant plus volontiers à l'avis des savants que les
savants ont eu le bon goût, M. Janin voudra bien le reconnaître, de ne pas trop creuser les profondeurs de la

1. Celle de madame la comtesse de Bradi, par exemple. Après avoir
constaté que du temps de Louis XV, les seigneurs de la cour avaient
en même temps pour maîtresses des femmes de théâtre, des grandes
dames et des jeunes filles du peuple (mode aussi ruineuse qu'immorale),
Madame de Bradi continue ainsi : « L'actrice ou la danseuse s'enor-
gueillissait si, dans son antichambre, on reconnaissait la livrée d'un
homme que l'on rencontrait à Versailles; mais la grande dame et la
petite ouvrière s'en effrayaient également. Afin que les billets fussent
portés et reçus sans que l'on en causât à *l'OEil-de-Bœuf* ou dans les
maisons d'apprentissage, on habilla de gris les laquais destinés à ces
fonctions, toutes de confiance, et le nom de *grison* leur fut donné,
ainsi que nous voyons dans les comédies et romans de cette époque.
Les grandes dames avaient des titres, on n'imagina point de les désigner particulièrement; mais les ouvrières en mode, en couture, qui
recevaient le laquais ainsi travesti, furent par analogie nommées *grisettes,* ce qui signifiait filles jolies, pauvres et séduites. »

science. Sur notre terre classique de la fantaisie et de la forme, la robe c'est la femme; or, demander à la robe l'origine du nom de la femme, c'est un véritable trait de lumière, c'est puiser les choses à leur vraie source, c'est faire preuve d'esprit plus encore que de savoir.

Nous n'avons pas besoin d'ajouter que cette question n'a plus guère aujourd'hui qu'un intérêt historique. L'étoffe, en effet, a perdu son nom, et le type grisette, personne ne l'ignore, a presque entièrement disparu. La coquetterie, le goût du luxe et bien d'autres choses encore ont fait de tels progrès que la grisette (étoffe) est remplacée, à l'heure qu'il est, par la mousseline et la soie. Les grossiers tissus ont été renvoyés, tout honteux, aux classes indigentes. La grisette (jeune fille) a suivi la marche ascendante de son époque; elle s'est créé des relations, des habitudes nouvelles, et l'on peut dire qu'elle est tout ce qu'on voudra, excepté une grisette. Il y a encore çà et là quelques jeunes filles qui portent l'humble robe d'indienne, mais elles représentent une imperceptible minorité; ce sont celles qui se distinguent par une extrême misère ou par un rare attachement aux traditions du passé.

PRENDRE L'OCCASION AUX CHEVEUX.

Ne pas laisser échapper le moment favorable de faire une chose, le saisir juste quand il se présente. Cette locution vient de ce que les anciens représentaient l'Occasion sous la figure d'une femme qui n'avait point de cheveux derrière la tête; ils voulaient exprimer par là qu'une fois qu'on l'avait laissée passer, il n'était plus possible de la saisir. Nous citerons, pour en faire foi, cette inscription sur une statue de l'Occasion, tirée de *l'Anthologie :* « Quel est l'artiste qui t'a faite? — Un Sicyonien. — Quel est son nom? — Lysippe. — Toi-même, qui es-tu? — L'arbitre suprême de toutes choses, l'Occasion. — Pourquoi te tiens-tu ainsi sur la pointe du pied? — Je ne me fixe jamais davantage. — Pourquoi t'a-t-on mis des ailes aux pieds? — Parce que mon vol devance le vent. — Pourquoi ce rasoir à ta main? — Pour montrer aux hommes que je suis plus tranchante qu'un glaive. — Et cette chevelure qui descend si longue sur ton front? — C'est pour être facilement saisie par le premier qui me rencontrera. — Tu n'as pas un seul cheveu derrière la tête? — C'est afin que nul de ceux qui m'auront une fois laissée échapper ne puisse me ressaisir dans mon vol. — Pourquoi l'artiste qui t'a sculptée t'a-t-il placée sous ce portique? — Étranger, c'est pour t'instruire. » (Posidippe).

BOUC ÉMISSAIRE.

Comme l'indique son étymologie, l'*émissaire* est un agent qu'on *envoie au dehors,* et cela dans une intention plus ou moins suspecte. Le *bouc,* bête à corne généralement peu considérée, était souvent l'objet, chez les anciens, des sacrifices destinés à apaiser la colère des dieux. — C'est une cérémonie pratiquée par les Juifs et célébrée une fois par an, le 10 septembre, qui nous a valu le *bouc émissaire,* qui sert de terme de comparaison pour désigner l'homme sur lequel on fait retomber les torts des autres. Le grand prêtre recevait deux boucs de la main des princes du peuple, et il jetait le sort pour savoir lequel serait immolé. Il posait ensuite sa main sur celui qui devait être mis en liberté, confessait ses péchés et ceux du peuple, et priait le Seigneur de faire tomber sur cet animal la peine qu'ils avaient méritée. Chargé ainsi de

toutes les iniquités d'Israël et des imprécations universelles, ce bouc (appelé chez les Juifs *azazel*) était traîné
dans le désert et jeté dans les précipices par un homme
qui, à son retour, se purifiait.

C'est encore au bouc, destiné à faire partout une vi-
laine figure, qu'il faut rattacher l'allusion *porter des
cornes*. C'est parce que le mâle de la chèvre supporte
tranquillement un rival, qu'on a appelé bouc, chez les
Grecs, l'époux d'une femme lascive, et fils de chèvre les
enfants illégitimes. Avant que le bouc eût donné ce per-
nicieux exemple, les cornes étaient très-bien portées :
symbole de dignité et de puissance, elles ornaient le front
de Jupiter-Ammon, de Bacchus, du dieu Pan, d'Isis et
d'Astarté, et les rois de Macédoine avaient à leurs cas-
ques des cornes de bélier.

SARDANAPALE.

Nous devons un mot de souvenir au roi dont le nom
sert à qualifier tous ceux qui se livrent à une vie sen-
suelle et dissolue. *Sardanapale* est le quatrième et dernier roi d'Assyrie. Les gouverneurs de Médie et de
Babylone, Arbace et Bélésis, indignés de voir leur roi
s'abandonner aux plaisirs et à la mollesse, se révoltèrent
contre lui. — *Sardanapale*, indigné à son tour, prit les
armes et les battit trois fois. Vaincu enfin, il se réfugia
dans Ninive qui fut assiégée bientôt par les révoltés. Il s'y
défendit quelque temps; mais les débordements du Tigre
renversèrent les murs de cette ville, et pour ne pas tomber entre les mains des vainqueurs, Sardanapale se précipita dans un bûcher. Il avait régné de 763 à 740, avant
Jésus-Christ. — Au rapport de Diodore de Sicile, de Strabon et de Pline, la ville d'Anchialè, en Cilicie, bâtie par

Sardanapale, renfermait son tombeau. On y lisait, dit-on, cette inscription : « Sardanapale, qui ne refusa jamais rien à ses sens, vécut beaucoup en peu de temps. Passant, bois, mange et te réjouis, car le reste n'est rien. »

ILS N'ONT RIEN APPRIS, RIEN OUBLIÉ.

En histoire, les mots appartiennent à ceux qui les ont dits, et nous ne prétendons pas retirer celui-ci à M. de Talleyrand. Il est enregistré sous son nom, et, d'ailleurs, il est si bien établi ainsi dans toutes les mémoires, qu'on aurait grand'peine à le faire passer au compte d'un autre. Nous pensons seulement que ce mot était peut-être une réminiscence. Talleyrand a connu à Londres le chevalier de Panat, et il a fort bien pu lui entendre exprimer, sur les émigrés, cette idée qu'on retrouve, à la date de janvier 1796, dans une lettre de M. de Panat à Mallet Du Pan : « Vous nous parlez souvent de la folie de Vérone. Hélas! mon cher ami, cette folie est générale et incurable. Combien vous vous trompez en croyant qu'il y a un peu de raison dans la cour du frère! nous voyons tout cela de près, et nous gémissons; personne n'est corrigé : *personne n'a su ni rien oublier ni rien apprendre*[1]. »

ÊTRE A QUIA.

Sont à *quia* les personnes réduites à ne pouvoir plus répondre. Si toutes les demandes attendent une réponse, tous les pourquoi appellent un *parce que*. Le *parce que* est donc la tête, le premier mot de la plupart des discours qui répondent à une question. — Quand le dis-

1. *Mémoires de Mallet Du Pan*, par M. A. Sayous.

cours ne vient pas ou qu'on est à bout de raisons, on ne
peut rien ajouter à ce premier mot, le seul en pareil cas
qui ne fasse jamais défaut, et c'est alors qu'on est réduit
au *parce que,* c'est-à-dire *à quia.*

> Par hazard disputant, si quelqu'un luy réplique
> Et qu'il soit *à quia :* Vous estes hérétique,
> Ou pour le moins fauteur ; ou vous ne sçavez point
> Ce qu'en mon manuscrit j'ay noté sur ce point.
>
> REGNIER.

Être à quia se dit, par extension, des personnes à l'extrémité qu'on n'espère plus sauver ; on l'applique quelquefois aussi à ceux que le mauvais état de leurs affaires
a privés de toute ressource.

DE BRIC ET DE BROC.

En celtique, *bric* signifie tête, et *broc,* pointe, *De tête
et de pointe,* tel est donc le sens littéral de cette expression qui se disait sans doute des outils dont on se sert
par les deux bouts. De là, le sens figuré : de côté et
d'autre, de çà et de là, d'une manière quelconque, et par
tous les moyens possibles.

On dit aussi *de bric et de brac,* et nous pensons qu'il
ne faut pas chercher ailleurs l'origine du nom de *marchand de bric à brac* qu'on donne aux vendeurs de vieux
meubles, de vieux tableaux et de toutes sortes d'autres
objets d'occasion. Dans cette famille de petits mots qui
indiquent d'une manière assez imitative le mélange, le
pêle-mêle, le hasard, *broc* est vraisemblablement aussi la
racine de ce fameux mot *brocanteur,* qui a fait le désespoir de Ménage, et qui a poussé Le Duchat à trouver un
rapport entre le verbe *brocanter* et le latin *recantare,* se

dédire, parce qu'autrefois les revendeurs avaient vingt-quatre heures pour rendre ce qu'ils avaient acheté.

LA COMMÈRE LA CARPE ET LE BROCHET SON COMPÈRE.

Un jour sur ses longs pieds allait je ne sais où
Le héron au long bec emmanché d'un long cou :
    Il côtoyait une rivière.
L'onde était transparente ainsi qu'aux plus beaux jours ;
Ma commère la carpe y faisait mille tours
    Avec le brochet son compère.
    LA FONTAINE. — *Le Héron.*

Quand on a, comme La Fontaine, l'art des épithètes heureuses, on peut se passer aisément de motifs pour les employer : leur bonne grâce naturelle et le tour familier qu'elles donnent à la pensée légitiment suffisamment leur présence. Dans cette occasion, cependant, on peut supposer que ce n'est pas sans raison qu'il a dit *ma commère la carpe* et *le brochet son compère.* Non qu'il ait su, à n'en point douter, que ces deux poissons avaient toujours vécu dans la meilleure intelligence, mais il faisait allusion aux rôles de carpe et de brochet que jouèrent dans un jeu de société, appelé jeu des poissons, et très en vogue de son temps, Voiture et le duc d'Enghien. Peut-être ne relira-t-on pas sans plaisir quelques passages de la lettre que la commère Voiture écrivit, en souvenir de ce jeu, à Monseigneur le duc, son compère, lorsque, dans la bataille de Rocroy, il fit passer le Rhin aux troupes qui devaient joindre celles de M. le maréchal de Guébriant (1643).

« Hé ! bonjour, mon compère le Brochet, bonjour, mon compère le Brochet ! Je m'estois toujours bien doutée que les eaux du Rhin ne vous arresteroient pas, et, connois-

sant vostre force et combien vous aimez à nager en
grande eau, j'avois bien creu que celles-là ne vous
feroient point de peur, et que vous les passeriez aussi
glorieusement que vous avez achevé tant d'autres avan-
tures... Quoyque vous avez esté excellent jusques icy à
toutes les sausses où l'on vous a mis, il faut avouer que
la sausse d'Allemagne vous donne un grand goust, et
que les lauriers qui y entrent vous relèvent merveilleusement... Aussi vous ne sçauriez vous imaginer jusques où
s'estend vostre réputation : il n'y a point d'estangs, de
fontaines, de ruisseaux, de rivières ny de mers où vos
victoires ne soient célébrées, point d'eau dormante où
l'on ne songe à vous; point d'eau bruyante où il ne soit
bruit de vous. Votre nom pénètre jusqu'au centre des
mers, et vole sur la surface des eaux; l'Océan qui borne
le monde, ne borne pas votre gloire. L'autre jour que
mon compère le Turbot et mon compère le Grenaut, avec
quelques autres poissons d'eau douce, soupions ensemble
chez mon compère l'Éperlan, on nous présenta, au second,
un vieux Saumon qui avoit fait deux fois le tour du monde,
qui venoit fraischement des Indes occidentales, et avoit esté
pris comme espion en France en suivant un bateau de
sel. Il nous dit qu'il n'y avoit point d'abysmes si pro-
fonds sous les eaux où vous ne fussiez connu et redouté,
et que les Baleines de la mer Athlantique suoient à grosse
goutte, et estoient toutes en eau, dès qu'elles vous enten-
doient seulement nommer. Il nous eust dit davantage,
mais il estoit au court-bouillon ; et cela estoit cause qu'il
ne parloit qu'avec beaucoup de difficulté... A dire le vray,
mon Compère, vous estes un terrible Brochet. Et n'en
déplaise aux Hippopotames, aux Loups-marins, ny aux
Daufins mesme, les plus grands et les plus considérables
hostes de l'Océan ne sont que des pauvres Cancres au

prix de vous, et si vous continuez comme vous avez commencé, vous avallerez la mer et les poissons. Cependant vostre gloire se trouvant à un point qu'il est asseuré qu'elle ne peut aller plus loin ny plus haut, il est, ce me semble, bien à propos qu'après tant de fatigues vous veniez vous rafraischir dans l'eau de la Seine, et vous récréer joyeusement, avec beaucoup de jolies Tanches, de belles Perches et d'honnêtes Truites qui vous attendent icy avec impatience. Quelque grande pourtant que soit la passion qu'elles ont de vous voir, elle n'égale pas la mienne, ny le désir que j'ay de vous pouvoir tesmoigner combien je suis

Vostre très-humble et très-obéissante servante et commère. La Carpe. »

LES BEAUX JOURS D'ARANJUEZ TOUCHENT A LEUR FIN.

Citation assez fréquemment employée dans la conversation pour exprimer que des plaisirs ou des réjouissances vont bientôt cesser. Elle est empruntée au *Don Carlos* de Schiller ; c'est le premier mot que dit Domingo, au début du drame, à l'infortuné Don Carlos.

On raconte en Allemagne, à propos de ce mot, la petite anecdote que voici : — Une dame de la campagne, à qui l'on avait beaucoup parlé des beautés de *Don Carlos,* vint exprès à Berlin pour entendre le drame de l'illustre poëte. Interrogée sur le plaisir que lui avait fait la représentation, cette dame répondit : — Oui, c'est très-beau, mais je m'étonne qu'un homme d'esprit comme Schiller ait commencé sa pièce par une phrase aussi connue.

16.

MAILLE A PARTIR.

Avoir maille à partir avec quelqu'un, avoir une maille à partager (le mot *partir* signifiait autrefois *partager*); et, au figuré, avoir des différends, des discussions sur des choses de la plus mince valeur. La *maille* était une petite monnaie qui ne valait que la moitié d'un denier. Il y avait des *mailles parisis*, des *mailles tournois*, il y avait même des *demi-mailles*. — On sait que la monnaie à laquelle on donnait le nom de *tournois*, parce qu'elle était battue à Tours, était plus faible d'un cinquième que celle de Paris. La différence de valeur a donné lieu à l'expression longtemps en usage de *livre tournois* : la *livre parisis* valant vingt-cinq sous, on désignait par *livre tournois* la livre de vingt sous, celle dont on se servait plus fréquemment dans les comptes et que nous appelons aujourd'hui *franc*.

Le mot *maille* est resté aussi, avec le sens d'une chose de très-peu de valeur, dans la locution *n'avoir ni sou ni maille*, qui veut dire n'avoir aucun bien, aucunes ressources pécuniaires.

Ce nom de *maille* aurait pu venir de *médaille* dont il eût été une sorte de diminutif barbare ; mais il a été donné, dit-on, à la petite pièce de monnaie qui avait cours sous les rois de la troisième race, parce que cette pièce n'était pas plus grande qu'un trou de filet ou qu'une boucle de cotte de mailles.

— Selon Ménage, cette monnaie était ainsi appelée du vieux mot français *maille* qui signifie *figure carrée*, parce que la maille avait cette forme. N'avoir ni *denier* ni *maille* signifiait autrefois n'avoir aucune sorte de monnaie, ni *ronde* ni *carrée*.|

Une monnaie qui a disparu aussi et qui nous a laissé son nom, c'est la *gazetta*. Les feuilles périodiques qui parurent à Venise au commencement du dix-septième siècle coûtaient une *gazetta*; c'est à cette circonstance qu'elles ont dû leur nom, et c'est de là qu'est venu l'usage, dans la suite, d'appeler *gazettes* les feuilles quotidiennes qui publient les nouvelles.

Nous ajouterons, à propos de monnaies qui ne sont plus en usage, que le nom du liard a donné lieu à des opinions très-différentes. Ménage le fait venir de *hardi* (*li hardi* pour *le hardi*), nom de plusieurs espèces de monnaies en Guenne; quelques-uns considèrent ce mot comme un adjectif qui, en langue romane, signifie gris, brun ou noir, et qui aurait été appliqué aux pièces de billon par opposition aux pièces d'argent qu'on appelait *monnaie blanche*. D'autres enfin, et nous nous rangerons assez volontiers à l'avis de ces derniers, pensent que cette dénomination vient tout simplement du nom de celui qui le premier fit frapper cette espèce de monnaie (1430) : Gigue Liard, maître des monnaies en Dauphiné.

LES SEPT MERVEILLES DU MONDE.

On désigne sous ce nom les sept ouvrages d'art cités comme les plus célèbres dans l'antiquité. Ce sont : les pyramides d'Égypte, — les jardins suspendus et les murs de Babylone, — le tombeau de Mausole, — la statue de Jupiter Olympien, — le colosse de Rhodes, — le temple de Diane, — et le phare d'Alexandrie.

Pyramides d'Égypte. — Ainsi qu'on s'accorde le plus généralement à le reconnaître, ces monuments gigantesques étaient consacrés à la mémoire des rois et des êtres qui avaient un caractère sacré. — La plupart des pyramides ont été renversées ; cependant les trois que l'on cite comme les plus remarquables, celles qui, sans doute, ont valu aux pyramides l'honneur d'être classées au nombre des sept merveilles, sont encore debout : elles sont situées non loin de l'ancienne Memphis, à trois lieues du Caire. On en fait remonter l'érection au treizième et au quatorzième siècle avant notre ère. La principale, bâtie par Chéops, a 237 mètres de largeur à sa base et 145 de hauteur ; on y compte 208 assises ayant chacune 67 centimètres de hauteur moyenne ; elle a été construite, au rapport de Diodore de Sicile, en vingt ans par cent mille ouvriers. Les deux autres sont moins extraordinaires : l'une, bâtie par Chéphrem, a 212 mètres de base et 129 de hauteur, et la plus petite, attribuée à Mycérinus, a 91 mètres de base apparente et 53 d'élévation. Les quatre faces de ces pyramides répondent à peu près aux quatre points cardinaux.

Jardins suspendus et murs de Babylone. — Les fameuses murailles qui entouraient la capitale de l'empire des Assyriens et de la Babylonie étaient bâties en briques ; elles avaient huit myriamètres de circuit, soixante-six mètres de hauteur et dix-sept mètres d'épaisseur ; deux chariots pouvaient s'y promener de front. Quant aux jardins suspendus, ils étaient plantés dans un terrain rapporté sur des voûtes formant terrasses au-dessus du palais des rois. Ces terrasses étaient soutenues par des colonnes, et les jardins arrosés par des canaux et des aqueducs secrets. — Ces merveilles étaient dues à Sémiramis, qui contribua puissamment à l'embellissement de cette ville immense où l'on admirait encore un pont construit sur l'Euphrate, qui traversait la ville du nord au midi, et ce magnifique temple de *Bélus* au milieu duquel s'élevait un édifice composé de huit tours bâties les unes sur les autres.

LE TOMBEAU DE MAUSOLE. — La reine Artémise Ire, qui se joignit à Xerxès dans son expédition contre la Grèce, qui combattit si vaillamment à la bataille de Salamine et qui eut une statue à Sparte parmi les généraux perses, n'a pas laissé un souvenir aussi vif que la reine Artémise II, dont le seul mérite fut de regretter sincèrement Mausole, son frère et mari. Pour immortaliser une femme, surtout quand cette femme est une reine, il n'est pas besoin d'exploits, il suffit d'une vertu. Le tombeau de Mausole, élevé vers l'an 355 avant Jésus-Christ, était situé à Halicarnasse, ancienne capitale de la Carie méridionale. Ce magnifique monument avait quatre grandes façades qui regardaient l'Orient, le Midi, l'Occident et le Nord; il était couronné par une pyramide sur laquelle se trouvait un char de marbre attelé de quatre chevaux. La célébrité du tombeau de Mausole a fait donner le nom de *mausolée* à tout monument sépulcral somptueux ayant le caractère d'un édifice.

LA STATUE DE JUPITER OLYMPIEN. — Il y avait à Olympie, une des principales ville de l'Élide, sur l'Alphée, un vaste temple dédié à Jupiter, bâti avec une sorte de pierre qui ressemblait au marbre de Paros. C'est dans l'intérieur de ce temple que se trouvait une statue d'or et d'ivoire représentant Jupiter. Cette statue, chef-d'œuvre de Phidias, avait vingt mètres de haut et représentait le dieu assis sur son trône.

LE COLOSSE DE RHODES. — Statue gigantesque d'Apollon qui se trouvait à l'entrée du port de Rhodes, capitale de l'île de ce nom, située dans la Méditerranée, à l'extrémité sud-ouest de l'Archipel. Cette statue était l'ouvrage de Charès, élève de Lysippe; il la commença vers l'an 300 avant Jésus-Christ et y travailla pendant dix ans. Elle était d'airain, elle avait trente-quatre mètres de hauteur, et les vaisseaux, disait-on, passaient à pleines voiles entre ses jambes [1]. Le colosse de Rhodes avait coûté près d'un million et demi ; il fut renversé, cinquante-six ans après son érection, par un tremblement de terre qui le rompit aux deux genoux.

LE TEMPLE DE DIANE — était situé à Éphèse, ville d'Ionie. Suivant Pline, il avait cent trente mètres de long sur soixante-sept de large et dix-huit de haut. La nef était soutenue par cent vingt-sept colonnes d'ordre ionique, de vingt mètres de haut. Ce temple fut brûlé par Érostrate, ce fou qui, suivant la tradition antique, voulut s'immortaliser par cet acte d'impiété. La destruction du temple d'Éphèse ayant eu lieu le jour où naquit Alexandre, ce héros offrit de le reconstruire à condition qu'on y inscrirait son nom ; mais on refusa ses offres et le temple fut rebâti par les Éphésiens.

LE PHARE D'ALEXANDRIE. — Tour en marbre blanc, construite sous le règne de Ptolémée Philadelphe, par l'architecte Sésostrate, dans l'île de Pharos, qui fut réunie par un môle à la ville d'Alexandrie, l'an 286 avant Jésus-Christ. On donne une idée de l'élévation de cette tour en disant que du sommet on découvrait les vaisseaux à cent milles en mer. Le phare d'Alexandrie fut détruit en 1303

---

1. M. le comte de Caylus a démontré que le colosse de Rhodes n'était point placé de cette manière bizarre. Il a cité Pline et Strabon qui ont beaucoup parlé du colosse de Rhodes sans faire aucune allusion à l'écartement des jambes ; Philon de Byzance, qui parle de la *base de marbre* du colosse, dont les pieds se trouvaient ainsi réunis sur un même bloc et près l'un de l'autre. On a fait remarquer d'ailleurs avec raison que si le colosse avait été placé à l'entrée du port, les jambes écartées, il eût été inévitablement renversé dans la mer lors du tremblement de terre qui le brisa.

par un tremblement de terre. L'île de Pharos a donné son
nom à ce monument, et ce nom est resté dans la langue
pour désigner ces tours surmontées d'un fanal que l'on
établit sur certains points pour indiquer le voisinage des
côtes ou signaler quelque danger.

Il n'est pas sans intérêt de remarquer, à propos des
sept merveilles, que le nombre sept tient une place assez
importante dans nos souvenirs. En effet, outre les sept
qui se retrouvent à chaque page de la Bible et qui ont
tous pour principe les sept jours de la création, car le
nombre sept est un nombre saint, nous avons : — *les
sept têtes de l'hydre,* ce monstre fabuleux qui vivait
dans le lac de Lerne, dans le Péloponnèse, et dont les têtes
repoussaient à mesure qu'on les coupait ; — *les sept vaches grasses et les sept vaches maigres* qui annonçaient
à Pharaon sept années d'abondance et sept années de
disette ; — *la guerre des sept chefs,* l'expédition entreprise par Adraste et les héros argiens pour rétablir Poly-
nice sur le trône de Thèbes ; — *les sept chefs contre
Thèbes,* titre d'une tragédie d'Eschyle ; — *les sept sages
de la Grèce ;* — *les sept collines de Rome ;* — *la république des sept îles,* la république des îles Ioniennes ; —
les sept frères, nom de sept montagnes de la Mauritanie
tingitane ; — *les sept mers,* nom donné autrefois aux
sept embouchures par lesquelles le Pô se jetait dans
l'Adriatique ; — *les sept bouches du Nil ;* — *le château
des Sept-Tours,* à Constantinople ; — *la légende des
sept évêques* envoyés en Espagne par saint Pierre et
saint Paul ; — *les sept enfants de Lara,* célèbres dans les
chroniques espagnoles et dont la fin tragique a fourni à
Lope de Vega le sujet d'un drame ; — *les sept électeurs,*
princes qui avaient le privilége d'élire l'empereur d'Alle-

magne, et qui furent établis en 1292, lors de l'élection
d'Adolphe de Nassau ; — *la guerre de Sept ans,* guerre
à laquelle la Prusse doit d'être devenue puissance de premier ordre.

Ajoutons, pour terminer, que ce fameux chiffre sept est
encore un de ceux qui jouent le plus grand rôle dans les
choses actuelles de la vie. La semaine a sept jours ; la
musique, sept notes, et le prisme, sept couleurs ; on
compte sept planètes, abstraction faite des quatre téles-
copiques ; il y a sept péchés capitaux ; sept sacrements ;
sept psaumes, et sept parties de l'office. S'il faut en croire
les physiologistes, nous changeons de peau tous les sept
ans. Nous disons proverbialement : Prêcher sept ans pour
un carême ; Si le carême durait sept ans, tu serais un
habile homme à Pâques ; Il faut tourner sept fois la langue
dans la bouche avant que de parler. Les Russes disent :
Sept n'attendent pas un ; et : Les Espagnols ne louent ni
ne blâment avant sept années. — On prétend que les plus
grands sages pèchent au moins sept fois par jour ; et quand
nous éprouvons une joie très-vive, nous sommes au septième ciel.

Il n'est pas jusqu'à nos souvenirs d'enfance qui ne parlent du nombre sept : Barbe-Bleue avait pendu sept
femmes, et les bottes de l'Ogre étaient des bottes de sept
lieues.

On est tellement habitué, enfin, à retrouver un peu
partout ce nombre sept, qu'on le met même où il n'est
pas. On affirme quelquefois que le Styx faisait sept fois
le tour des enfers. Nous avons souvent entendu dire
aussi : *les sept plaies d'Égypte,* et l'on n'a pas voulu
nous croire quand nous avons affirmé qu'il y en avait dix[1].

---

1. Les eaux changées en sang, les grenouilles, les petits insectes
piquants, les mouches, la peste, les ulcères et les pustules, la grêle, les

FAIRE GRÈVE.

La place de l'Hôtel-de-Ville s'appelait autrefois place de Grève; elle devait ce nom au voisinage du quai de la Grève. C'est sur cette place que se sont réunis pendant longtemps les ouvriers sans travail; c'est là que les entrepreneurs venaient les embaucher, c'est là qu'ils ont exercé, dans le temps où le travail était rare, cette exploitation pour laquelle on a inventé le mot *marchandage*.

Quand les ouvriers, mécontents de leur salaire, refusent de travailler à des conditions qui ne leur semblent pas assez favorables, *ils se mettent en grève,* ce qui veut dire littéralement qu'ils retournent sur la place de Grève en attendant qu'on vienne leur faire des propositions meilleures. — Cette expression s'est étendue et elle se dit spécialement aujourd'hui de la coalition que font les ouvriers pour se refuser à travailler tant qu'on ne leur aura pas donné l'augmentation de salaire qu'ils réclament.

CUL-DE-SAC.

Les mots réputés malséants perdent entièrement ce caractère lorsqu'ils entrent en composition dans d'autres mots que l'usage a consacrés tout d'une pièce et que personne ne songe à disséquer. Les mots cul-de-sac, cul-de-lampe, cul de basse-fosse, cul-de-jatte, cul-de-four, et plusieurs de ce genre disent bien ce qu'ils veulent dire, et à ce titre ils sont bons. On les prononce partout, en

ténèbres épaisses, les sauterelles, la mort des premiers-nés des hommes et des bêtes.

toute occasion, sans exciter ni étonnement ni murmure,
et ils ne peuvent être considérés comme inconvenants
que par une fausse et maladroite pruderie. — Tout cela
soit dit à propos de *cul-de-sac* et des mouvements d'indignation de Voltaire : « Comment a-t-on pu, dit-il, donner
le mot de *cul-de-sac* à l'*angiportus* des Romains ? Les
Italiens en ont pris le nom d'*angiporto,* pour signifier
strada senza uscita. On lui donnait autrefois le nom
d'*impasse,* qui est expressif et sonore. C'est une grossièreté énorme que le mot *cul-de-sac* ait prévalu. »

Et comme Voltaire répétait souvent les choses qu'il
avait sur le cœur, il n'a pas laissé échapper une seule
occasion de flétrir ce pauvre mot. — « J'en dis autant à
le Breton, imprimeur de *l'Almanach royal,* je ne lui
payerai point l'almanach qu'il m'a vendu cette année. Il
a eu la grossièreté de dire que M. le président... M. le
conseiller... demeure dans le cul-de-sac de Ménard, dans
le cul-de-sac des Blancs-Manteaux. Jusqu'à quand les
welches croupiront-ils dans leur ancienne barbarie ?
Comment peut-on dire qu'un grave président demeure
dans un cul ?... Fi ! monsieur le Breton, corrigez-vous,
servez-vous du mot *impasse,* qui est le mot propre ;
l'expression ancienne est *impasse.* — Nous avons renoncé
à des expressions absolument nécessaires, dont les Anglais se sont heureusement enrichis. Une rue, un chemin
sans issue, s'exprimaient si bien par *non-passe, impasse,* que les Anglais ont imité ; et nous sommes réduits
au mot bas et impertinent de *cul-de-sac,* qui revient si
souvent, et qui déshonore la langue française. »

On lit enfin dans *la Correspondance littéraire* de
Grimm, à la date du 17 août 1763 : — Vous remarque-
rez que le grand apôtre veut qu'on dise *Auguste* à la
place de ce gothique et barbare août, qu'on prononce

aussi oût. C'est ainsi qu'il veut qu'on substitue le mot d'*impasse* à celui de *cul-de-sac*. En écrivant, il y a quelques années, à feu l'abbé Duresnel, par la poste, il mit sur l'adresse : « A M. l'abbé Duresnel, de l'Académie française, dans l'impasse de Saint-Pierre, — et non dans le cul-de-sac, attendu que rien ne ressemble moins à un cul ni à un sac, qu'une rue qui n'a point d'issue. »

Ce qui résulte de plus clair de toutes ces récriminations et de bien d'autres, car l'auteur de la *Pucelle* ne s'en est pas tenu là, c'est que ceux qui ont partagé son avis sur la grossièreté du mot *cul-de-sac* n'en auraient peut-être jamais été choqués s'il n'avait pas fait tant de bruit pour si peu. « La métaphore peut manquer de noblesse (quoique, après tout, l'habitude efface le relief de ces locutions), mais elle ne manque pas de justesse, puisque le sac se tient assis sur son fond, et qu'une personne obstinée à traverser une impasse n'en viendrait non plus à bout qu'une personne obstinée à sortir d'un sac par le fond. » (Génin.)

POUR DES PRUNES.

Il n'est question ici, comme on pense, ni des mirabelles, ni des Monsieur [1], ni des reines-claudes [2], ni des prunes impériales, ni même des robes de sergent; — il s'agit de ces petits fruits sauvages produit par le *prunus epinosa,* vulgairement appelé prunelier, épine-noire ou prunier épineux. Cette espèce primitive, commune dans

1. Le *monsieur* que le nom de ces fruits rappelle est, dit-on, le frère de Louis XIV.

2. C'est la première femme de François Ier. Claude de France, *la bonne reine,* fille de Louis XII et d'Anne de Bretagne, qui laissa son nom à cette espèce de prune obtenue et perfectionnée sous son règne, et qu'elle aimait beaucoup.

toute l'Europe, croît partout, aux lieux arides, sur les bords des bois, dans les haies, et avant que la greffe l'eût perfectionnée, ses fruits étaient sans saveur comme sans valeur : les chemins en étaient jonchés ; jamais dans les jardins, on ne les récoltait, et les cochons seuls s'en régalaient. *Mangez de nos prunes*, disait alors le proverbe, *nos pourceaux n'en veulent plus.*

ALLER AU DIABLE AUVERT.

Faire une expédition dangereuse. Cette locution s'entend particulièrement aujourd'hui dans le sens de aller loin. — *Auvert* est une corruption de *Vauvert ;* on disait autrefois : *Aller au diable Vauvert.* Le *V* a été mangé dans la rapidité du discours, et il a fini par disparaître si bien, qu'on a été amené à couper en deux, pour lui donner une sorte de sens, le reste du mot : *auvert.* — Le château de *Vauvert* ou *Val-Vert,* situé près de Paris, du côté de la barrière d'Enfer, avait été habité par Philippe-Auguste après son excommunication ; il passait depuis cette époque pour être hanté par des revenants et des démons. Saint Louis, pour désensorceler ce château, le donna aux Chartreux en 1257.

C'est vraisemblablement le souvenir diabolique de ce lieu maudit qui a fait donner le nom d'Enfer à la rue qui y conduisait et qui s'était appelée auparavant chemin de Vauvert. Il y a cependant d'autres opinions sur l'origine du nom de cette rue. Huet prétend qu'elle a été ainsi nommée, parce qu'elle fut longtemps un lieu de débauches et de voleries. D'autres pensent que le mot *enfer* n'est autre chose ici qu'un tronçon de mot corrompu. La rue Saint-Jacques s'est nommée *Via superior ;* la rue d'Enfer, qui lui est parallèle, fut désignée, par opposition, sous le nom de *Via inferior, Via infera;* c'est ce mot *infera* altéré qui serait resté comme dernière dénomination à la rue d'Enfer.

GAI COMME PINSON.

Nous en savons tout juste assez en ornithologie pour distinguer un chardonneret d'un serin, et le chant de la fauvette de celui du rossignol. Ne connaissant donc que très-imparfaitement les mœurs et les habitudes du pinson, nous aurions continué à répéter avec tout le monde : *Gai comme pinson,* si le spirituel auteur de l'*Esprit des bêtes* n'était venu nous dire ce qu'il fallait croire de cette comparaison peu fondée : « *Gai comme pinson,* dit-il, est encore un de ces adages menteurs qui contribuent si déplorablement à enraciner les préjugés et les erreurs dans l'esprit des populations. Un oiseau gai, c'est le tarin, c'est le sizerin, le linot, le serin, un oiseau qui, toujours frétille, sautille et babille, qui prend son mal en patience, et le temps comme il vient ; qui, comme le chardonneret, mange devant sa glace quand il est seul, pour se faire accroire à lui-même qu'il dîne en société. Or, le pinson n'a jamais affecté ces allures joviales ; au contraire, il s'observe constamment, fait tout avec mesure, réflexion et solennité ; il pose, comme on dit, quand il marche, quand il mange, quand il chante. Au lieu de prendre le temps comme il vient, il se laisse aller à des plaintes mélancoliques pour peu que la pluie menace. La captivité le démoralise, le rend aveugle, le tue. Ce ne sont pas là des façons d'oiseau gai. » (Alphonse Toussenel. — *Ornithologie passionnelle.*)

AVOIR DU FOIN DANS SES BOTTES.

Nous avons dit qu'il fut un temps où la longueur des souliers était la mesure de la distinction. Plus le rang qu'on occupait était élevé, plus la chaussure était longue ; le pied ne la remplissant pas, on garnissait les vides avec du foin. Ceux-là donc avaient du foin dans leurs bottes qui portaient les chaussures les plus longues, c'est-à-dire qui étaient les plus riches et les plus puissants. On disait plus souvent autrefois *il a mis du foin dans ses bottes,* ce qui signifiait : il s'est enrichi.

Ce sont aussi les grands seigneurs qui ont donné naissance au proverbe : *Il y a laissé ses bottes*, il y est mort. Les vilains combattaient à pied, les nobles seuls avaient des bottes pour aller à la guerre, et lorsqu'ils ne revenaient pas, *ils y laissaient leurs bottes*. La chaussure des roturiers était les guêtres ; aussi disait-on d'eux comme on dit encore familièrement des soldats qui ont été tués à l'étranger, *ils y ont laissé leurs guêtres.*

FAIRE LA MOUCHE DU COCHE.

Cette expression signifie faire l'empressé, le nécessaire ; se mêler de tout sans se rendre vraiment utile, et s'attribuer le succès des choses auxquelles on n'a nullement contribué. La raison de cette locution devenue proverbiale est dans la fable de La Fontaine intitulée : *Le Coche et la Mouche,* dont voici la morale :

> Ainsi certaines gens, faisant les empressés,
>   S'introduisent dans les affaires :
>   Ils font partout les nécessaires,
> Et, partout importuns, devraient être chassés.

CRIS DE MERLUSINE.

Merlusine est une corruption de *Mélusine,* nom d'une fée qui appartient aux chroniques fabuleuses du moyen âge. — Fille d'Élinas, roi d'Albani, et de la fée Pressine, Mélusine eut à supporter, ainsi que ses deux sœurs, Méline et Palestine, tous les malheurs que leur père attira sur la famille en violant l'engagement qu'il avait pris de ne point chercher à voir leur mère. Elles s'en vengèrent en enfermant Élinas dans une caverne où il périt. — Condamnée, en expiation de ce crime, à devenir, le samedi de chaque semaine, moitié femme, moitié serpent, Mélusine devait rester serpent si son mari la voyait dans sa métamorphose. Elle épousa Raymondin, fils du comte de Forez, en lui faisant promettre de ne point chercher à connaître son secret. Mais tourmenté, lui aussi, par le démon de la curiosité, il fit avec son épée une ouverture au mur de la chambre où se cachait Mélusine, et l'aperçut sous la forme d'un serpent. Aussitôt la malheureuse fée s'envola par la fenêtre, et elle resta enfermée depuis dans un souterrain du château de Lusignan. Elle ne sort de sa retraite, ajoute la tradition, que pour apparaître de temps en temps au-dessus de la grande tour et annoncer par ses cris aigus que le malheur ou la mort menace de frapper un des membres de la famille.

Quelques-uns ont prétendu qu'en disant *cris de Merlusine,* on faisait allusion aux cris étouffés que les habitants du pays croyaient entendre sortir du château; mais il faudrait alors que notre expression fût synonyme de plaintes ou gémissements, et ce n'est point avec cette signification qu'elle est entrée dans notre langue : *Pousser des cris de Merlusine,* a toujours voulu dire pousser des cris perçants.

C'EST UN PHÉNIX.

Depuis longtemps le phénix est au rang des fables ; on ne se demande plus s'il a vraiment existé, et l'on se borne à le regarder comme ayant été inventé par les prêtres d'Égypte pour symboliser l'immortalité de l'âme. — Nous n'interrogerons donc les auteurs qui l'ont pris au sérieux que pour rappeler les qualités que les anciens lui attribuaient. « Il existe, dit Hérodote, un oiseau sacré qu'on nomme *phénix.* Je ne l'ai jamais vu qu'en peinture, car il ne vient que très-rarement en Égypte. Les Héliopolitains assurent qu'il ne fait ce voyage que tous les cinq cents ans, quand son père est mort. Si les tableaux que j'ai vus sont fidèles, sa dimension et sa forme ressemblent beaucoup à celles de l'aigle ; son plumage est orné et entremêlé de rouge. Ils racontent à ce sujet des choses peu vraisemblables. Ils disent qu'il vient de l'Arabie ; que quand son père est mort il lui compose un tombeau de parfums et d'aromates ; qu'il l'y enferme et vient ensuite le déposer dans le temple du Soleil. » — Hérodote est un peu tiède, comme on voit, à l'endroit du *phénix,* et ce n'est pas à lui qu'il faut demander des détails circonstanciés sur le miracle de sa résurrection. Les pères de l'Église, qui avaient leurs raisons pour être plus positifs, ont insisté longuement sur ce point. « Lorsqu'il est près de mourir, dit saint Clément, il procède lui-même à son embaumement. Il cueille de la myrrhe, de l'encens et d'autres aromates, et s'en compose un cercueil odorant dans lequel il s'enferme au temps marqué et meurt. Lorsque ses chairs sont consumées, il naît un ver qui vit aux dépens de la dépouille du phénix, et se couvre de ses plumes. Dès qu'il est assez fort pour prendre son vol dans les airs, il enlève le tombeau où repose la dépouille mortelle de son père, et le transporte d'Arabie jusque dans la ville d'Héliopolis, en Égypte. Il traverse les airs en plein jour, à la vue de tous les habitants, va déposer son fardeau sacré sur l'autel du Soleil et s'envole. Les prêtres, en consultant leurs chroniques, ont calculé que ce phénomène se renouvelle tous les cinq cents ans. » — Voilà qui est beaucoup plus affirmatif. Quant au portrait du phénix, il a été donné par Solin de manière à laisser croire qu'il avait vu le divin oiseau autrement qu'en peinture : « Cet oiseau est grand comme l'aigle ; sa tête est ornée de plumes qui s'élèvent en forme de cône ; sa gorge est entourée d'aigrettes, et son cou est brillant comme l'or : le reste de son corps est couleur de pourpre, excepté la queue, où l'azur est mêlé à l'éclat de la rose. »

L'oiseau merveilleux nous est resté pour servir de comparaison aux choses uniques dans leur genre, ou au moins très-supérieures et très-rares :

> Cy-gît à son galant une amante fidèle,
> Vrai *phénix*, merveille en ce point,
> Et lui de son côté ne s'en consola point,
> Autre *phénix* aussi bien qu'elle.
>
> BENSERADE.

On a consacré aussi l'expression : *il est comme le phénix, il renaît de ses cendres ;* mais ce proverbe n'est pas d'une application fréquente, et c'est tant mieux : il faut le mettre au nombre de ces allusions mythologiques dont on ne saurait trop se montrer sobre aujourd'hui.

De même que le *phénix* avait été imaginé pour donner une idée de l'immortalité, le *pélican*, qui se perçait la poitrine pour nourrir ses petits de son sang, était l'image de l'abnégation et du dévouement. Le *pélican* se tuant lui-même pour ressusciter ses petits, c'était pour les premiers chrétiens l'emblème de la chute de l'homme et de sa rédemption par le Christ.

ARRIVER COMME MARÉE EN CARÊME.

Arriver à propos. Une expression qui est aussi d'un usage très-fréquent est : *cela vient comme mars en carême,* cela ne manque jamais d'arriver à une certaine époque. — Il n'est pas rare d'entendre employer ces deux expressions l'une pour l'autre, et nous croyons utile d'insister sur le sens différent de chacune. La *marée* peut manquer, le pauvre Vatel en sut quelque chose; si donc elle vient, si elle vient surtout au moment où l'usage de la viande est proscrit, elle arrive très à propos. Mars, au contraire, est inévitable, il ne peut manquer d'arriver, et toujours il arrive à l'époque du carême. La première expression se dit donc d'une chose qui vient à point nommé, au moment où on la désire; la seconde, d'une chose qui arrive toujours en son temps et qui ne peut pas faire défaut.

A DEMAIN LES AFFAIRES SÉRIEUSES.

On répète à chaque instant cette phrase pour exprimer qu'on veut être tout à ses plaisirs, qu'on oublie, pour un jour, le tracas des affaires. Nous rappellerons les circonstances dans lesquelles elle a été dite pour la première fois. Les Thébains gémissaient sous l'oppression d'Archias et de Léontidas. — Pélopidas, Melon, Damoclides, Théopompe, Épaminondas et quelques autres forment le projet

de les affranchir de ce joug odieux. — Philidas, l'un des
conjurés, se fait nommer greffier d'Archias et de Philippe, qui étaient alors polémarques, et les invite à un
magnifique souper, afin de les livrer aux conjurés au moment où ils seront plongés dans le vin et énervés par
la débauche. C'est pendant ce souper qu'un exprès envoyé d'Athènes vint apporter à Archias une lettre con-
tenant un détail exact de la conjuration. « Ce courrier,
conduit auprès d'Archias, le trouva plein de vin ; et, en
lui remettant la lettre, il lui dit que la personne qui l'envoyait le priait de la lire sur-le-champ, parce qu'il y était
question d'affaires sérieuses. « *A demain les affaires sérieuses,* » lui répondit Archias ; et, mettant la lettre sous
le chevet de son lit, il reprit sa conversation avec Philidas. Ce mot « A demain les affaires » est passé depuis
en proverbe, et il est encore en usage parmi les Grecs[1]. »

LES FRANÇAIS.

C'est sous ce nom qu'on désigne communément le premier théâtre de France, et par conséquent, — nous le disons par amour de la vérité plus encore que de la patrie,
— la première scène du monde. De ce qu'un théâtre de
Paris a spécialement le nom de *Français,* un sauvage in-
telligent pourrait se croire autorisé à conclure que tous
les autres théâtres sont étrangers. On sait quelle serait
son erreur : aux théâtres du Gymnase, des Variétés, du
Vaudeville, du Palais-Royal et dans les nombreux théâtres
du Boulevard du crime, on parle un français plus ou
moins français, mais enfin on y parle le français. — La dé-

1. Plutarque, *Vie de Pélopidas.*

nomination du théâtre de la rue Richelieu remonte à l'é-
poque où il n'y avait d'autres théâtres importants à Paris
que celui de Molière et celui de la troupe italienne. C'est
alors que pour les distinguer on disait, en prenant les acteurs pour le théâtre, *les Français* et *les Italiens*. « La
troupe de Molière joua d'abord sur ce théâtre [1] les jours
qu'on appelait extraordinaires, les lundi, mardi, jeudi et
samedi, et les Italiens jouèrent les autres jours. Molière et ses camarades eurent à leur payer la somme de
1,500 livres pour cet arrangement. En juillet 1659, la
troupe italienne retourna dans son pays, et Molière prit
alors pour ses représentations les dimanche, mercredi et
vendredi, jours appelés ordinaires... En janvier 1662,
quand Molière et sa troupe étaient installés au Palais-Royal,
les Italiens, étant revenus à Paris, alternaient de nouveau
avec eux, mais en prenant à leur tour les jours extraordinaires, et, sur l'ordre du roi, en restituant aux *Français*
(c'est l'expression dont se sert La Grange, qui fait ainsi
connaître l'origine par opposition de cette appellation) les
1,500 livres qu'ils avaient précédemment reçues, et cela
pour moitié des frais d'établissement de la salle du Palais-Royal. (Registre manuscrit de La Grange)[2]. »

SANS-CULOTTES.

« Le poëte Gilbert, peut-être le plus excellent versifi-
cateur depuis Boileau, était très-pauvre. Il avait tancé
quelques philosophes dans une de ses satires : un auteur,
qui voulait leur faire sa cour pour être de l'Académie,

1. Le théâtre du Petit-Bourbon, situé vis-à-vis du cloître Saint-Ger-
main-l'Auxerrois, dans la rue des Poulies, qui descendait alors jusqu'au
quai.
2. Taschereau. *Histoire de la vie et des ouvrages de Molière.*

imagina une petite pièce satirique intitulée : *le Sans-Culotte;* on y raillait Gilbert; et les riches adoptèrent volontiers cette dénomination contre tous les auteurs qui n'étaient pas élégamment vêtus. » (Mercier. *Le Nouveau Paris.*)

Plus tard, en 1790, Maury prononçait à l'assemblée nationale un discours qui, comme de coutume, déplaisait au peuple. Interrompu par les déguenillés des tribunes, il prie le président, en les désignant, de faire taire les *sans-culottes.* C'est à cet à-propos que le mot dut sa popularité. Il resta dans la langue pour désigner ce qu'il y avait, à cette époque, de plus fougueux et de plus cynique. Les démagogues eux-mêmes l'adoptèrent, et le *sans-culottisme* représenta un parti, une puissance dans la révolution [1].

Maury s'était fait une réputation, au commencement de la tourmente révolutionnaire, par son esprit de repartie. On a cité beaucoup sa réponse, *y verrez-vous plus clair,* aux forcenés qui voulaient le mettre *à la lanterne;* mais une de ses saillies les plus piquantes est sa réplique à Mirabeau. « Je le tiens, s'était écrié Mirabeau, je le tiens, M. l'abbé Maury; je vais l'enfermer dans un cercle vicieux. — Vous viendrez donc m'embrasser, M. de Mirabeau. » — Il faut citer aussi sa réponse à Regnault de Saint-Jean-d'Angely, qui eut un jour l'imprudence de lui dire : « Vous croyez donc valoir beaucoup? » — Le sarcastique abbé lui répondit en le regardant dans les yeux : « Très-peu quand je me considère, beaucoup quand je me compare. »

---

1. Robespierre, qui avait quelquefois le mot pour rire, se servit de cette expression lorsqu'il proposa de faire fermer le club des femmes, fondé par l'actrice Lacombe, qui se tenait dans le charnier Saint-Eustache : « *Cette réunion de vraies sans-culottes,* dit-il, *ne saurait durer plus longtemps, parce qu'elle prête au ridicule et aux propos malins.* »

Au reste, si Maury maniait habilement l'arme du persiflage, s'il savait surtout piquer et mordre, il n'ignorait pas non plus l'art de flatter. Lorsqu'il fut présenté pour la première fois à l'empereur, en 1805, il paraissait fort ému. « Qu'avez-vous donc, M. le cardinal? lui dit Napoléon. — Sire, répondit-il, je n'ai point tremblé devant un grand peuple, je tremble devant un grand homme. »

AVOIR DE LA CORDE DE PENDU.

Quelques-uns ajoutent : dans sa poche. Mais que ce soit dans la poche ou ailleurs, cela veut toujours dire *avoir du bonheur*. Le peuple a longtemps attribué à la *corde de pendu* la propriété de porter bonheur. Il ne paraît même pas qu'il soit complétement revenu de ce préjugé, car l'année dernière encore on lisait le fait suivant dans un journal de province : « Vincent fils, cordonnier, s'est pendu à Cany. La foule de curieux qui assiégeait le domicile de ce malheureux suicidé, et la fureur de posséder un petit bout de cette corde de pendu à laquelle on attribue tant d'influence, étaient telles qu'on en est venu aux mains, et que, pendant quelques instants, la circulation sur la voie publique a été interrompue. » — Nous ajouterons comme preuve d'un autre genre que récemment encore, à l'Opéra, on trouva, dans le troisième dessous, le cadavre d'un machiniste qui s'était pendu. Lorsque la corde fut coupée, toutes les dames de l'endroit, sirènes et sylphides, se groupèrent curieusement autour du cadavre. Bientôt on chercha la corde pour faire constater le suicide; mais ce fut inutilement : dans l'espace de quelques minutes, la corde avait disparu.

Ainsi on croit encore aujourd'hui que ce qui a été fatal à l'un doit être favorable à d'autres. Singulier raisonnement ! C'est pousser bien loin la triste logique de Rousseau : « Le précepte de ne jamais nuire à autrui emporte celui de tenir à la société humaine le moins possible; car, dans l'état social, le bien de l'un fait nécessairement le mal de l'autre. » C'est l'application de notre ancien proverbe : *ce qui nuit à l'un, duit à l'autre.*

Rien n'est sauvage, au reste, comme certains préjugés : on a vu des malades tremper leur mouchoir dans le sang d'un supplicié, et le sucer avec ardeur dans l'espoir très-sérieux d'une guérison.

On dit aussi proverbialement : *C'est un homme de sac et de corde,* pour exprimer qu'il est capable de tout et qu'il mériterait de finir par le dernier supplice. Autrefois on mettait dans un sac les criminels qui avaient été pendus et on les jetait à la mer.

NEZ A LA ROXELANE.

Cette Roxelane, qui nous a laissé son nez, a joué un certain rôle dans l'histoire ottomane du xvı⁰ siècle. Sultane favorite de Soliman II, elle sut lui inspirer une telle passion qu'elle parvint, à force de ruse et d'habileté, à échanger les noms d'esclave et de sultane contre le titre de femme légitime. Mettant alors tout en œuvre pour satisfaire son ambition, elle fit périr *Mustapha,* fils de Soliman et d'une autre femme, afin d'assurer le trône à *Sélim,* son fils aîné. Déjà quelques années auparavant, Roxelane avait contribué à la mort dn grand vizir *Ibrahim,* et elle n'a laissé, avec sa réputation d'esprit et de beauté, qu'un souvenir odieux. Voilà, en deux mots, la Roxelane de l'histoire. Il en est une autre, spirituelle aussi, mais beaucoup moins cruelle, qui, au mérite d'être habile et jolie, joignait celui d'avoir un nez retroussé. C'est ce nez trop négligé par l'histoire que Marmontel a relevé pour en faire l'instrument principal des faiblesses de Soliman le Magnifique. Le conte moral de Marmontel, qu'on pourrait intituler *Soliman II, ou ce que peut un nez retroussé,* tend à prouver, en effet, que Roxelane ne serait jamais arrivée peut-être à se faire épouser, si elle n'avait pas eu « un nez en l'air. » Telle est l'influence fascinatrice exercée par ce fameux nez, que, dans sa fureur même, l'empereur s'écrie : « Je l'avais bien prévu que ce petit nez retroussé aurait fait quelque sottise. » Enfin, quand Roxelane triomphe, et que, au mépris des mœurs de l'Orient, elle va devenir la femme du héros turc, Soliman se dit tout bas, en la conduisant à la mosquée : « Est-il possible qu'un petit nez retroussé renverse les lois d'un empire ? »

C'est ainsi que le nez de Roxelane est devenu assez célèbre pour donner son nom à la famille des nez retroussés.

Jetons, pour finir, un rapide coup d'œil sur l'intéressante variété des nez.

Nez aquilin. Il n'est pas rare d'entendre donner ce nom aux nez droits et effilés ; le mot *aquilin* n'est là, cependant, que pour éveiller l'idée d'aigle, et un nez *aquilin* est un nez courbé en bec d'aigle.

Dans la théorie de Charles Lebrun, c'est le nez des héros : « Le *nez aquilin* a été dans tous les temps considéré comme un nez d'honneur et de distinction, car puisque l'aigle est le roi des oiseaux, il est évident qu'un nez aquilin doit avoir quelque chose de royal et de majestueux. Les Perses faisaient le plus grand cas des nez d'aigle ; c'était chez eux une condition essentielle pour arriver au rang suprême. Jamais nez camus n'a été souffert sur le trône. Cyrus et Artaxerce avaient des nez aquilins ; ce fut celui de tous les grands monarques qui régnèrent sur les rives de l'Indus, du Gange et de l'Euphrate. »

C'est le corbeau qui sert à stygmatiser les nez crochus ; on dit, dans une intention critique, *nez en bec-à-corbin*.

Nez camus ou *camard*. Bien que ces deux mots rappellent aussi la courbe, ils s'appliquent invariablement aux nez plats et écrasés. Les nègres, pour lesquels ce morceau de chair qui avance sur la figure n'est point une beauté, mettent leurs soins et leur coquetterie à se rendre *camus*.

Le nez droit et bien proportionné, c'est, chez les femmes, *le nez grec,* et, chez les hommes, *le nez romain*. Ce sont les nez artistiques. — Il y a aussi, et nous ne devons pas l'omettre, *le nez gaulois,* qui nous a été révélé par Brillat-Savarin dans le portrait de mademoiselle Herminie de Borose : « La plupart de ses traits, dit-il, sont gros ; mais son nez est gaulois : ce nez charmant fait un effet si gracieux, qu'un comité d'artistes, après en avoir délibéré pendant trois dîners, a décidé que ce type, tout français, est au moins aussi digne que tout autre d'être immortalisé par le pinceau, le ciseau et le burin. »

Une dernière dénomination enfin qui, toute vulgaire qu'elle est, nous paraît assez heureuse, c'est *le nez en pied de marmite*. Ce nom dit si bien ce qu'il veut dire, qu'il est compris même par ceux qui n'ont jamais vu de marmites à pied. Un nez ni petit, ni grand, large un peu à la base et qui n'a point de forme arrêtée, c'est *un nez en pied de marmite*.

AMOUREUX DES ONZE MILLE VIERGES.

Dans le sens où l'on entend ce proverbe, aimer les onze mille vierges, c'est aimer toutes les femmes, c'est

croire, dans le feu de la première jeunesse, que toutes
les femmes sont également dignes de notre amour. — Ce
chiffre énorme de onze mille, adopté ainsi pour terme
de comparaison, a frappé les incrédules, et ils ont mis en
doute ce que rapporte la tradition sur le martyre de sainte
Ursule et de ses nombreuses compagnes. Les onze mille
vierges étant venues, sous la conduite de sainte Ursule,
fonder un monastère sur les bords du Rhin, auraient été
mises à mort par les Huns, près de Cologne, vers
l'an 384 [1]. — Quelle que fût son ardeur chrétienne, sainte
Ursule ne peut avoir réuni une telle armée de vierges, et
quelle que fût leur barbarie, les Huns n'ont pas pu les
tuer. Et puis, onze mille personnes pour fonder un monastère, c'est beaucoup. On a donc fait des recherches
pour expliquer ce chiffre impossible, et l'on a découvert
qu'il était, selon toute apparence, le résultat d'un malen-
tendu. Une inscription portant : *S. Ursula et XI M. V.*
avait été traduite : *Sainte Ursule et onze mille vierges,*
tandis qu'on pouvait tout aussi bien l'interpréter par les
mots : *Sainte Ursule et onze martyres vierges.* Cette
dernière interprétation paraissait d'autant plus rationnelle
qu'on lit dans un catalogue de reliques, tiré du *Spicilége*
du P. D. Luc d'Acheri : *De reliquiis SS. undecim vir-*
ginum. Reliques des onze saintes vierges. — D'après

---

1. « On ignore en quel temps, en quel lieu sont nées les onze mille
vierges, en quelle année elles ont souffert le martyre. Sigebert fait de
sainte Ursule la fille d'un très-noble prince de la Grande-Bretagne,
nommé *Nothus* ; mais Geoffroy de Saint-Asaph lui donne pour père un
de Cornouailles, nommé *Dionocus,* et Pierre Noël en fait une Écossaise,
fille de *Maurus,* puissant roi de ces contrées. Geoffroy prétend qu'elle
fut promise en mariage à *Commanus,* l'un des petits souverains de la
Grande-Bretagne, et Noël soutient que ce fut à *Éleutherus,* monarque
suzerain de toute l'Angleterre. Sigebert fixe l'époque de son martyre à
l'an 453, et Baronius le recule à l'an 383 ; d'autres écrivains le mettent
à l'an 440. » (SALGUES.)

une autre version, sainte Ursule n'avait qu'une seule compagne nommée Undecimille, et c'est de ce nom, pris pour une abréviation de *undecim millia* que sont sorties les onze mille vierges. Nous laissons aux personnes qui savent quelque chose sur le compte de sainte Undecimille le soin d'apprécier ce que vaut cette opinion.

AVOIR LA TÊTE PRÈS DU BONNET.

L'opinion la plus répandue rattache ce proverbe à l'habitude de porter des bonnets. Ceux qui ont continuellement la tête couverte ont la *tête chaude,* dit-on, car la chaleur fait monter le sang à la tête et dispose à l'emportement. Mais cela n'explique que bien vaguement les mots *près du bonnet* qui semblent pourtant avoir une signification.

L'abbé Tuet, lui, nous raconte que l'usage des bonnets est fort ancien dans l'Église, et il cite, pour en faire foi, les bonnets de laine du xe siècle et la calotte du cardinal de Richelieu. Ces détails ont sans doute leur intérêt, mais on ne voit pas bien ce qu'ils viennent faire à propos d'une locution qui veut dire *être prompt à s'emporter, se laisser aller aux mouvements de la colère.* — Il eût mieux valu nous rappeler qu'il y avait jadis un *bonnet* qui était la coiffure distinctive des fous [1]; celui-ci, beaucoup plus que l'autre, nous met sur la voie, car il nous fait entendre que l'homme colère est bien près d'être fou. Celui qui s'emporte a perdu momentanément l'usage de sa raison, et la colère est un degré dans la folie. Sénèque et Horace nous l'ont dit l'un et l'autre : « La colère est une courte démence. »

1. *Si tous les fous portaient le bonnet blanc, nous ressemblerions à un troupeau d'oies.* (Proverbe italien.)

On peut aussi considérer cette expression proverbiale comme une image : une tête bouillante, un caractère irascible, violent, qui ne sait pas se contenir, fait aisément irruption au dehors, et plus qu'un autre alors *il est près du bonnet*. Les Italiens disent dans ce sens : *avoir la cervelle au-dessus du bonnet*.

SATIRE MÉNIPPÉE.

Pamphlet politique contre la Ligue, qui parut en 1594, et qui se compose du *Catholicon d'Espagne*, par Leroy, et de l'*Abrégé de la tenue des états*, par Passerat, Rapin, Gillot, Florent Chrétien et Pierre Pithou [1]. — Cette satire, qui tournait les ligueurs en ridicule et dévoilait leurs manœuvres, servit beaucoup la cause de Henri IV. « La *Satire Ménippée* ne fut guère moins utile à Henri IV que la bataille d'Ivry. Il s'en fit trois éditions en trois semaines, et quelques mois après Paris ouvrait ses portes à ce bon prince, aux acclamations de tous les bons citoyens. » (Président Hénault.)

En désignant depuis deux siècles et demi sous le nom de *Ménippée* la plus importante des satires auxquelles la Ligue ait donné naissance, on a un peu oublié que *Satire Ménippée* est non-seulement le titre d'un livre, mais aussi, et avant tout, le nom d'un genre d'ouvrage. — Un esclave éloquent, Ménippe, élève de Ménédème le Cynique, ayant fait, en vers et en prose, des railleries mordantes contre les hommes de son époque, on donna son nom à cette espèce de satire. C'est Ménippe que Lucien appelle

---

1. Passerat et Rapin firent les vers ; Gillot, la harangue du cardinal-légat ; Florent Chrétien, celle du cardinal Pellevé, et Pierre Pithou, celle de M. d'Aubray. C'est aussi à Rapin que sont dues les harangues de l'archevêque de Lyon et du docteur Rose.

le plus hargneux et le plus acharné de tous les dogues que sa secte ait enfantés.

Ménippe le satirique a eu pour imitateurs, chez les Latins, Varron, Sénèque et Pétrone. Les *Césars* de Julien, et la *Consolation de la philosophie* par Boëce, sont aussi des satires ménippées. — Ce mélange de vers et de prose qui caractérisait la forme des satires ménippées ne fut pas observé dans la suite, et cette modification fit distinguer la ménippée en prose de la ménippée versifiée. L'*Ane d'or* d'Apulée, les *Lettres des gens obscurs* de Reuchlin et Hutten, le *Tristram Shandy* de Sterne, le *Gulliver* de Swift, sont des ménippées en prose. On cite, comme exemple de ménippées versifiées, le *Voyage au Parnasse* de Caporali, l'*Hudibras* de Butler, la *Dunciade* de Pope, le *Lutrin* de Boileau, et même le *Temple du goût* de Voltaire.

DISPUTER SUR LA POINTE D'UNE AIGUILLE.

Beaucoup de gens ont été singulièrement affligés de ne pas trouver dans l'histoire ou la littérature la moindre aiguille qui pût servir de prétexte à ce proverbe. Leur zèle les a emportés même jusqu'à s'en prendre à la tirade que Pymante adresse à l'aiguille à cheveux avec laquelle Dorise lui a crevé un œil pour échapper à ses persécutions [1] ; comme si une tirade était une dispute et qu'un œil crevé fût une petite affaire. — Qu'on fouille partout et toujours pour découvrir l'origine des expressions qui ne s'expliquent pas d'elles-mêmes, rien de mieux ; mais quand les mots répondent clairement à l'idée ou que l'image est sensible, pourquoi chercher midi à quatorze

---

1. Acte IV, scène 1re de *Clitandre*, par Corneille.

heures! — Or, il s'agit ici d'indiquer une bagatelle, une chose petite, de très-mince importance, et qu'il ne vaut pas la peine de discuter : que pouvait-on choisir de mieux, comme terme de comparaison, que la pointe d'une aiguille? — On ne s'est pas demandé, et c'est très-sage, quel est l'illustre félin qui a fait dire au premier qui l'a dit : *il n'y a pas de quoi fouetter un chat.*

Les Grecs disaient *disputer sur l'ombre d'un âne,* et M. de La Mésangère nous rapporte dans son *Dictionnaire des proverbes français* que ce proverbe était fondé sur une historiette que Démosthène conta, dit-on, aux Athéniens, pour les rendre plus attentifs à ce qu'il leur disait. Un jeune homme avait loué un âne pour aller d'Athènes à Mégare. C'était dans l'été. Vers midi le soleil était brûlant, et il ne se trouvait pas un buisson où l'on pût se mettre à l'abri. Que fait notre voyageur? Il descend de sa monture, s'assied près d'elle et se rafraîchit à son ombre. L'ânier, qui était du voyage, prétend que cette place lui appartient, et le prouve en disant qu'il avait bien loué l'âne, mais non pas son ombre. La dispute s'échauffe; des paroles on en vint aux coups, et ces deux moyens de persuasion n'ayant rien décidé, l'affaire fut portée en justice.— Les Latins disaient *de lanâ caprenâ,* et cela parce que deux imbéciles se seraient rendus fameux en discutant la question de savoir si un bélier porte de la laine ou du poil.

Les Allemands disent *disputer sur la barbe de l'empereur.* L'exemple vaut le nôtre. Qu'importe, en effet, pourvu qu'il gouverne bien, qu'un empereur ait de la barbe ou n'en ait pas; qu'importe que cette barbe soit longue ou courte, noire ou grise, bien ou mal plantée? Ici, pourtant, on raconte une histoire que nous respecterons. On s'était divisé, en Allemagne, sur la couleur de la barbe de Frédéric Barberousse : un parti disait *blonde,* un autre disait *rousse,* et de chaque côté on tenait bon. La querelle s'envenima, les arguments devinrent des coups de sabre, et plusieurs combattants, parmi les plus ardents, furent victimes de leur conviction. On comprend que ce terrible souvenir ait laissé un proverbe. — En France, on est moins entêté, ou plutôt on l'est d'une autre manière. Au lieu de disputer ou de se battre pour faire triompher son opinion, on garde chacun la sienne en se disant philosophiquement : *Des goûts et des couleurs, il ne faut point en disputer.*

YEUX DE LYNX.

Le lynx de la Fable avait des yeux assez perçants pour voir à travers les murailles, et c'est à celui-là que notre mot fait allusion. Cet animal extraordinaire avait, en outre, la faculté de produire des pierres précieuses ; son urine devenait un corps solide appelé *lapis lincurius,* que le lynx dérobait aux regards des hommes en le couvrant de terre.

L'espèce de chat que nous appelons *lynx* a aussi l'œil vif, brillant, et voit sa proie de très-loin. Il ne produit ni rubis, ni escarboucles, mais il a conservé les habitudes de propreté de la famille à laquelle il appartient, et il cache encore beaucoup de choses aux regards des hommes.

On voit qu'en dépouillant le lynx antique des exagérations qui en ont fait un animal merveilleux, on retrouverait aisément le nôtre, et l'on ne sait pourquoi Buffon a voulu qu'il n'ait d'autre rapport avec le vrai lynx que celui du nom.

La comparaison de notre proverbe pourrait donc, au besoin, ne pas remonter à la fable pour être juste. Les personnes qui ont une bonne vue ou qui, au figuré, ont un coup d'œil pénétrant, ne perdraient rien de leurs avantages si on les comparait simplement au lynx de notre époque.

On retrouve un exemple du goût que les anciens avaient pour ce genre de merveilleux dans les qualités qu'ils attribuent aussi à la vue de *Lyncée*, l'un des Argonautes qui accompagnèrent *Jason* à la conquête de la Toison d'or. Sa vue était si perçante, dit-on, qu'il voyait ce qui se passait dans les cieux et dans les enfers. Il devait cette réputation à ses observations astronomiques et aux moyens qu'il avait employés pour découvrir les mines.

FAIRE FOUR.

Cette expression, que l'Académie n'a pas légitimée, est très-usitée de nos jours pour exprimer la non-réussite, l'insuccès. Elle est particulièrement consacrée en style de théâtre. La Grange, dans son registre, après avoir sorti hors ligne la somme très-faible que produisit chacune des trois premières représentations de la *Zénobie* de Magnon, met comme résultat de la quatrième : *un four*. — Le drame sifflé, le débutant mal accueilli, la chanteuse enrouée, le tragédien amusant et le comique, plaisanterie à part, comme dirait Rivarol, tout cela, sur la scène, se caractérise par le mot *faire four*. Il n'y a pas à revenir sur une pièce qui a *fait un four complet*.

Faire four se disait autrefois des comédiens qui renvoyaient les spectateurs avant la représentation, parce qu'il n'était pas venu assez de monde pour couvrir les frais. — C'est cette expression qui nous est restée avec une signification plus étendue et aussi un peu détournée, puisque aujourd'hui les acteurs se résignent, quand la salle est vide, à jouer devant les banquettes.

Ce mot *four,* dit ainsi à propos des rares spectateurs qu'on renvoyait comme ils étaient venus, a été peut-être emprunté, dans le principe, aux usages de cette comédie italienne qui a longtemps occupé, personne ne l'ignore, une place importante dans les plaisirs de Paris. Le mot *fuori!* (dehors!) était fréquemment employé au théâtre; aujourd'hui encore, en Italie, quand le public veut rappeler tout le monde, c'est-à-dire faire sortir tous les acteurs des coulisses, il crie : *Fuori! fuori!* — *Dehors* est donc l'idée qui nous semble avoir donné naissance à l'expression usitée autrefois dans un sens restreint : *faire four,* c'était mettre dehors. — La prononciation italienne explique les altérations que ce mot a dû subir pour prendre les allures françaises : de *fuori* prononcé en mettant l'accent sur la première syllabe et en laissant mourir le son *i* (fouor), on arrive presque naturellement et sans transition au mot *four.*

COMPÈRE LORIOT.

Le loriot[1] est un oiseau d'un très-beau jaune, un peu plus grand qu'une grive, qui s'est fait une réputation dans le monde des naturalistes par la manière originale et adroite dont il suspend son nid. *Compère Loriot* est le

---

1. De vieux lexicographes prétendent que cet oiseau est ainsi nommé parce qu'il semble articuler ce mot dans son chant. Ce qu'il y a de certain, c'est que les Grecs, et, d'après eux, les Latins l'ont appelé *chlórión,* dont le nom français du *loriot* dérive d'autant plus incontestablement qu'on a dit autrefois *lorion.* Or, le mot *chlórión* a dû être tiré de *chlóros,* et comme ce terme désigne une des couleurs du *loriot,* on pourrait penser, avec Scheevelius, que le nom de cet animal est fait *ex colore.* (Dictionnaire des onomatopées françaises.)

nom vulgaire du loriot commun. Bien que la science n'ait rien signalé de particulier dans son regard, les anciens prétendaient que cet oiseau avait la propriété d'attirer et de recevoir par les yeux les humeurs bilieuses, et qu'ainsi il guérissait, en les regardant, les personnes qui avaient la jaunisse. Longtemps encore on a cru en France à cette influence salutaire, et c'est de là qu'est venu le nom de *Compère Loriot* appliqué à ces petits abcès qui se forment sur les paupières et que leur ressemblance avec un grain d'orge a fait appeler proprement *orgelet*. Pour nos crédules aïeux, ces personnes qui avaient de l'humeur aux yeux devaient l'avoir reçue, comme notre oiseau, de quelque émanation morbifique, et par conséquent elles avaient joué le rôle du *Compère Loriot*. Du malade le nom passa au mal, et comme bien d'autres expressions populaires du même genre, on l'a conservé.

LIT DE PROCUSTE.

Mettre *sur le lit de Procuste*, c'est réduire mal à propos les choses pour leur donner les proportions des objets auxquels on veut les adapter. « Si la belle et fière organisation de Corneille n'avait pas été misérablement assujettie par l'Académie de son temps aux dimensions de ce lit de Procuste, sur lequel tous les génies de la France devaient être torturés à leur tour, il aurait laissé plus de types qu'il ne l'a fait, car la nature lui avait donné au plus haut degré la puissance d'invention. » (Ch. Nodier.)

Le Procuste qui a donné lieu à cette expression remonte aux temps héroïques. C'était un brigand de l'Attique, qui, non content de dépouiller les voyageurs, leur faisait subir de cruelles tortures. Après les avoir étendus sur un lit, il leur faisait couper les jambes, s'ils étaient plus grands que ce lit, et leur faisait tirer les membres par des cordes s'ils étaient plus petits. — On dit que Thésée le fit mourir par le même supplice; mais on ne nous apprend pas s'il fut allongé ou raccourci.

Le *lit de Procuste* ne se dit, au figuré, que des choses réduites, étriquées; on ne l'emploie pas, comme l'histoire de notre brigand permettrait de le faire, en parlant des choses qu'on allonge sans raison ou sans utilité. On ne dirait pas, par exemple, qu'on met sur le lit de Procuste le roman qu'on délaye outre mesure pour lui faire remplir un plus grand nombre de feuilletons.

LES SEPT ARTS LIBÉRAUX.

Si parmi les *sept historiques* que nous avons énumérés à propos des sept merveilles du monde, nous n'avons pas signalé les *sept arts libéraux*, c'est que nous nous réservions d'en faire l'objet d'un article spécial. Il y a si peu de rapport entre les arts que nous groupons aujourd'hui sous le titre général de *beaux-arts* et ceux que nos pères appelaient les *sept arts libéraux*, qu'il n'est pas sans intérêt d'inscrire ici les noms de ces derniers : la Grammaire, la Rhétorique, la Dialectique, la Musique, l'Arithmétique, la Géométrie et l'Astronomie. Aux époques où l'étude de la philosophie et des sciences était en grand honneur, on mêlait souvent, dans les sculptures des cathédrales, les arts libéraux aux saints et aux personnifications des vertus. On les retrouve sur ces monuments avec les figures et les attributs que leur donnaient les artistes du moyen âge. — La *Grammaire* est invariablement représentée par une femme tenant des verges d'une main et de l'autre un livre. La *Rhétorique* écrit sur des tablettes ; quelquefois aussi elle est dans l'attitude d'une personne qui fait une harangue. La *Dialectique* semble compter sur ses doigts. La *Musique* porte une harpe ou frappe d'un marteau sur des clochettes, elle a généralement des violes suspendues à ses côtés. L'*Arithmétique* est représentée avec une sorte d'abaque où sont enfilées des boules ; d'autres fois, elle compte simplement avec des boules dans ses mains. La *Géométrie* tient un compas et une règle ou une équerre. L'*Astronomie*, enfin, est munie d'un boisseau plein d'eau pour observer les astres.

Les arts libéraux étant ceux qui, par opposition aux arts mécaniques, exigent surtout l'action de l'intelligence, on pourrait s'étonner de n'en voir compter que sept si l'on ne savait déjà que sept a été longtemps le chiffre par excellence. Il est vrai de dire aussi que les arts libéraux ont été quelquefois représentés en plus grand nombre. Lorsqu'ils étaient dix, comme à la cathédrale de Laon, par exemple, on y ajoutait la *Médecine* figurée par une femme tenant des plantes ou regardant à travers un vase ; la *Peinture* dessinant sur une tablette ou tenant une brosse et une palette ; et la *Philosophie* ayant dans la main droite un livre et dans la gauche un sceptre ; sa tête est ordinairement couronnée ; quelquefois, lorsqu'elle est assise, une échelle appuyée sur sa poitrine indique la succession de degrés qu'il faut franchir pour arriver à la connaissance parfaite des sciences, — et lorsqu'elle est debout, elle foule un dragon sous ses pieds.

BRULER SES VAISSEAUX.

« Si l'Angleterre, sans motif, au mépris du droit des gens, nous déclare la guerre, Français, souvenez-vous de Cortès brûlant ses vaisseaux aux yeux de son armée débarquée sur les plages du Mexique. » (Rapport de Kersaint à la Convention.) — Cet exemple de Cortès est le dernier que nous a légué l'histoire, on n'en rappelle plus d'autres aujourd'hui. Du reste, que l'expression date d'Agathocle, de Ménélas, de Régulus, de l'empereur Julien, de Guillaume le Conquérant, ou du vainqueur du Mexique, elle offre une image tellement saisissante, elle répond si parfaitement à l'idée de couper la retraite, d'ôter tout espoir de retour, qu'elle aurait à peine besoin des souvenirs de l'histoire pour signifier clairement : prendre un parti extrême, s'engager dans une affaire de manière à s'ôter tout moyen de reculer.

DÈS LE POTRON-MINET.

Potron est un vieux mot français qui se disait du petit d'une jument et qui s'est appliqué, par extension, aux petits de tous les quadrupèdes. *Minet* signifiant *chat, dès le potron-minet* veut dire : Aussitôt que le petit chat. *Se lever dès le potron-minet,* se lever dès l'aube, de grand matin, en même temps que les chats. Cette expression correspond à l'ancien proverbe : *Dès que les chats seront chaussés.*

APRÈS LUI IL FAUT TIRER L'ÉCHELLE.

Après lui il ne faut plus nommer personne ; il efface tout le monde ; on ne peut le surpasser, et c'est à lui qu'il faut donner la palme. — On pourrait croire, d'après cette définition, que le proverbe rappelle figurément l'échelle des grandeurs ou de la bienfaisance, voire l'échelle de Jacob où montaient et descendaient les anges du Seigneur.

18.

Cependant, il n'en est rien : l'échelle en question ici est l'échelle patibulaire, échelle dont le souvenir est conservé encore à Paris par le nom d'une rue[1] du quartier Saint-Honoré; il y avait là autrefois l'échelle patibulaire des évêques de Paris. — Dans le temps des potences, l'usage était, lorsqu'il y avait plusieurs condamnés, de pendre le plus coupable le dernier, et, par conséquent, de retirer l'échelle après lui. On a dit d'abord, par comparaison, en parlant d'un homme vicieux ou d'un grand scélérat; *après lui il faut tirer l'échelle;* puis, cette locution s'est appliquée en toutes circonstances à ceux qui avaient atteint le plus haut point ou la dernière limite, et c'est ainsi qu'elle a passé de l'extrême mal à l'extrême bien où elle est restée.

FIL D'ARIANE.

Quelques jeunes gens d'Athènes et de Mégare ayant tué Androgée, qui leur enlevait tous les prix aux jeux Olympiques, Minos II, roi de Crète, déclara la guerre aux Athéniens pour venger la mort de son fils. En même temps que ce roi mettait tout à feu et à sang, les dieux frappaient,

1. Au sujet du nom de cette rue, voisine des Tuileries et du Louvre, M. Édouard Fournier avait formé un vœu que nous regrettons de n'avoir pas vu se réaliser : « Je ne sais, avait-il dit, si l'on rendra à cette rue de l'*Échelle*, complétement reconstruite, son ancien nom, si dénué de sens aujourd'hui, et si peu recommandé par le souvenir qu'il rappelle. Il vaudrait mieux, je crois, lui substituer celui de quelque personnage devenu célèbre dans ces quartiers, tel que Philibert Delorme, par exemple, l'architecte des Tuileries; mais le nom du passage voisin lui nuirait peut-être, par les confusions qu'il amènerait. On aurait encore celui de Bernard de Palissy, que ses travaux dans le jardin royal, notamment pour la grotte de terre émaillée qu'il y fit en 1569 et 1570, avaient fait appeler Bernard des Tuileries; enfin, au besoin, on pourrait prendre pour parrain de cette rue le duc de La Vallière, qui, si je ne me trompe, y avait son riche hôtel et sa magnifique bibliothèque. Le nom d'un tel amateur ne ferait pas mal dans le voisinage du Louvre. »

l'Attique de peste, de stérilité et de sécheresse. D'après l'oracle d'Apollon, les Grecs ne pouvaient apaiser la colère des dieux qu'en faisant la paix avec Minos. Ce roi y consentit à la condition qu'on lui payerait, pendant neuf ans, — ou tous les neuf ans, car c'est un point sur lequel on n'est pas d'accord, — un tribut de sept garçons et de sept jeunes filles. Quand les députés de Minos vinrent demander ce tribut pour la troisième fois, Thésée était à Athènes. En entendant les murmures du peuple qui accusait Égée de son malheur et lui reprochait de n'avoir aucune part à la punition, Thésée s'offrit volontairement pour aller en Crète, et, malgré les supplications du roi, il partit avec les enfants que le sort avait désignés. Ces enfants étaient condamnés par Minos à errer toute leur vie, sans qu'il leur fût jamais possible de s'échapper, dans le fameux labyrinthe de Crète, construit par l'architecte Dédale [1]. La Fable dit même qu'ils devenaient la proie du minotaure [2] enfermé dans le labyrinthe.

Lorsque Thésée arriva en Crète, Ariane, fille de Minos, le vit et l'aima. Elle conçut aussitôt le projet de le sauver, et lui donna un peloton de fil qui devait le guider dans les détours du labyrinthe. Aidé par ce secours, Thésée tua le minotaure, revint sur ses pas, sortit du labyrinthe, et se sauva de Crète emmenant avec lui sa libératrice et les enfants dont il avait voulu partager le sort.

---

1. C'est le nom de cet architecte qui nous est resté pour exprimer les complications, les embarras et les difficultés dont on ne peut pas sortir. On fait aussi avec ce nom allusion au labyrinthe.

2. Monstre au corps d'homme et à la tête de taureau, fruit des amours de Pasiphaë, femme de Minos, avec un taureau. Neptune avait inspiré cette passion à Pasiphaë pour se venger d'une offense de Minos. — Le Minotaure (Minos, Taurus) se nourrissait de chair humaine.

FAUTE D'UN POINT MARTIN PERDIT SON ANE.

Ce proverbe a eu, selon les temps, des formes diverses [1] ; toutes répondent à l'idée qu'on attache à l'expression, aucune ne rappelle exactement les origines qu'on a voulu lui donner. Pour escalader la difficulté, on a dit, — et c'était chose facile, — qu'un certain Martin ayant joué son âne aux dés, l'avait perdu au moment où il ne lui manquait plus qu'un seul point pour le gagner. Mais en bonne conscience, les savants ne pouvaient guère se contenter de cette origine improvisée ; ils ont pensé qu'il fallait demander à la science l'explication de ce proverbe, et voici la belle histoire qu'ils nous ont racontée :

Un abbé, nommé Martin, avait ordonné qu'on écrivît sur la porte de son abbaye d'Azello :

Porta patens esto, nulli claudaris honesto.

Au lieu de mettre la virgule après *esto,* on l'avait mise par erreur après *nulli : Porta patens esto nulli, claudaris honesto,* ce qui avait donné à l'inscription un sens tout différent, puisque la porte, loin d'être ouverte à tout le monde, était fermée même à l'honnête homme. — Le pape (il paraît que c'est le pape lui-même qui passa par là), le pape fut choqué de cette inscription, et il retira

---

1. « Voici les différentes rédactions que l'on trouve de ce proverbe ; j'ai suivi l'ordre chronologique :

— Pour un point perdit Gibert son asne (*Anc. prov.*), XIIIᵉ siècle.

— Pour un seul point Gaubert perdit son église (*Prov. Gallic.*), du XVᵉ siècle.

— Pour un point perdit Martin son asne (*Prov. communs Goth.*), fin XVᵉ siècle.

—Pour un point Baudet perdit son asne (*Adages français*), XVIᵉ siècle. »

(Le Roux de Lincy. — *Le Livre des proverbes.*)

l'abbaye à ce pauvre Martin. Le successeur fit remettre à sa place la malencontreuse virgule, et pour perpétuer le souvenir des malheurs qu'elle avait causés, on ajouta ce vers au premier :

Pro solo puncto caruit Martinus Azello.

Aux personnes qui n'auraient pas encore aperçu d'âne dans cette histoire, on fait remarquer qu'*Azello* signifie *âne,* et qu'ainsi le vers ironique doit se traduire : Pour un point Martin perdit son *âne,* c'est-à-dire son *Azello,* son *abbaye d'Azello.*

On le voit, cette savante explication repose sur une virgule et sur un calembour. Elle a l'inconvénient de ne pas se rapporter beaucoup à notre proverbe, dans le sens où nous l'appliquons, mais elle a l'avantage de montrer à ceux qui méprisent la ponctuation quelle influence peut avoir sur les destinées humaines une virgule bien ou mal placée.

On est frappé, en y réfléchissant, des circonstances qui se sont fatalement réunies pour perdre l'abbé Martin : son abbaye s'appelle âne ou à peu près, il se nomme lui-même comme nos ânes, une ânerie lui enlève son abbaye, et il passe à la postérité, dans un proverbe, en compagnie d'un âne.

Pour expliquer le proverbe au moyen d'un âne qui ne soit pas l'*Azello* de l'abbé Martin, on a prétendu que *point* était une corruption du mot *poil,* et qu'autrefois on disait : *Pour un poil Martin perdit son âne.* On a raconté, à l'appui de cette opinion, une histoire aussi authentique que celle du Martin joueur de dés : Un nommé Martin ayant perdu son âne à la foire *ou autrement,* réclamait un autre âne qui avait été trouvé. Le juge du village ayant décidé qu'on devait rendre cet âne, Martin croyait déjà le tenir lorsqu'on lui demanda de quel poil il était. Il répondit *gris*, et comme c'était *noir* qu'il eût fallu dire, Martin perdit son âne. « Ainsi, conclut l'ingénieux auteur de cette explication, pour n'avoir pas sceu dire de quel poil estoit son asne, il donna lieu à ce proverbe. » — Était-ce bien son âne après tout, car enfin il est peu probable qu'il se fût trompé aussi grossièrement sur la couleur de sa propre bête ? Et puis, *un poil* veut-il dire *le poil* dans le sens de la couleur ? — Ce sont là des questions qu'il est permis de s'adresser. Mais les donneurs d'explications ne sont pas en peine pour si peu, et ils aplanissent tous les obstacles avec la variante que voici : Martin avait parié son âne que son âne était noir. Après avoir examiné attentivement l'animal, on lui trouva un poil blanc, et l'âne fut perdu pour Martin. — Il faut convenir que les tenants de Martin n'étaient guère de bonne foi s'ils prétendaient qu'on n'est pas noir parce qu'on a un poil blanc [1].

Quoi qu'il en soit de ces histoires d'ânes et d'abbaye, et du fond plus ou moins solide sur lequel elles reposent, le proverbe a été jugé bon et il est resté. On dit communément, en parlant de ceux qui échouent après avoir été sur le point de réussir : *Faute d'un point, Martin perdit son âne.*

---

1. Nous renverrons pour plus de détails sur ce proverbe et sur les altérations qu'il a subies, à un article du *Mercure de France* de juillet 1745. On pourra y étudier la question de savoir si ce fut pour un point de trop, ou pour un point mal placé, ou enfin si ce fut faute d'un point que Martin perdit son âne. On y verra aussi que l'abbé d'Azello, qui s'est appelé Martin depuis Pasquier, se nommait Robert autrefois.

CALENDES GRECQUES.

Renvoyer quelqu'un aux calendes grecques, c'est l'envoyer à une époque qui ne viendra jamais, et, par conséquent, cela signifie refuser de faire ce qu'on désire ou ce qu'on exige de nous. — Cette expression vient de ce que les *calendes,* qui indiquaient le premier jour de chaque mois, n'existaient que chez les Romains. Il n'y avait pas de calendes chez les Grecs : la fête célébrée à la nouvelle lune en Grèce ainsi qu'en Égypte et en Syrie se nommait *néoménie* (nouveau mois.) — Le payement des dettes à Rome était fixé aux calendes de chaque mois; c'est ce qui explique pourquoi le mot *calendes* est venu figurer dans une expression qui veut dire qu'on ne remplira jamais son engagement ou qu'on ne répondra point à une demande.

Peut-être trouvera-t-on que cette explication est superflue et qu'elle aurait dû prendre place plutôt dans un recueil de grosses ignorances. Nous pouvons assurer cependant qu'il est encore un certain nombre de personnes qui ne savent que très-vaguement à quoi s'en tenir sur les calendes grecques. On nous a parlé d'un rédacteur de journal de théâtre qui croit consciencieusement que les calendes grecques sont un pays très-éloigné; quand il ne veut pas voir les gens de longtemps il les envoie sans remords aux calendes grecques, et il compte bien qu'ils n'en reviendront pas. C'est la confiance de ce digne journaliste qui nous a décidé. — Il doit être parent d'un monsieur très-vertueux de notre connaissance qui ne parle jamais d'une femme de mœurs dissolues sans s'écrier : *C'est une Messénienne !* — Au moins est-il l'ami d'un autre monsieur qui sait la mythologie autant que ce dernier l'histoire romaine. Désirant faire comprendre, par une image, que sa position de fortune ne lui permettait pas de se livrer à de folles dépenses, il eut recours à cette périphrase : Vous en parlez fort à votre aise, cher ami, croyez-vous donc que j'ai la *boîte de Pandore !*

PARLER FRANÇAIS COMME UNE VACHE ESPAGNOLE.

Nous ne voulons apprendre la géographie à personne, mais nous rappellerons à ceux qui pourraient n'y plus songer que les provinces basques, baignées par les eaux du golfe de Gascogne, avoisinent la Navarre et la France ; que les arrondissements de Bayonne et de Mauléon (Basses-Pyrénées), qu'on appelait aussi autrefois basse Navarre, ont fait partie de ces provinces, — et qu'enfin le nom du peuple qui habite ce pays vient du mot basque *vaso,* qui signifie *montagne,* et qui, pris adjectivement, s'est augmenté de la finale *co,* pour devenir *vasoco,* et, par contraction, *vasco,* montagnard. Les Français qui savaient peu l'espagnol, et qui, d'ailleurs, n'y regardaient pas de si près, ont dit *vacco,* et puis *vacce.*

On voit où nous voulons en venir. Quand on a dit dans le principe : *Parler comme un vacce espagnol,* on a voulu faire allusion aux habitants des provinces basques de l'Espagne, dont l'idiome porte encore tous les caractères d'une langue primitive et qui étaient très-inhabiles à s'exprimer en français ; — mais *vacce* dans le temps où le latin laissait partout des traces, se disait pour *vache ;* les paysans ont même conservé ce mot, dans beaucoup de nos provinces. — De là est venue la confusion : loin des Pyrénées, ce mot *vacce* pris pour *basque* n'était pas entendu de tout le monde, et comme, au contraire, il était très-usité dans le sens de *vache,* on a été amené insensiblement à consacrer ce non-sens devenu proverbe : *Parler français comme une vache espagnole.*

ANNEAU DE GYGÈS.

Candaule, le dernier roi de Lydie, le plus inconséquent de tous peut-être, fit confidence à *Gygès,* son favori, des charmes de sa femme, et l'admit à les voir au moment où elle sortait du bain.

La reine, pour se venger de cette vanité maritale, proposa à Gygès de tuer Candaule, et de prendre sa place sur le trône de Lydie. Comme tous les maris indiscrets, Candaule fut puni de n'avoir pas su cacher son bonheur, et Gygès, devenu roi, fut moins heureux que le berger Aglaüs. Telles sont, d'après Hérodote, les circonstances réputées historiques dans lesquelles Gygès usurpa le trône de Lydie. Le merveilleux anneau dont parle Platon appartient à la Fable et n'a dû être imaginé que pour remplacer avec honneur, dans les annales lydiennnes,. les erreurs de Candaule. La terre s'étant ouverte sous les pieds de Gygès, il descendit dans l'abîme ; il y vit un monstrueux cheval ; dans les flancs de ce cheval, un homme ; et au doigt de cet homme, un anneau ayant la vertu de rendre invisible celui qui le portait. Gygès prit cet anneau et s'en servit pour ôter sans péril la vie à Candaule et s'emparer du trône. Si tout n'était permis à la Fable, on pourrait désirer savoir à quoi Gygès reconnut les vertus de cet anneau et comment il s'en empara.

Cette vieille faiblesse humaine, qu'on nomme curiosité et souvent indiscrétion, a fait évoquer en tout temps le fameux anneau. De nos jours le souvenir s'en efface : depuis que Balzac a révélé tous les mystères du cœur et que madame de Girardin a écrit une nouvelle qu'on n'oubliera pas, on a abandonné l'*anneau de Gygès* pour la *canne de M. de Balzac.*

FAIRE LA FIGUE.

Plusieurs se sont trouvés qui d'écharpe changeants
Aux dangers ainsi qu'elle ont souvent fait la figue.
Le sage dit, selon les gens,
Vive le roi! Vive la Ligue!
La Fontaine. — *La Chauve-Souris et les Deux Belettes.*

On le voit par cet exemple, l'expression *faire la figue* est d'usage dans le sens de narguer quelqu'un, se moquer de lui. Elle nous vient d'Italie. La plus grande injure que l'on puisse faire à un Milanais c'est de lui montrer le bout du pouce serré entre deux doigts en lui disant : *Ecco la fica.* C'est, en effet, une allusion à un événement unique en son genre et qui a dû laisser dans le peuple des souvenirs humiliants. Voici l'histoire telle que la raconte l'abbé Tuet; nous laissons à l'auteur des *Matinées sénonaises* le soin de lui donner des voiles : « Les Milanais, s'étant révoltés contre Frédéric, avaient chassé de leur ville l'impératrice son épouse, montée sur une vieille mule nommée Tacor, et ayant le dos tourné vers la tête de la mule et le visage vers la queue. Frédéric, les ayant subjugués, fit enfoncer une figue sous la queue de Tacor et obligea tous les Milanais captifs d'arracher publiquement cette figue avec les dents, et de la remettre au même lieu sans l'aide de leurs mains, sous peine d'être pendus sur-le-champ, et ils étaient obligés de dire au bourreau qui était présent : « *Ecco la fica.* »

« L'ung d'eulx, voyant le pourtraict papal (comme estoit de louable coustume publiquement le monstrer es iours de feste a doubles bastons), luy feit la figue : qui est en icelluy pays signe de contemnement et de derision manifeste. » (Rabelais.)

UN AVERTI EN VAUT DEUX.

La phrase complète est : *un homme averti en vaut deux,* — un homme prévenu, sur ses gardes, est doublement fort, doublement en état de prendre ses précautions, ses mesures. — On dit aussi *un bon averti en vaut deux;* mais c'est un abus, car le mot *averti* devient substantif et cesse alors d'être français. Il y a, au reste, une autre manière d'envisager ce proverbe à son point de départ, et c'est Nodier, s'il nous en souvient bien, qui nous l'a donnée. Autrefois, le mot *verti* était français, il voulait dire *tourné* (du latin *vertere*), et dans les signes conventionnels de l'imprimerie, un A retourné (Ɐ) valait deux A : c'est alors qu'on disait *un A verti en vaut deux.*

ATTENDEZ-MOI SOUS L'ORME.

On lit dans le *Dictionnaire étymologique* de MM. Noël et Carpentier :

> Attendez-moi sous l'orme,
> Vous m'attendrez longtemps.
>   Régnard. — *Attendez-moi sous l'orme,*
>   scène dernière.

« Cette petite comédie, représentée en 1694, a probablement donné lieu à l'expression proverbiale. »

Il y a erreur : c'est le proverbe qui a inspiré la comédie, et non la comédie qui a donné naissance au proverbe.

Attendez-moi sous l'orme répond à cette idée : Le rendez-vous que vous me donnez m'est désagréable, et je ne m'y rendrai pas. Or, le type des rendez-vous désagréables est une assignation qui vous appelle à comparaître par-devant les juges, et c'est à celui-là que, dans l'origine, on a fait allusion en disant : *Attendez-moi sous l'orme*. « Aux villages, disent les auteurs de Trévoux, on plante un orme devant l'église, dans le carrefour ; d'où sont venues ces phrases proverbiales : danser sous l'orme ; juges de dessous l'orme ; on appelait ainsi les juges pédanés qui rendoient leurs sentences sous l'orme ; attendez-moi sous l'orme, qui se dit pour donner un rendez-vous où l'on n'a pas dessein de se trouver. L'origine de ce proverbe vient de ce que, autrefois, les juges tenoient leur juridiction à la porte des maisons des seigneurs, et d'ordinaire sous un arbre planté devant le manoir seigneurial. On les appeloit les plaids de la porte, comme témoigné Loiseau : et parce que d'ordinaire il y avoit un orme, c'est pour cela qu'on a dit des premières assignations données en justice : *Attendez-moi sous l'orme*. »

De nos jours, on *n'attend plus sous l'orme* qu'au figuré. L'usage de planter un orme devant l'église ou à la porte des maisons seigneuriales a disparu depuis longtemps. Nous qui aimons les arbres, nous le regrettons, car nous aimerions à rencontrer souvent des ormes comme celui que l'on voit à Paris, rue Saint-Jacques, au milieu de la cour de l'établissement des *Sourds-Muets* : il a cinquante mètres de haut et cinq mètres de circonférence. Cet orme, le plus beau de France peut-être, est, dit-on, l'un des six mille pieds d'arbres qui furent plantés sous Henri IV, par les soins de François Miron, et en partie au moyen de ses ressources personnelles.

ROMPRE LA PAILLE.

L'usage de *rompre la paille* a disparu, mais le souvenir en est resté; Molière nous l'a conservé dans *le Dépit amoureux*, et tous ceux qui ont entendu Gros-René dire à sa Marinette : *Romprons-nous, ou ne romprons-nous pas?* savent et n'oublieront point que cette rupture de la paille était autrefois le signe par lequel on exprimait que des amis étaient brouillés, qu'une liaison était rompue.

> Pour couper tout chemin à nous rapatrier,
> Il faut rompre la paille. Une paille rompue
> Rend, entre gens d'honneur, une affaire conclue.
>
> Acte IV, scène IV.

Cette image de la rupture d'un engagement ou d'un lien a pour origine l'habitude établie chez les Gaulois et chez les Romains de donner un fétu ou brin de paille en prenant possession d'une terre ou d'une maison, et de rompre, au contraire, quelques brins de paille en se dessaisissant de sa propriété. — Chez les Romains, l'homme qui abandonnait son bien à ses créanciers était obligé de rompre une paille sur le seuil de sa maison, ce qui signifiait qu'il faisait faux bond aux marchands, affront à ses amis, honte à ses parents, et rompait avec tous.

C'est de cette idée de séparation que l'usage et surtout l'expression se sont étendus aux relations d'amitié en servant à déclarer qu'on cessait tout commerce, toute liaison avec quelqu'un. — Quand les seigneurs français, convoqués au champ de mai, voulurent reprocher à Charles le Simple les concessions faites aux Normands, ils eurent recours à ce signe extérieur pour manifester leurs sentiments. Ils s'avancèrent au pied du trône, brisèrent chacun une paille et en jetèrent les morceaux à leurs pieds. Cela voulait dire : vous n'êtes plus notre roi, il n'y a plus rien de commun entre nous. — Le comte de Soissons, demandant une grâce à Sully, le menaça de *rompre la paille avec lui* s'il ne l'obtenait pas.—Dans le roman d'*Alexandre,* Porus ayant manqué à la parole qu'il avait donnée au roi de Macédoine, ce dernier lui reproche ainsi sa félonie :

> Les dons que t'ai donnés, ai malement perdus;
> Va-t'en en la contrée, *rompus est li festus,*
> Je ne t'aimerai mais...

BAS-BLEU.

Si ce mot était de nous, s'il avait pris naissance à Paris au milieu de notre société élégante et de nos femmes bien chaussées, nous ferions peu de difficulté de lui trouver une explication raisonnable. Toutes les Parisiennes sont élégantes ; riches ou pauvres, belles ou laides, jeunes ou vieilles, toutes savent apporter dans leur toilette ce je ne sais quoi que le génie pourrait seul nommer, qui répare toutes les erreurs de la nature et qui constitue cette aisance, cette grâce, ce charme séduisant que bien des femmes plus jolies et mieux douées chercheraient vainement à surpasser. — Ce qui distingue surtout la femme de Paris, c'est la chaussure ; elle possède au suprême degré le talent de se chausser et elle excelle dans l'art de marcher. Prenez une femme au hasard, donnez-lui des bas blancs et une paire de bottines, et lancez-la dans Paris par le temps que vous voudrez. Elle traversera les rues, les places, les boulevards, les voies le plus horriblement macadamisées, et après avoir légèrement rebondi partout en posant la pointe de son pied avec autant de souplesse

que de sûreté, elle vous présentera une chaussure irréprochable : pas une marque à la bottine, pas une tache
au bas blanc. La bottine et le bas blanc sont les auxi-
liaires les plus puissants de la coquetterie parisienne.
Aussi, il n'est pas de femme, si humble que soit sa position, qui ne porte des bas blancs. Pour que la femme de
Paris portât des bas gris ou bleus, il faudrait qu'elle eût
abdiqué toute coquetterie, qu'elle eût renoncé à briller
par les attraits extérieurs, c'est-à-dire qu'elle eût compté
pour plaire sur d'autres charmes que la beauté. Les savantes et les femmes auteurs et beaux esprits seraient de
ce nombre : plongées dans les abîmes de la science ou
transportées dans les célestes régions de la poésie, elles
feraient peu de cas des futiles ornements de la toilette, et
elles témoigneraient hautement de leur mépris pour ces
choses de la terre, en renonçant même, les insensées, à
l'irrésistible puissance du bas blanc.

Mais ce n'est pas nous qui avons inventé ce fameux
nom que l'on donne assez mal à propos à toutes les femmes qui s'occupent un peu des choses de l'esprit : c'est
en Angleterre qu'il paraît avoir pris naissance et avoir
fait fortune. Le *blue-stocking* existait avant le *bas-bleu*.
On sait que lady Montague tenait cercle de beaux esprits,
et que toutes les célébrités littéraires qui passaient à Londres lui étaient présentées. Un illustre étranger refusa,
dit-on, de se faire introduire aussitôt après son arrivée,
en s'excusant sur ce qu'il était encore en habit de voyage,
et lady Montague aurait dit à ce sujet qu'il n'était pas besoin de tant de cérémonies, qu'on pouvait se présenter
chez elle même en *bas bleus*. Telle est la vieille explication qu'on a répétée jusqu'à ces derniers temps.—M. Phi-
larète Chasles, le spirituel professeur au Collège de France,
en a trouvé une autre où les rôles sont un peu changés.

M. Chasles, pendant les quelques semaines qu'il a passées à Berlin, a beaucoup causé avec un baron allemand qui avait presque autant d'esprit que lui, et un jour que la conversation était tombée sur les femmes allemandes, ils se sont livrés au dialogue suivant :

M. Chasles. — « Ainsi, vous n'avez pas de femmes auteurs?

Le Baron. — « Si fait vraiment. L'éducation féminine est excellente chez nous, bien qu'un peu factice. On permet aux femmes d'écrire, et si elles ont du talent, personne ne leur jette à la tête ce stupide mot de *bas-bleu*, tombé je ne sais d'où et que vous prodiguez! D'où vient-il, par parenthèse, cet absurde sobriquet?

M. Chasles. — « De la mauvaise humeur d'Alexandre Pope contre lady Montague. Elle repoussait les hommages du poëte qui n'était pas beau quoique fort amoureux. Congédié, il s'aperçut de deux choses : que les mains de sa cruelle n'étaient pas toujours soignées et qu'elle portait souvent des *bas bleus*. Il fit à son endroit ce petit distique :

> Mon adorée a l'art de charmer les humains;
> Elle n'a pas celui de se laver les mains!

Puis il répandit le distique à droite et à gauche, et ne l'appela désormais que la dame aux *bas bleus*. Le monde adopta le sobriquet qui passa aux femmes auteurs. »

On a voulu faire remonter le *bas-bleu* à une société qui s'était formée à Venise en 1400 et qui exista jusqu'en 1590. Cette société, où l'on s'occupait beaucoup de littérature et plus encore de plaisirs, avait nom *Società della calza* (Société du bas), parce que l'usage était, quand on s'occupait de questions littéraires, de porter des *bas bleus*. On aurait bien dû nous dire aussi d'où venait cet usage, car on ne voit pas bien ce que la littérature a de commun avec des bas, même avec des bas bleus.

Le mot *bas-bleu* n'est pas ancien, et il est beaucoup plus probable qu'il ne date, dans la langue anglaise comme dans la nôtre, que de lady Montague[1]. Seulement, ce qui paraît assez plausible, c'est que la belle lady ait rapporté de Venise, où elle a vécu longtemps, l'habitude de *parler de bas bleus* (pour le cas de la première version), ou de *porter des bas bleus* (pour la version de M. Chasles).

ÊTRE NÉ COIFFÉ.

C'est mieux encore que d'avoir de la corde de pendu dans sa poche; c'est le présage d'un bonheur constant, c'est même l'indice de la puissance et de la prospérité. Ceux qui naissaient chez les anciens Romains avec la membrane amnios sur la tête pouvaient être appelés aux plus hautes destinées. Telle était la confiance qu'on avait dans la vertu de ces coiffes que l'on croyait même à leur efficacité pour d'autres que pour ceux sur la tête desquels la nature les avait placées : on les achetait et on les portait en guise d'amulettes. Les avocats romains comptaient sur cette membrane desséchée pour avoir plus d'éloquence,

---

1. Boswell, dans sa *Vie du docteur Johnson,* ne fait dater même ce mot que de la fin du dernier siècle, et, par conséquent, il ne tient aucun compte de lady Montaigue : « Vers l'an 1791 ce fut une grande mode parmi les dames anglaises de donner des soirées où elles invitaient de préférence des hommes de lettres, à la conversation desquels elles aimaient à se mêler. Un des membres les plus éminents de ces réunions était sir Stellingfleet. Son habileté à manier la parole et l'intérêt qu'il savait prêter à tout ce qu'il racontait le faisaient regarder comme un oracle. On prétend que, dans son absence, la causerie devenait languissante, et que les dames découragées s'écriaient : « Nous ne pouvons rien faire sans les bas bleus, » C'est ainsi qu'elles le désignaient, parce qu'il avait l'habitude de porter des bas de cette couleur. »

19.

et les premiers chrétiens allèrent si loin dans cette voie,
en faisant bénir des coiffes sur l'autel pendant qu'on
disait la messe, que saint Chrysostôme dut prêcher contre
les gens *coiffés*. L'idée sur laquelle reposait la croyance
des anciens ne permettait guère, cependant, d'attendre
quelque bien de la coiffe d'un autre : « Puisque la nature, disaient-ils, s'occupe de cet enfant, et qu'elle prend
soin de lui tenir la tête chaude, c'est qu'elle a sûrement
des vues favorables sur lui, et qu'elle lui réserve un avenir heureux. » — Nous avons eu la sagesse de nous en
tenir à ce point de départ, et de ne pas nous laisser aller
à la superstition jusqu'au bout : pour être heureux, dans
notre proverbe, il ne suffit pas de posséder un lambeau
de coiffe, il faut *être né coiffé*.

CHANT DU CYGNE.

Si aux dons qui font de notre cygne le roi des oiseaux
aquatiques, — grâce, beauté, force et courage, — le cygne
des anciens ajoutait le charme d'une voix harmonieuse et
mélancolique, on comprend qu'il ait été l'oiseau d'Apollon, cher à Vénus et le séducteur de Léda. C'est pour son
chant surtout que le cygne était en honneur dans l'antiquité. Nous avons accepté comme expression et comme
symbole ce cygne tel qu'il nous a été transmis, tout en
sachant fort bien que le cygne ne chantait pas. Nos poëtes
ont parlé des oiseaux de Méandre comme s'ils les avaient
entendus; ils ont fait de Pindare le cygne de Dircé, de
Virgile le cygne de Mantoue, de Fénelon le cygne de
Cambrai. Cette dernière comparaison est celle qui est le
plus d'accord avec nos idées modernes : ce n'est pas le
chant de Fénelon qu'on a caractérisé par cette périphrase,
c'est son âme, — blanche et pure autant que la robe du

cygne. Comme le cygne, Fénelon avait tous « les titres qui fondent un empire de paix, la grandeur, la majesté, la douceur. » Et puis, le cygne n'a qu'un ennemi, et Fénelon n'avait qu'un adversaire : il était naturel qu'à l'aigle de Meaux on opposât le cygne de Cambrai.

Ce que nous avons conservé surtout dans notre langue poétique, c'est le *chant du cygne,* ce chant, le plus mélodieux, le plus tendre de tous, qu'exhalait le cygne en mourant.

> Son âme tout entière en ses écrits respire ;
> Ses actions jamais n'ont démenti sa lyre ;
> Il se conserva pur au milieu des méchants.
> Tel l'oiseau de Méandre, ornement du rivage,
> Au noir limon des eaux dérobe son plumage,
> Et saluant la mort de sons mélodieux,
> D'une voix plus touchante exhale ses adieux.
>
> MILLEVÓYE.

Pline, et tous les savants après lui, ont crié à l'erreur, au mensonge ; ils ont dit sur tous les tons que le cygne n'était pas un oiseau chanteur, que sa voix était rauque et sourde ; mais on ne les a pas écoutés. Chanter ses derniers adieux, saluer la mort de ses accents les plus sublimes, cette pensée, personnifiée dans l'oiseau qui a toutes les grâces nobles et douces, est une belle fiction que la science ne pouvait arracher à la poésie.

> Chantons, puisque mes doigts sont encor sur ma lyre ;
> Chantons, puisque la mort, comme au cygne m'inspire,
> Au bord d'un autre monde, un cri mélodieux.
> C'est un présage heureux donné par mon génie :
> Si notre âme n'est rien qu'amour et qu'harmonie,
> Qu'un chant divin soit ses adieux !
>
> La lyre, en se brisant, jette un son plus sublime ;
> La lampe qui s'éteint tout à coup se ranime,

Et d'un éclat plus pur brille avant d'expirer ;
Le cygne voit le ciel à son heure dernière :
L'homme seul, reportant ses regards en arrière,
Compte ses jours pour les pleurer.

LAMARTINE.

Le *chant du cygne* a été très-durement traité par des amis quand même de la vérité. « Je ne sais, a dit l'un d'eux, sur quel fondement les poëtes, tant anciens que modernes, comparent l'harmonie métrique, ou le rhythme, avec le chant du cygne. Il n'y a certainement aucune analogie ; le chant du cygne, loin d'être mélodieux, est fort désagréable, il est aigre et approche du cri de l'oie.

Le cygne frappe l'air de ses rauques accents.

MOLLERANT.

« L'esprit de justesse qui règne aujourd'hui, et qui, bien défini, n'est que l'esprit philosophique, devrait exclure de la poésie toute comparaison qui blesse la vérité. »

Buffon, qui sait aussi que le cygne ne chante pas, est beaucoup moins sévère ; il fait en poëte et en grand écrivain la part des erreurs qui charment : « Les anciens, dit-il, ne s'étaient pas contentés de faire du cygne un chantre merveilleux ; seul entre tous les êtres qui frémissent à l'aspect de leur destruction, il chantait encore au moment de son agonie, et préludait par des sons harmonieux à son dernier soupir : c'était, disaient-ils, près d'expirer et faisant à la vie un adieu triste et tendre, que le cygne rendait ces accents si doux et si touchants, et qui, pareils à un léger et douloureux murmure, d'une voix basse, plaintive et lugubre, formaient son chant funèbre ; on entendait ce chant, lorsque, au lever de l'aurore, les vents et les flots étaient calmés ; on avait même

vu des cygnes expirants en musique et chantant leurs
hymnes funéraires. Nulle fiction, en histoire naturelle,
nulle fable chez les anciens n'a été plus célébrée, plus répétée, plus accréditée; elle s'était emparée de l'imagination vive et sensible des Grecs : poëtes, orateurs, philosophes même, l'ont adoptée comme une vérité trop
agréable pour vouloir en douter. Il faut bien leur pardon-
ner leurs fables, elles étaient aimables et touchantes;
elles valaient bien de tristes, d'arides vérités : c'étaient
de doux emblèmes pour les âmes sensibles. Les cygnes,
sans doute, ne chantent point leur mort; mais toujours,
en parlant du dernier essor et des derniers élans d'un
beau génie prêt à s'éteindre, on rappellera avec sentiment
cette expression touchante : C'est le chant du cygne! »

FIN.

TABLE ALPHABÉTIQUE

9 7 8 2 0 1 4 4 4 9 7 0 9